体育品牌运营管理

◎ 游战澜 /主编

华中科技大学出版社
http://press.hust.edu.cn
中国·武汉

内 容 提 要

本书系统研究品牌的策划、组织、营销和管理等基本知识,并运用于体育品牌运营管理的实践之中。市场经济的发展,把中国带入品牌竞争的时代,体育品牌已经完全打破了国家、地区、民族的界限,消费者对它的忠诚度所展现出来的价值是无法估量的。本书共分 8 章,主要内容包括:品牌与体育品牌、中国体育品牌市场、体育品牌价值与文化、体育品牌的定位与品牌形象、体育品牌的创新与拓展、体育品牌营销与推广、体育品牌的管理、体育品牌策划文案的撰写。本书既有宏观的理论阐述,也有微观的案例,突出实操性和针对性,强调培养学生的专业能力和专业素质,注重理论与实践的结合,达到学以致用的目的。

本书可作为体育专业各层次教学的首选教材,也可以作为体育从业人员的岗位培训教材。

图书在版编目(CIP)数据

体育品牌运营管理 / 游战澜主编. -- 武汉:华中科技大学出版社,2024.7.
ISBN 978-7-5772-0975-3
Ⅰ. G80-052
中国国家版本馆 CIP 数据核字第 2024UU4683 号

体育品牌运营管理
Tiyu Pinpai Yunying Guanli

游战澜　主编

策划编辑:陈培斌	
责任编辑:张汇娟　陈培斌	
封面设计:原色设计	
版式设计:赵慧萍	
责任校对:张汇娟	
责任监印:周治超	
出版发行:华中科技大学出版社(中国·武汉)	电话:(027) 81321913
武汉市东湖新技术开发区华工科技园	邮编:430223
录　　排:华中科技大学出版社美编室	
印　　刷:武汉市籍缘印刷厂	
开　　本:787mm×1092mm　1/16	
印　　张:12.75	
字　　数:295 千字	
版　　次:2024 年 7 月第 1 版第 1 次印刷	
定　　价:48.00 元	

本书若有印装质量问题,请向出版社营销中心调换
全国免费服务热线:400-6679-118　竭诚为您服务
版权所有　侵权必究

前 言
PREFACE

随着社会的发展，人们对体育的需求日益增长，体育不仅是健身的手段、是娱乐和消费的载体，还是为了身体健康需要的社会实践活动。当今，体育事业产业化日益完善，企业生产体育产品和服务，并通过一定的渠道将信息传递给消费者，消费者在需求得到满足后，对该产品产生认同感，进而同品牌建立良好关系，逐渐产生品牌偏好，形成消费忠诚。同时，体育品牌接受了消费者的检验后，在长期的经营中不断改进，形成独特的体育文化与品牌文化，最终形成著名品牌。为了适应新时代人们日益增长的体育消费的需要，专门从事体育服务产品生产和经营的人也越来越多。目前市场上难以找到完整、全面介绍体育品牌理论及运营的书籍，面对这样的境况，激发了笔者创作本书的意愿。本书的出版，在一定程度上可以弥补这方面研究的缺憾。

本书按照体育产业发展和产品品牌发展的内在逻辑，从认识品牌、了解体育品牌和运营体育品牌这样一个路径进行撰写，把体育品牌理论和实践贯穿其中。为了帮助学生理解相关知识点，列举了大量案例。在本书的编写过程中，广泛参阅了品牌管理类的书籍和资料，也引用了许多专家学者的研究成果，并在书后的参考文献中一一列出，在此对原作者表达深深的感谢！孙佳蔚撰写了第六章体育品牌营销与推广，吴倩为本书的撰写收集了许多资料，付出了辛苦的劳动，在此一并致以诚挚的谢意！

品牌营销的高度一定程度上代表了品牌视野的高度，这暗合了菲利普·科特勒先生对营销3.0时代的总结——以价值观为导向的品牌塑造时代。体育生活的丰富多彩，创造出无限丰富的社会生活样态，体育品牌的价值在于能满足消费者精神需求，它将成为新的生活范式、社会联系互动的纽带、情感宣泄共鸣的载体，提升人们的心理精神价值。体育强大的圈层聚合力将公众融为一体，体育精神所蕴涵的正向价值与时代风貌无疑为品牌提供了契机。社会和时代同频共振，要求体育工作者具有创新思维，积极传达体育的社会价值和经济价值。体育品牌运营管理是一项长期并充满挑战的工作，希望本书对推动体育产业的发展和体育品牌的实施有所裨益。

由于编者水平有限，书中难免有不足之处，恳请广大读者指正。

编　者
2024年1月

目　录
CONTENTS

第一章　品牌与体育品牌 ………………………………………………… 1
　第一节　品牌定义 ………………………………………………………… 1
　第二节　品牌的命名 ……………………………………………………… 3
　第三节　体育品牌 ………………………………………………………… 6

第二章　中国体育品牌市场 …………………………………………… 14
　第一节　中国体育品牌的概况 ………………………………………… 14
　第二节　中国体育品牌的发展 ………………………………………… 19
　第三节　中国知名体育品牌 …………………………………………… 22

第三章　体育品牌价值与文化 ………………………………………… 28
　第一节　体育品牌价值 ………………………………………………… 29
　第二节　体育品牌价值的要素 ………………………………………… 38
　第三节　体育品牌文化 ………………………………………………… 42

第四章　体育品牌的定位与品牌形象 ………………………………… 54
　第一节　体育品牌的定位 ……………………………………………… 54
　第二节　体育品牌的理念设计 ………………………………………… 60
　第三节　体育品牌名称的设计 ………………………………………… 62
　第四节　体育品牌标志的设计 ………………………………………… 68
　第五节　体育品牌口号 ………………………………………………… 71
　第六节　体育品牌象征物 ……………………………………………… 74
　第七节　体育品牌故事 ………………………………………………… 76
　第八节　体育品牌音乐 ………………………………………………… 80

第五章　体育品牌的创新与拓展 ……………………………………… 83
　第一节　体育品牌创新 ………………………………………………… 83
　第二节　体育品牌老化 ………………………………………………… 100
　第三节　体育品牌的拓展 ……………………………………………… 104
　第四节　体育品牌拓展的风险及规避 ………………………………… 112

第六章　体育品牌营销与推广 ... 120
第一节　体育品牌营销概述 ... 120
第二节　体育赛事营销 ... 123
第三节　奥林匹克运动会营销 ... 132
第四节　体育品牌推广的方式 ... 141

第七章　体育品牌的管理 ... 158
第一节　体育品牌资产 ... 158
第二节　体育品牌维护 ... 162
第三节　体育品牌危机管理 ... 167
第四节　体育品牌的保护 ... 173

第八章　体育品牌策划文案的撰写 ... 180
第一节　体育品牌策划书 ... 180
第二节　体育品牌活动策划书 ... 183
第三节　体育品牌广告策划书 ... 186

参考文献 ... 197

第一章
品牌与体育品牌

在产品趋于同质化的今天，全球经济已经从产品经济转向品牌经济，品牌将取代产品本身的使用功能，成为消费者购买的理由和保证；此外，品牌也是公司所拥有的最持久的资产，其附加值、应变性和稳定性将对公司的长期利润产生深远影响。打造成功的品牌，确立品牌优势已成为市场竞争中决胜的最重要武器。体育消费市场潜力巨大，体育品牌树立，不仅能使得消费者感受到品牌的价值，产生对品牌的忠诚感，而且品牌也能使得体育产业中的企业不断提高产品技术，并开展更为生动有趣的体育活动，塑造企业专业、权威的形象，从而进一步提升品牌价值。

第一节 品牌定义

一、品牌的概念

品牌是用于识别销售者的产品或服务，并使之与竞争对手的产品或服务区别开来的商业名称及其标志，常由文字、标记、符号、图案和颜色等构成。它一般包括品牌名称和品牌标志两部分。品牌名称也就是品名，如耐克（NIKE）、阿迪达斯（adidas）等；品牌标志则是可以被认出、易于记忆，但难以用言语称呼的部分，通常由图案、符号或颜色等组成。提到品牌，则必须有相应的产品，前者是抽象的、无形的，后者则是具体的、可触摸或可视的。一种产品不一定必须有品牌，但是每一个品牌都有一个产品。可见，产品是品牌的基础，它只有得到消费者的信任、认可与接受，并能与消费者建立起强韧而密切的关系，才能使标定在该产品上的品牌在竞争中发挥无形的作用，所以品牌又被理解为企业与消费者之间的纽带。真正意义上的知名品牌能够使人们感受到（想到）有别于其他品牌产品的质量和特色。例如，世界著名品牌耐克体育用品，使消费者马上想到其工艺精湛、设计新颖、耐用而舒适，穿上（用上）它有利于体育运动，正是因为有了这些令人称赞的产品属性，才使耐克成为有口皆碑的著名品牌。可见品牌必须以产品为客观基础或以产品为载体，只有产品的不断创新才是品牌永恒的基础。对于品牌的塑造，企业必须不断地在品牌上追加投资，通过广告、公关、包装等加强消费者对它的印象。品牌没有市场生命周期，它是企业与顾客的无形纽带，是市场竞争的焦点。

二、品牌的内涵及特性

（一）内涵

品牌要依靠产品的业绩来创造其价值和竞争优势，产品强调其功能和属性，而品牌强调消费者的感知。产品是由企业或者厂商提供的为满足消费者使用的实体或服务，它的核心是通过本身的质量和功能使消费者获得满足，在一定程度上它首先强调产品的物理性能。产品的品牌极容易让人联想到有名的、著名的、驰名的商标或者商号，品牌的实质就是一种无形资产、一种特殊的知识产权，而这种产权不仅仅是商标所有权，真正的品牌被赋予一种象征意义，能够向消费者传递一种生活方式，就像一个人有了名字，但并不拥有名声一样。品牌这种知识产权，是在企业的运营中形成的，它凝聚着企业在技术、管理、营销等方面的智力创造。品牌的力量很强大、时间很持久、效果很明显，可以影响人们的生活态度和观点，最终为企业带来长久的效益。

（二）品牌的特性

1. 表征性

企业总是希望能用一个让人们比较容易记忆、理解、喜欢的"名字"或者表征性的符号来命名产品，这个名字就是商标。

2. 代表性

品牌具有代表性，代表了企业的形象和全部内涵。

3. 归属性

归属性是品牌极其重要的特征。没有品牌作为载体，任何产品和服务都不可能树立知名度，也难以积累知识产权，并对自己的无形资产寻求法律上的保护。

4. 拓展性

品牌是具体的，也是抽象的、综合的。品牌存在于顾客脑海中，具有象征意义和高附加值，因此具有巨大的市场开拓力，形成超常的市场占有率。

5. 扩张性

品牌是有生命力的事物，可以延伸、兼并和扩展。名牌企业正是利用品牌的扩张性来实现企业多种形式的扩张，如兼并、控股、联营、加盟等。

第二节 品牌的命名

一、品牌命名发展的三个阶段

品牌名称属于整个品牌识别要素中的文字部分,也是其主要组成部分。人们在设计品牌要素时,首先要为它确定一个名称,这个名称就是品牌名称(brand name)。我们在日常生活中能够碰到不同的品牌名称,如 adidas(阿迪达斯)、CONVERSE(匡威)、PUMA(彪马)、LI-NING(李宁)、Mizuno(美津浓)等。这些国际品牌既有产生于 19 世纪的老品牌,也有新近出现的新品牌;既有传统的人名、地名命名,又有科学意义的命名。正如全球企业品牌化的发展经历了三个阶段一样,作为商标主体的商标名称(品牌名称)也经历了三个发展阶段,从 19 世纪主要取自人名、地名,到 20 世纪初主要取自普通词汇,再到现代主要以新创词构成品牌名称为主,这三个阶段反映了品牌命名从原始到科学、从简单到复杂的发展历程。

(一)专有词汇阶段

早期的品牌名称几乎都是用产品发明人、企业创始人和商品产地名来命名的。19 世纪西方工业革命促进了商品生产,然而由于资本主义仍处于原始积累阶段,企业规模一般很小,多是某一个人所创建的作坊式工厂。受过去商号的影响,品牌名称多采用创始人姓氏,这样可以体现企业对它生产的产品的质量负责和信誉保证。许多诞生于 19 世纪的老商标均以企业创始人姓氏命名,如 Colgate(高露洁,1806)、Cadbury(吉百利,1824)、LEVI'S(李维斯,1853)、Nestlé(雀巢,1867)、HEINZ(亨氏,1869)、Kellogg's(家乐氏,1878)、Lipton(立顿红茶,1890)、GOODYEAR(固特异,1898)等。这些百年老商标以姓氏命名,主要侧重于其纪念意义。但有的姓氏碰巧具有含义,能说明产品品质,如 Nestlé 虽然是公司创始人 Henri Nestlé 的姓,但用作普通词汇,它的意思是"拥抱""舒适的鸟巢",可以使人联想到待哺的婴儿、慈爱的母亲和健康营养的食品。来源于商品产地名也是 19 世纪品牌命名的另一种常见方法,如电信品牌 NOKIA(诺基亚)、瑞士名表 LONGINES(浪琴)等。我国一些老字号也多以创始人姓名或产地名命名,如"张小泉""冠生园""茅台""胡开文""王致和""青岛啤酒"等。

(二)普通词汇阶段

进入 20 世纪,科技发展突飞猛进,生产力水平得到了很大的提高,企业规模越来越大,以一个人为业主的作坊式工厂蜕变成无数股东为代表的股份责任公司,因此就不能再以某一个人的姓氏为品牌名称。同时,世界各国的商标法已完善,一般严格限制以人名、地名为商标的情况。20世纪初期至中期,世界各国品牌名称主要以普通词汇为主,这些词汇一般含义美好,能给人以有益的联想。如CAMEL(骆驼香烟,1913)带有异国风情,适合于用作由土耳其烟叶制成的香烟名称。Whirlpool(惠而浦,1911)形容洗衣机的工作性能像"旋转的水池"。7up(七喜,1929)含义积极,7是西方国家的吉祥数字。Pioneer(先锋,1938)象征公司是音响行业的先驱。Tide(汰渍,1946)描绘洗衣粉的泡沫多。Pampers(帮宝适,1961)有聪明、信任、乐观、友好的丰富含义。

(三)新创词汇阶段

20世纪下半叶,商品日益丰富,商标也多如牛毛,而品牌名称一般不能重复,一些美好的词汇似乎已经用尽,这时品牌名称转向新创词构成。西方文字有一个特点,可以利用字母的组合创造出词典里查不到的新词。西方品牌名称新创词构成正好利用了这一特点,用两个或两个以上的词,通过组合拼缀等手段构成一个既含有其原来词汇意义,又不同于它们的新词作为品牌名称,这个名称往往能指示产品特点,同时又符合商标法的要求,因而十分科学,它是当代国际品牌命名的最主要方式。pentium(奔腾)即是一个典型的新创词商标,它来源于拉丁文pent(表示"5")和化学元素词尾-ium组合而成。我国近几年来出现的外文商标名称也多属于新创词,如Hisense(海信)、FRESTECH(新飞)、YOUNGOR(雅戈尔)。还有一类新创品牌名称是不含任何意义的,只求醒目独特,易于注册不重复,如EXXON(埃克森)、Antron(尼龙)、CITGO(石油公司)、Denovo(轮胎)等。

二、品牌命名的原则与标准

品牌命名是一项复杂的工作,它既是一种科学又是一门艺术。品牌命名要有感染力和创造力,同时也需要遵循一定的原则和标准。品牌命名的原则和标准是世界各国从品牌命名的实践中总结出来的一般性规律,由于它们的出发点不同,因此,选择原则和标准时要根据品牌不同的定位和要求。

(一)品牌命名的五大原则

根据美国品牌专家、杜克大学营销学教授凯文·凯勒的观察,一般来说,品牌命名要遵循以下五个命名标准。

1. 可记忆性原则(memorability)

创立品牌资产的一个必要条件是使消费者对品牌有一个较高的认知度,为了达到这个目的,品牌名称从本质上应该是可记忆的,并且是便于记忆的,这样可以促进消费者对品牌的回忆。例如:LI-NING(李宁),品牌名称让人联想到"体操王子"——李宁,便于记忆。

2. 有意义性原则（meaningfulness）

有意义性原则是指品牌名称本身具有一定的含义，而这种含义可以直接或间接地传递商品的某些信息，如它的优点、性能以及使用它的好处。这种品牌名称或者可以提示商品，或者可以吸引顾客。例如：PUMA（彪马），品牌名称向消费者传递出产品质量好、结实、样式大气。

3. 可转换性原则（transferability）

可转换性原则是指品牌名称是否能扩展到其他产品品种上，是否能扩展到不同的国家或市场。很大程度上，它取决于品牌名称的文化内涵和语言特点。例如，一个无意义的品牌名称就具有比较强的可转换性，因为它可以翻译成其他语言而不带消极含义，如 UMBRO（茵宝），其品牌字面不带有任何含义，几乎能适应所有国家的文化特点。

4. 可适应性原则（adaptability）

品牌命名时要考虑其名称在品牌的发展过程中应该具有可适应性，主要是要能够适应时代的发展。此原则主要是相对品牌其他要素而言，如图案。图案应该适应时代的发展变化，如很多品牌的图案都已经过了一番革新，但品牌名称一般不轻易更改。例如，百事可乐曾宣布更换主要品牌形象和包装设计，以挽回急剧下滑的市场份额。百事可乐的蓝色和红色全球商标将成为一系列的"微笑"，中央白色带弧形会因不同产品而有不同的角度，但是其名称没有改变过。

5. 可保护性原则（protectability）

品牌名称应该具有可保护性，不但在法律意义上能够得到保护，即能注册，并且最好可以在全球注册，而且在市场竞争意义上也能得到保护，后者更具典型意义。一个品牌名称也许较容易获得法律上的保护，但它有可能易于被其他厂商模仿，例如 adidas（阿迪达斯）被一些不法厂商模仿为 addidas。

从理想的角度来说，一个品牌命名应该遵守上面所有的五个命名原则，但在实际的品牌命名中，这是极难做到的（少数特别优秀的品牌命名能够完全遵循以上五个命名原则，如 Lux 和 Apple）。故品牌的命名要针对其所强调的重点和定位的不同，有目的地选择不同的命名原则。

（二）品牌命名的通用标准

除了上面所说的五个命名原则以外，品牌名称还存在一些通用的命名标准，这些标准同时也是品牌命名的基本规律，具体概括为：给一个品牌命名时，品牌名称要简单易读，不容易产生歧义且有与众不同的意义。

品牌命名首先考虑的一个标准是品牌名称应该简单，容易拼写和发音。简单的名称有助于提高消费者对品牌的认知能力，有些国际品牌有意选择比较简短的词汇，一般是三四个字母，如 Aim（牙膏）、Raid（杀虫剂）、Bold（洗涤剂）、Ban（除味剂）、Bic（钢笔）等。容易发音也是一个重要的命名原则，品牌名称应该容易发音，并且最好在大多数语言中发音一致，如 Sunkist（新奇士）。而一个难以发音的品牌名称首先就要克服顾客对其发音的困难，如 HYUNDAI（现代）和 MITSUBISHI（三菱）。如果一个消费者感到自己不能正确地读出某个品牌名称，他极可能会回避它。

第二个考虑的标准是品牌名称对于消费者来说应该是熟悉的、有意义的，这样能够加强消费者对品牌的记忆和印象，能够很容易地在品牌与商品之间建立联系。选择一个形象感比较强的品牌名称就比选择一个抽象的名称更有助于加深消费者对品牌的印象，例如添柏岚 Timberland（靴子），这个广为人们所熟悉的词汇有利于加强品牌识别。Timberland号称是"探索大地的鞋"，它是全球著名的旅游鞋品牌之一。timberland 原意指山林与平地交接的那一块土地，用作户外旅游鞋的品牌名称是十分恰当的，并且给人以丰富的联想。

此外，品牌命名还要考虑的一个标准是品牌名称应该非凡、独特、与众不同。品牌的认知取决于其独特特点，因此一个与众不同的品牌更能有力地促进品牌的识别，如安踏、F1 赛事、NBA 等。

上面这些命名标准主要是为了提高品牌的认知程度，此外，品牌命名还应该有助于引起品牌联想。由于品牌名称是产品和消费者最直接的沟通形式，因此消费者从名称中所获得的直接或间接含义将对品牌的创立起关键作用。特别是品牌名称可以设计成能够说明商品的某种重要性能或优点，从而强化产品定位，如 Lean Cuisine（瘦身餐）、DieHard（汽车电池）、ColorStay（唇膏）、SATINIQUE（护发系列）等。除了这些性能方面的命名考虑外，品牌名称还可以传达抽象的概念，如 JOY（洗碗剂）、Caress（香皂）、Obsession（香氛）、Whisper（女性保健用品）等。

第三节 体 育 品 牌

一、体育品牌的概念

体育品牌是一种（或一系列）体育产品或劳务特有的名称、术语、象征、记号或设计及其组合。体育品牌是企业和消费者共同创建的，它不只是商品的外在表现，更有自己的内在属性。企业生产体育产品，并通过一定的渠道将信息传递给消费者，消费者在需求得到满足后，对该产品产生认同感，进而同品牌建立良好关系，逐渐产生品牌偏好，形成消费忠诚。同时，体育品牌接受了消费者的检验后，在长期的经营中不断改进，形成独特的体育文化与品牌文化，最终形成著名品牌。

二、体育品牌的内涵和外延

随着社会经济和体育产业的不断发展，体育品牌的外延也在不断扩大。从品牌的本质特征出发，结合体育自身的特点，体育品牌涵盖三个层面、八个方面的内容。

所谓三个层面是指企业层面、产业层面、区域层面三个宏观层面；八个方面的内容是从具有操作意义的微观层面对体育品牌的内涵和外延进行界定。

（一）常规体育商品

常规体育商品，包括直接用于体育消费活动的用品和为体育消费服务的商品。直接用于体育消费活动的用品指的是在进行体育教育、竞技运动和身体锻炼的过程中所使用的所有物品的统称，常见的体育用品有竞赛项目用品、校园体育器材、运动护具、体育场馆、运动服饰、健身器材、康体器械等；为体育消费服务的商品主要指彩票、股票、门票、运动营养品、运动饮料等。

（二）著名运动员和运动队

在市场经济条件下有名的运动员和运动队因其在"粉丝"中的巨大号召力和影响力而成为最有价值的品牌。著名商业杂志《福布斯》公布了2023年度最具价值足球队榜单，排在第一的是西班牙甲级联赛（简称西甲）豪门皇家马德里，俱乐部估值高达60.7亿美元，是当今足坛最值钱的俱乐部；排在第二的是英格兰超级联赛（简称英超）豪门曼联，这家俱乐部以商业价值高著称，虽然近些年成绩不佳，但是估值依然高达60亿美元。在前10名中有6支球队来自英超，分别是曼联、利物浦、曼城、切尔西、热刺和阿森纳。这说明，英超的创收和商业运作方面的表现，远强于其他联赛，这也是英超长时间保持鼎盛的重要原因。这10支球队的平均价值为28.9亿美元，参考了各队及其市场规模、目标市场人口特征、场馆收入等，展现了这些俱乐部在全球范围内的商业和品牌价值，突显了他们在经济和体育层面的重要性。乔丹的职业生涯成就相当辉煌，在NBA的历史上，从未有人达到乔丹的高度。在那个网络媒体不发达的时代，乔丹将篮球推向了全世界，让篮球这项运动被世界更多的人所认识，并在全世界掀起了篮球狂潮。甚至在美国金融危机之时，NBA还特地请求乔丹复出，为的就是拯救球市，可见优秀运动员的影响力有多大。无论是运动员还是运动队，他们都是体育界的传奇，用自己的成就和精神影响着、激励着热爱体育的每一个人，为体育运动的发展做出了杰出的贡献，也将体育运动推向一个新的高度。

（三）体育赛事

体育赛事品牌除了具有体育赛事的特征外，还具有品牌性。体育赛事活动的主办权、承办权、协办权、联办权、赞助权、冠名权、广告权、电视转播权、无形资产开发和使用权等，通过有偿交易和转让成为体育商品，无形中成了体育品牌和企业品牌的载体；在整个体育产业链中，体育赛事是上游核心组成部分，其中具有历史意义、商业价值和全球影响力的世界顶级赛事则无疑是最稀缺的资源。目前，据说全球有5亿的橄榄球迷，超级碗是橄榄球迷最盛大的节日，这项举办了四十多年的赛事成了美国人的春晚，它是体育、娱乐、消费乃至国家文化的超级融合，人们聚集观看，炸鸡、啤酒及其他各种消费2023年达165亿美元，超越了职业体育本身，成了美国人的一种生活方式，同时更是一个商业盛宴，创造的商业价值为 7.8 亿美元。全球规模最大、影响力最深远的当属奥林匹克运动会，它已经有百年历史，2022 年商业价值为 3.75 亿美元。每四年全球一百多个国家和地区参加奥林匹克运动会，因为象征着民族荣誉，各国的顶尖运动员激烈地较量，吸引了不同地区无数观众的热情关注。

（四）体育城市

体育代表健康活力，牵动人民幸福，关乎民族未来。体育城市，这是新意义上的品牌，也是一个方位或地域上的品牌。一方面，想要打造体育城市，首先需要强大的体育内容做支撑，例如有影响力的赛事、顶流主场球队等，从而打造城市在体育资源方面的核心竞争力；另一方面，丰富的体育资源，也会吸引体育人才和资金的共同涌入。关于"体育城市"，全球有三大评价机构，即英国 SPORTCAL 公司 GSI 排行榜、英国久负盛名的体育杂志 Sport Business International 排行榜、美国博雅体育国际体育城市排行榜，它们是从体育历史与传统、体育赛事影响力、媒体传播力、职业体育影响力、体育产业发达度、消费力作为评价指标。排名每年进行一次，以确定最著名的体育城市及其对全球体育的影响。其榜单的排名结果，基于国际单项体育联合会（IFs）和体育产业专家的观点，并结合对数字空间中体育与城市之间关系的分析，包括社交媒体和网站上与城市名称相关的"运动"一词的总提及次数。近年来，随着体育强国、健康中国战略的不断推进，中国多个城市掀起打造体育城市的热潮，并结合自身的特色和定位，确立各自的目标和方向，例如北京的国际体育中心城市、南京的世界体育名城、杭州的国际赛事之城、成都的国际赛事名城、深圳的国际著名体育城市等。特别是上海市，将体育作为城市软实力和健康上海建设的重要内容，近年不仅有精彩纷呈的体育赛事，还有中国优秀的体育健儿和热闹非凡的群众体育氛围，积极推动了体育事业和体育产业发展，F1、网球大师赛、上海马拉松、高尔夫世锦赛-汇丰冠军赛等，无数体育荣光照耀上海这座城市，上海因体育迈向全球著名体育城市。

（五）体育行政部门及体育运动主管部门

新时代背景下理顺体育领域政府与市场的关系是我们面临的核心问题。只有这样才能建立一套科学的社会主义体育事业发展的制度。可以说处理好政府与市场的关系涉及体育改革的成败，也关系到新时代我国体育强国建设的基本思路和顶层设计。体育行政部门及体育运动主管部门，在政治活动中代表政府行为具有立场性，在社会活动中代表公务行为具有权威性，在市场活动中代表信誉度，具有经济性；"政府、社会、市场"三轮驱动，体育行政部门进行顶层设计，整合区域赛事资源，释放市场活力，打造品牌，从体育向"体育+"转变，推动体育与文化、旅游、休闲等领域深度融合，不仅促进了运动消费，还与商业消费、文化消费等多元协同发展，逐步显现了政府主导、社会参与、充满活力、高效有序的"大体育"格局。

（六）体育基础设施

体育基础设施是指供人们进行体育活动的场所、设施、器材和其他相关设备，是支撑体育事业发展的基础设施。体育基础设施是进行体育锻炼、体育教学、运动训练、体育竞赛和开展社会体育文化艺术活动的重要物质载体，其发展规模与水平反映了一个国家或城市面貌和实力。在现代社会，体育活动在不断地普及和推广；而良好的体育设施是保障各类人群进行体育活动和促进人民身体健康的重要基础设施之一。体育基础设施设计，理应合乎好用、安全、科学合理、美观大方等条件，并制订无阻碍对策，便于伤残人士使用。规划合理的体育基础设施，将为人民提供优质的体育服务及其相应的保障和支援。体育基础设施包括体育场馆的建设、全民健身点、体育村、青少年体育俱乐部等，作为人们进行身体锻炼、体育竞赛和社会交往的载体，是体育运动的主要物质保证。体育基础设施的数量和质量，是社会发展的重要标志，不仅关系到一个地区群众体育活动的普及程度和竞技水平的提高，还关系到社会主义精神文明的发展和提高。同时，体育设施作为体育产业的重要载体，对体育经济的发展起到十分重要的作用。

（七）各类体育称号

体育称号泛指运动冠军、国家级裁判、高级教练、教练、社会体育指导员、项目专家等。从体育发展的价值来看，体育的价值不仅在于增强人民体质，还对经济社会其他领域的发展具有积极意义。特别是在"体育强国"上升为国家战略以后，体育所具有的健康促进、精神凝聚、社会教育、经济发展等功能更加凸显，必须从中华民族伟大复兴战略高度统筹引领体育事业的健康有序发展。各类体育称号都是一种荣誉，鼓励和激励人们参与体育活动。对于优秀运动员来说，他们获得金牌、银牌和铜牌是体育荣誉认可的基本机制；对于大众体育参与者来说，各类体育称号起着潜移默化的鼓励和促进作用，从体育自身各领域的协调发展和体育服务社会发展两个方面，推进体育强国建设。各类体育称号是体育文化接续传承的载体，它将体育与社会各领域发展相对接，促进体育在健康促进、文化传承、社会教育、经济发展等方面功能的积极发挥，提升群众及社会各界对体育价值的充分认知，有利于整合社会资源，聚合社会力量，推动体育事业的全面发展，在中华民族伟大复兴新征程中发挥体育的应有价值，统筹推动体育事业的整体发展。

（八）区域体育产业品牌

我国正处于从体育大国向体育强国迈进的重要历史时期，推动体育强国建设必须将体育融入国民健康生活方式和经济社会发展之中，要使体育更加深刻地渗透到人民群众的生活之中，让人们享受到体育带来的乐趣，培养体育兴趣，养成体育习惯，形成体育锻炼的主动参与意识、不断升级的消费需求，为体育产业开凿源头活水。只有产业与消费同步提升、比翼齐飞，才能实现供需完美对接，扩大内需，促进经济高质量发展。里约奥运会期间，奥运火炬手服装是361°的"热爱是金"，12个国家的奥运服装由匹克集团制作，这些都彰显了"福建体育制造"的实力。福建依托自身优越的资源优势、地理环境优势、人力资源优势、产业链条配套优势、政府产业政策所形成的产业集聚优势，在其区域内形成了区域体育产业品牌，提高了当地体育消费水平，还创造了众多的就业机会，缓解就业压力。

三、体育品牌的功能

（一）自我表现功能

大多数消费者之所以喜欢品牌，尤其是具有较高知名度的品牌，一个重要原因在于它能够表现自我，而这种心理欲望和消费需求往往成为他们最后决定购买的砝码。品牌可以满足人们不同程度的精神需要，因为消费者可以通过使用或穿着一个特定的品牌，来表达其个性、抱负和成就。而体育品牌由于其与体育运动的天然联系，更是可以充分展示体育运动者和体育爱好者健康、活力以及富有个性的人生观、价值观、生活态度和方式。

品牌可以提高消费者的自身价值及其归属感，因为它往往是成功的象征。"飞人"乔丹1985年成为家喻户晓的名人后，他所代言的耐克鞋风靡全球，许多人都以拥有一双耐克的专业篮球鞋为荣。耐克这个品牌正是抓住了消费者崇尚明星、渴望成为胜利者的心理欲望，突出强调了自我意识的体现，成功地传达了人类不断挑战自我极限的体育精神。

（二）情感效用功能

品牌的认购在很大程度上取决于消费者本身，一旦消费者心目中对某一品牌产生了依赖性，那么当他一接触到有关标识和名称时，就如同火山爆发，产生不可抑制的情感。耐克长期借助篮球运动树立品牌形象，篮球已经成为耐克品牌的象征，所以一看到NBA，人们总是不自觉地联想到耐克，这就是情感效用。而情感效用正是品牌的秘密武器，它无形中紧紧抓住消费者的心理需求，强有力地在人们心目中树立起自己的品牌形象，这无疑给产品、服务和企业增加了价值，也促成了消费者的购买决定。体育品牌则是借助体育运动的影响力和感染力，唤起人们梦想与希望等一系列的美好情感，使消费者通过积极的体育品牌联想，认知体育品牌，认同体育品牌直至最终形成牢固的品牌忠诚。世界著名的体育品牌——耐克就非常善于赋予产品人性化特征，使它更富有与众不同的"思想"，在消费者心中激起共鸣，最终沉淀为良好的认知。

（三）创造价值功能

对于一个企业来说，唯一能够支撑其生存、发展的办法就是积累利润，体育企业也不例外。由于品牌具有特殊的附加值，消费者为购买其产品愿意付出更多，使企业不至于陷入降价竞争的怪圈，成为规避简单价格竞争的最有效的手段之一。另外，品牌有利于产品销售，树立企业形象，保证企业利润最大化。耐克作为国际知名品牌，它的成功，并不仅仅在于它创建了一个强大的品牌，而在于它能够"深入人心"——知道如何在消费者心中留下烙印，依靠阵容强大的忠实顾客，开创了辉煌的商业业绩。

塑造体育品牌优势，已成为众多体育相关企业的当务之急。谁拥有品牌优势，谁就在体育市场竞争中处于主动地位。国外一些体育用品公司的生产设备，其实与国内的大同小异，而且他们的技术也几乎都是公开的，因此与其说国外企业在卖产品，不如说在卖品牌、卖内涵。耐克集团开发的 Air Zoom Haven 这款鞋，其鞋底采用 Zoom Air 冲击气垫设计，具有快速反弹和非常好的缓震功能；而我国的体育品牌李宁弧 ACE 也采用了"拱形设计"专利技术，首创性地将桥梁建筑的"拱形减压"原理运用于制鞋，能够产生良好的避震效果。在运动鞋的功能效用上，耐克和李宁都可以实现运动鞋在体育运动过程中的减震功能，面对如此多样的选择，消费者只有从体育品牌产品的实体层面的决定转向体育品牌产品的精神层面这一更深层次的决定发展。在现阶段的市场竞争中，体育品牌个性化的精神内涵已成为消费者购买行为的一个重要的决定因素，是营造体育品牌竞争优势的一个重要方面。从某种程度而言，品牌往往是企业的"形象代言人"，是无形而又难以模仿或抄袭的战略资产。一旦品牌得到认可，那么品牌的价值就不再单纯地表现在企业的年利润表上，而是对品牌整体权益的增值。

四、体育品牌的分类

根据体育品牌的内涵和外延以及体育产业的结构，可以将体育品牌分为体育核心产业品牌、体育支持产业品牌和体育外围产业品牌，下面将分别加以阐述。

（一）体育核心产业品牌

体育核心产业包括竞技表演业、健身娱乐业等，该产业形成的体育品牌包括体育赛事品牌、体育运动员品牌等。

1. 体育赛事品牌

体育赛事是体育运动的核心，最能够展现体育运动的活力和魅力，也最能够体现体育运动的精神和理念。体育赛事运营商的核心产品是提供精彩的体育竞赛，但由于现代体育运动项目和竞赛种类日益增多，竞赛表演市场的竞争也相当激烈，这就需要赛事运营者不断挖掘体育运动的魅力，举办精品赛事，打造赛事品牌。国内的一些知名体育赛事已经形成了自己的品牌。例如，北京国际马拉松赛、"散打王"争霸赛、北京网球公开赛、上海 F1 国际汽车锦标赛等。F1 赛事作为汽车文化旅游项目，对提高上海国际汽车城综合竞争能力，提升上海作为国际大都市的城市形象，促进上海汽车、体育产业以及其他产业的发展起到重要作用。

2. 体育运动员品牌

体育运动员是体育活动的参与者，是体育运动的核心，在体育活动中发挥主体性作用。正是明星运动员将体育运动的魅力呈现给观众，让人们感受到他们在运动场上拼搏的精神和坚强的意志，他们是力和美的化身，是体育理念的传达者。拳王阿里被很多媒体评为史上最伟大的运动员，不仅因为他在拳击这项运动上取得的突出成绩，更因为他作为黑人的杰出代表，在提升黑人地位、打破种族歧视方面所产生的影响力。某些运动项目的高水平运动员由于其辉煌的运动成绩或独特的个人魅力具有明星效应，从而形成了一定的品牌效应，如李宁在体育界的声望，使其产品成为知名品牌，相比一般体育企业去创造一个品牌节省了十年甚至几十年时间。

（二）体育支持产业品牌

体育支持产业包括体育用品、器材、服装、场馆等产业领域，该产业所形成的体育品牌包括体育用品品牌、体育设施品牌等。

1. 体育用品品牌

体育用品品牌，是指体育企业主体在市场竞争中创造出来的，得到社会公认的，与同类体育用品相比较，具有高知名度、高美誉度、高寿命、高效益、高价商标并名列前茅的产品。

体育用品产业在体育产业中占有很大比重。体育用品是开展体育活动的辅助性工具，没有体育用品的辅助，体育活动将很难开展。由于体育用品在体育活动中的不可或缺性，体育用品业在体育产业中占有举足轻重的地位，是历来商家青睐的产业之一，该产业领域里的竞争也尤为激烈。因此，形成体育用品品牌、发挥品牌效应对体育用品生产商家来说尤其重要。李宁公司的单一品牌——"李宁"经历了一个非常成功的发展阶段，自1995年起成为中国第一的体育用品品牌，市场占有率连续7年居中国体育用品市场第一位；1998年，李宁公司率先在广东佛山建成中国第一个运动服装与鞋的设计开发中心；1999年，李宁公司与SAP公司合作，引进AFS服装与鞋业解决方案，成为中国第一家实施ERP的体育用品企业；2004年，李宁公司在香港联交主板成功上市，成为第一家在境外上市的中国体育用品企业；2005年，李宁公司成为NBA官方合作伙伴；2006年，李宁公司成为ATP中国官方市场合作伙伴。在公司建立之初，李宁体育用品有限公司的人力资源总监戴倩曾这样介绍公司的使命和愿景："我们的使命是致力于专业体育用品的创造，让运动改变我们的生活，唤起民族自信，昂然立足世界。我们的愿景是占中国体育用品市场份额第一，成为体育用品主流品牌。"1989年4月，李宁牌商标正式注册后就一直致力于体育用品的开发和生产，也一直倡导以运动为核心的生活方式，让崇尚运动成为企业文化的核心内容。

2. 体育设施品牌

体育设施是开展体育活动的场所，也是开展体育活动不可或缺的要素之一。体育设施成为品牌的要素主要体现在体育设施的管理和设计上。西方发达国家体育设施产业发展的主要趋势是体育设施所有权和管理权的分离，将体育设施交给专业的管理公司去管理，以提高服务的质量和效率。体育设施的设计也是影响该体育设施能否成为品牌的要素之一。体育设施的设计应尽量体现出各项体育运动的特点和功能，应让观众在欣赏体育比赛的同时，得到身体和心理上的双重享受。

体育设施除了提供体育比赛这项核心产品之外，还可以提供许多其他的外延产品。由于体育比赛这种产品所具有的无形性，体育设施经营者就不得不尽量开发其他的外延产品，以使体育设施的效用最大化，形成体育设施的品牌，例如北京的奥林匹克体育中心（简称奥体中心）、首都体育馆，广州的天河体育中心，上海的 8 万人体育场、上海国际赛车场等。上海的"上"字形赛道成为上海国际大都市现代化形象的一个标志性品牌。2008 年第 29 届奥林匹克运动会的主体育场鸟巢，工程总占地面积 20.4 万平方米，建筑面积 25.8 万平方米。场内观众座席约为 9.1 万个，其中临时座席约 1.1 万个。奥运会后鸟巢成为北京市民广泛参与体育活动及享受体育娱乐的大型专业场所，并成为具有地标性的体育建筑和奥运遗产。而作为 2008 年北京奥运会游泳项目主场馆的水立方，同样也是北京的标志性建筑物之一。其与国家体育场分列于北京城市中轴线北端的两侧，共同形成相对完整的北京历史文化名城形象。这些体育设施都成功地成为帮助北京树立大都市的标志性品牌。

3. 体育外围产业品牌

体育外围产业包括体育旅游、体育经纪、体育赛事管理、体育无形资产开发、体育传媒、体育信息管理、体育赞助等。以体育旅游为例，Gibson 对体育旅游所给出的定义是：人们暂时离开家庭所在地去参加体育活动、观赏体育赛事或参观体育胜地的、以休闲为目的的旅行。它包括三种类型：主动参加型、观赏型和怀旧型。前两种类型比较常见，第三种类型包括参观体育博物馆和名人堂。但无论是哪种类型，体育旅游的核心是体育运动，需要借助于体育运动来开展旅游项目，其最终目的是吸引旅游，让人们能够在体会体育运动的魅力的同时进行游览，也在旅游中享受到体育运动的乐趣。例如，北京冬奥会的成功举办，为中国经济发展、科技进步等注入活力，还将直接促进体育旅游业再上一个台阶。中国冰雪运动"南展西扩东进"，为全民健身带来了新的动力，超过 3 亿人参与冰雪运动。中国很多冰雪项目达到了世界先进水平，冰雪制造、冰雪服务、冰雪基础设施建设、冰雪科技、冰雪人才培养等产业链条逐步形成，冰雪资源被不断盘活。相关报告预测，到 2025 年，中国冰雪产业总规模有望达到万亿元规模。

除此之外，很多比赛也是科技创新成果的集中展示，2022 年北京冬奥会就有众多黑科技、人工智能、新材料等高新技术的应用，既是这届冬奥会的宝贵财富，也是推动国际科技创新中心建设、实现高质量发展的宝贵财富。譬如北京冬奥会和北京冬残奥会开幕式上的主火炬就利用了 3D 打印技术，负责 3D 打印的企业是安徽省的一家 3D 打印智能装备公司。为了兑现"科技冬奥"，中国攻克一批关键核心技术，示范一批前沿引领技术。氢能出行、无人驾驶、100％清洁电力、智能机器人等新技术，既服务了北京冬奥，也将对中国经济社会高质量发展发挥积极作用。

第二章
中国体育品牌市场

第一节 中国体育品牌的概况

品牌战略是现代市场经济的产物，现代市场经济的发展已经完全打破了国家、地区、民族的界限。耐克、阿迪达斯等全球性的体育品牌无孔不入地在全世界畅游，占领了过去依靠坚船利炮才能打开的广大市场。体育具有多维度、多业态的"价值集合"特征，不仅是政治、经济、社会、文化和生态的价值载体，也是与经济社会各业态高度融合的价值载体，这使体育在整个社会生态和社会生活中具有不可替代的独特作用、独特意义、独特价值和独特地位。体育品牌已成为一个国家体育经济实力的重要体现，中国体育品牌的发展也从无到有，逐渐发展壮大。尤其"入世"的契机和全球各大体育品牌的蜂拥而至，使我国体育品牌的发展面临巨大的挑战和机遇，以李宁为代表的一批国内知名体育品牌也是在这种机会和压力的双重竞争环境中逐步成长起来。因此，正确制定和不断调整自己的体育品牌战略，保护和发展中国体育品牌，使之形成强大的体育品牌产业，是目前中国体育企业在国际竞争中的必然道路。

一、我国体育品牌发展历程

（一）从无到有阶段

品牌在中国是从无到有，逐步发展壮大的。20世纪80年代以前，属于品牌经营的初级阶段。此时企业基本上还没有系统的品牌经营，企业给产品取名，并未从品牌经营的角度去考虑。80年代，整个市场供不应求，企业的发展与管理就是大胆创新，及时进入新的生产领域，通过投资来扩大生产能力满足市场需求，但是品牌的创立、维护与管理在企业决策中还没有引起足够重视。80年代以后，我国企业才渐渐真正运用品牌战略参与市场竞争。在计划经济时代，我国的体育用品行业基本上是闭关自守、自给自足的小农经济形式。由于缺乏比较和竞争，虽然产品用料精良，但工艺落后，品种和款式单一，无论是企业或消费者基本上没有追求品牌的意识。当时比较有名的国内品牌有"蓝天""梅花""大地"等。

（二）发展阶段

改革开放后，社会主义市场经济体制逐步取代了计划经济。属于劳动密集型产业的体育用品业在我国也得到了迅猛的发展，2005 年全国居民用于体育用品的支出已经位于日常基本生活消费之外重要消费支出的第六位，全国体育用品行业总产值更是以每年 493 亿元的规模增长。据 2001 年北京体育用品博览会的统计报告，2000 年我国体育用品产量已占了世界总产量的 65%，已成为体育用品制造大国。作为纺织大国，体育服装的生产与加工更是居世界前列，而且产品质量具有国际水平。这说明体育用品产业在我国具有一定的比较优势，虽然起步较晚，但发展速度还是较快的，有些国产产品在市场上已经处于遥遥领先的位置，而且许多世界知名的体育用品也是在中国生产的。据调查，在家庭健身器械上，不少学校使用的产品都是国产的，家用的国产货也占 80% 以上。

（三）国际竞争阶段

新世纪初，随着我国加入 WTO，大量的国外知名体育用品品牌涌入我国，使国内竞争国际化，也使我们清楚地认识到，我国体育用品企业生产的体育用品基本上属于中低档产品，并有不少是替国外知名品牌作嫁衣，自有品牌的国际市场占有率极低。虽然国外知名体育品牌价格昂贵，仍然备受青睐，它们依靠的就是品牌效应。以职业足球为例，那时国内各俱乐部（队）比赛队服几乎全部是国际品牌。调查显示，世界上大约有 3% 的名牌产品，却占有了全球 50% 的市场份额，可见知名品牌在消费者心中所占地位。国外品牌对我国体育用品市场带来严重冲击，当年我们的"蓝天""梅花"等品牌未能顶住冲击，早已销声匿迹了。国外体育用品正是利用品牌效应叩开中国的市场之门，国外企业运用严格的管理、雄厚的资本、先进的技术以及全方位的营销手段，使国内一些同行企业丢掉了自己原有品牌，成为国际品牌的产品加工厂。这种现象引起了我国企业界的高度关注和反思，即品牌是竞争的制高点，国外企业进占中国市场的第一步就是抢夺制高点，吞灭竞争对手的品牌，输入自己的品牌。面对挑战和冲击，我国也涌现出一批优秀的体育用品企业，它们按照市场规律，总结经验，在确保产品质量的前提下，着重加强了品牌建设，通过赞助国内外体育竞赛、广告宣传等手段，千方百计地提升企业和产品的知名度、美誉度，如李宁、安踏、鸿星尔克等就是成功的典范。李宁品牌作为一个民族体育用品品牌，"一切皆有可能"这句口号，是李宁在过去的十几年品牌塑造过程中不断积累和完善的结晶。从最早的"中国新一代的希望"到"把精彩留给自己"到"我运动我存在""运动之美世界共享""出色，源自本色"再到现在的"一切皆有可能"，李宁品牌逐步积淀出其品牌独有的内涵。在体育器材方面，虽然我国已从过去模仿和简单制作阶段，进入独立研发阶段，不少产品的设计、质量和性能已达到或接近国际先进水平，并被国际单项组织批准用于国际大赛，但从总体的国际市场占有率来看，竞争力还不太强，仍然与国外著名品牌差距较大。

在我国体育企业的产量型、质量型、品牌型的转变历程中，我国的体育用品企业才刚刚走完第一步，具有国际影响力的体育品牌十分匮乏。中国只是生产体育用品的大国而不是体育品牌强国，用自己的品牌打入国际市场的产品还是凤毛麟角；并且，面对世界著名体育品牌每年几十亿美元的销售额和几十亿美元的品牌价值，我国体育用品企业几乎还是和巨人作战的儿童。然而，我国目前已拥有几千家体育用品企业，生产着成千上万种体育用品，我们的企业不仅是世界上生产能力最强，而且也是面对消费市场最大的企业，因此我们必须拥有自己更多的优秀品牌，努力打造品牌，把品牌做大做强。

二、我国体育品牌发展的环境

(一) 我国体育市场已形成品牌竞争格局

随着我国社会主义市场经济的发展，人民生活水平稳步提高，需求状况也发生了巨大变化：同质化需求向个性化需求转变；低层次需求向中高层次需求转变（即由贫困型、温饱型需求向小康型、富裕型需求转变）；物质需求向物质需求、精神需求并重转变；商品需求向品牌需求转变。而我国居民购买力的提升也使更高层次的需求得以实现，这就创造了巨大的体育消费市场。众多国外著名体育品牌商品凭借我国加入世界贸易组织的契机而大量涌入，使我国的体育市场已由供不应求向供求平衡、供过于求转变。由于体育市场上商品供应比较充足，顾客在市场中的地位也在发生变化，即由被动地位向主动地位转变，由体育生产经营者主导市场向顾客主导市场转变。我国体育市场态势从总体上来说，已由卖方市场向买方市场转变。顾客购买商品要对比多家，择优选购。体育生产经营厂家必须努力开发和生产更多适销对路的新产品，并形成对竞争对手的优势，才能赢得更多顾客的选购，在竞争激烈的体育市场扩大其市场占有率，提高自身体育品牌的市场地位。

(二) 国内体育品牌与国外强劲体育品牌存在差距

判断一个体育品牌的整体市值，并不是简单按照企业的市值或营收规模排序，而是根据品牌业绩、品牌强度、品牌贡献等多项指标进行评价分析的。品牌价值评估机构GYBrand发布了"2023全球最具价值运动服饰品牌10强榜单"（The World's Top 10 Most Valuable Sportswear Brands of 2023）。其中，耐克蝉联"全球最具价值运动品牌"，来自德国的阿迪达斯和彪马分列二、三名。10强名单中，美国占据一半，德国和日本各占两席，安踏排在第七位，是中国唯一上榜的体育品牌。体育品牌真正地走出国门，走向世界，模仿和复制不是长久之计，只有自己不断地创新——产品的创新、理念的创新、文化的创新，才能使民族品牌真正跃升为世界一流大牌，在国内外市场占有更多的目标消费群。

（三）国内体育品牌成长的宏观体制环境尚不健全

首先是政治法律环境的不健全。政治法律环境主要包括政府对品牌战略的态度，支持与鼓励政策的力度以及对知识产权、驰名商标的法律保护力度等方面。我国对品牌发展战略的政策扶持还不是很明显，行业与地区的保护与封锁比较严重，致使企业无法真正按自己的利益进行资产重组、扩张与发展，品牌的跨地区发展在一定程度上仍遭遇保守意识的阻力。世界著名品牌发展的历史表明，创名牌是一个长期过程，需要经历几十年、上百年的发展史，名牌凝结了企业的全部文化内涵。国有企业由于体制制约，缺少这种一脉相承的氛围。不同企业形式（如中外合资企业、国有企业、民营企业等）"国民待遇"不同，迫使企业通过合资争取政策与自由。此外，我国品牌保护与发展的有关法律法规，尤其是经济法律和知识产权保护的立法还存在不少空白，对品牌知识产权的保护不力致使我国品牌发展缺乏完善的法律环境。对于体育品牌来说，假冒伪劣的侵权现象十分严重，市面上随处可见仿版的耐克、阿迪达斯的体育品牌用品，严重破坏了一些知名体育品牌的品牌形象，给体育品牌的建设与经营管理造成很大的压力和困境。以福建莆田为例，该地区经过几年的发展，已经成为耐克和阿迪达斯等国际品牌的仿版鞋的主要产地。由于没有相应的法律条规来制约这种行为，其出产的仿版鞋相当畅销，仿版鞋现在甚至成了莆田最重要的支柱产业之一，这个现象也引发了广泛的争议。

（四）国内的品牌营销意识相对薄弱

由于品牌观念传入中国较晚，与西方国家相比，中国的市场经济建立的时间短，市场经济体系尚未真正形成，法制经济尚在探索和实践中，决定了中国品牌的发育和成长不可避免地带有先天不足的缺陷；企业在品牌方面的知识根基很浅，对品牌认识表面化，能够真正理解品牌内涵的企业家及企业经营者很少，甚至还有许多认识上的偏见与误区。有的企业把知名产品当作品牌；有的企业把商标当作品牌；有的企业的产品只有产品类别名称，但没有品牌名称。由于对品牌的长期价值与品牌就是资产缺乏深刻的认识，大多品牌只有知名度和视觉识别，但品牌的品质认知、品牌联想、品牌忠诚、品牌的文化内涵十分缺乏。因此，这些企业的经营理念和行为仍以产品经营为核心，还没有自觉地转移到以品牌经营为核心的理性认识上去。不少企业虽然有质量上乘的产品，却很难形成品牌优势。西方国家经济与体育产业发展的经验数据表明，体育产业真正大发展要等到一国经济整体进入"追求生活质量阶段"。当前，我国经济尚处于"成熟阶段"向"高额群众消费阶段"的过渡时期，体育产业以体育用品市场发育程度最高，但体育市场基础还比较薄弱，存在体育市场各个结构的成分和体系还不是很合理，而且对于目前刚刚起步的体育产业来说，当中也有一些旧的模式的束缚和管理机制的不健全，这都使得现在包括体育产品、体育赛事等方方面面在内，均还不能完全按产业化的方式来直接运作，因而加大了体育品牌建设与运营的难度。面对强大的外国品牌及其高深莫测的营销战略和成功的品牌经营策略，中国品牌缺乏能够传递本色体育价值的品牌定位。在改革开放以来,虽然我国的市场经济体制建设取得了令人瞩目的成就,但仍然处于探索阶段,在市场竞争强度、市场竞争秩序和市场竞争策略与手段的选择把握上还不是很到位。与此同时,我国企业也忽视了对自家商标价值的估算与保护。许多国内知名品牌在合资中被外方有意识用低价买断,弃而不用,以致在市场上销声匿迹,待到我国企业醒悟过来,抢救品牌时,却不得不花多于原来几倍的价钱。2005 年,青岛海信集团历时 6 年,最终以 50 万欧元的价格,将被西门子公司在德国注册的"HiSense"商标赎回。腾讯公司域名被外国人抢注,最终以 100 万美元天价买回域名。市场竞争行为不规范,市场机制运行过程中复杂关系未理顺,品牌形象受损,市场份额被侵占,拓展受限,法律风险和成本增加,品牌发展战略受阻,导致参与市场竞争的中国品牌实力受到一定程度的影响。

(五) 中国体育品牌缺乏长远有效的品牌整体战略规划

耐克和阿迪达斯都以各自清晰的品牌识别为基础,有针对性地准备品牌整体战略规划。在研究市场的需求、分析竞争者的优势、寻找自身的市场机会的基础上还不断地检讨和加强品牌识别,以使品牌战略更加有效。耐克和阿迪达斯每一次从低迷中重新振作起来之时,都是首先审视品牌战略的核心,重新定义品牌的识别。知名品牌的形成不是一蹴而就的,企业要以长远的目光精心进行全面系统的整体战略规划。只有具有较强的品牌整合意识,才能把品牌建设管理的各个方面都做到位。特别是要有清晰而又有深度、有条理的品牌识别来指导品牌的传播和推广活动的制定与实施,才不会把矛盾和模糊的信息传递给消费者。2003 年国内运动品牌掀起了新一轮声势浩大的造牌运动,为了争夺市场,纷纷挑起明星大旗,体育明星、影星、歌星纷纷代言,电视广告出现了"群英会"。有人说,仅福建晋江一地的运动鞋做广告就可以养活中央电视台五套"体育频道"。据统计,福建晋江一地在中央电视台五套"体育频道"打广告的运动品牌呈跳跃式递进,2000 年有 16 个,2001 年为 33 个,2002 年为 36 个,2003 年已经达到 44 个。国内"明星鞋"的广告未能有效地建立体育品牌与体育之间的内在联系,有些品牌请来歌星、影星为品牌代言,虽创造了时尚流行,但缺少体育品牌的专业性和运动性;有些体育品牌虽有体育明星助威,但缺少实质的品牌支持,显得信心不足,不能产生强大的冲击力和感召力。国内大多数的体育用品生产企业在体育品牌的建设过程中,将品牌传播仅仅局限在打广告这一个途径选择上,忽视了诸如体育赞助、体育体验式营销、体育品牌的网络营销等品牌传播手段的综合运用,使国内体育品牌的传播效果、传播强度以及品牌印象的深刻性和持久性大打折扣,同时也为营造国内体育品牌,并保持国内体育品牌长期持续的发展设置了巨大的障碍,使我国体育品牌的拓展面临发展的"瓶颈"。国外著名体育品牌的广告设计、包装技巧、营销运作等整体协调、层层推进、环环相扣。这种整体、长远的运作方式和完善的有针对性的系统规划体现了发展长期顾客关系的要求,有力地促进了构建有效的品牌识别。

第二节 中国体育品牌的发展

2001年到2010年，中国加入WTO后，经济高速增长，大众消费能力显著提升，叠加奥运会等赛事带来的运动热潮，本土运动鞋服品牌迅速发展。中国体育产业是一个蓬勃发展的新兴产业，其行业市场规模和未来发展趋势受到了政府和市场的高度关注。随着体育用品、体育服务、体育器材、体育文化和体育娱乐等多元化的市场发展，目前中国体育产业的市场规模已经成为世界第二大市场，仅次于美国。我国拥有超过14亿人口，是全球最大的消费市场之一。为了扩大内需，国家政策积极助力体育产业向高质量发展，中国体育行业的政策导向已经开始由重视数量向重视质量转变，多维度、高质量的绿色发展模式成为"十四五"期间体育产业发展的目标。随着经济发展水平的不断提高和居民可支配收入的增长，居民的消费能力也在增加，国内居民能够接触到更丰富的体育运动类别，在专业性提升的同时，对细分品类的需求将更大，未来体育用品行业规模也将扩大。同时，居民在体育用品的购买过程中不再仅仅关注价格，而是更多地关注产品品质、品牌文化等特质，消费升级趋势助推了体育用品的品牌培育。

一、中国体育品牌发展的模式

体育品牌市场中，品牌价值创新的模式是极为重要的，而这首先需要企业对自身进行准确定位和深层次价值的发掘利用。中国的体育品牌在品牌价值方面身处弱势并不可怕，只要有适当的方法、策略，不断寻找品牌发展突破口，就能在激烈的市场竞争中占得一席之地。近年来，中国体育品牌企业不断引进人才，注重科技开发，吸取、借鉴国外先进技术，提高产品科技含量，以科技为先导，提高产品档次，增强我国体育用品国际竞争能力。同时，通过在海外建立分公司、工厂和设代理等渠道，直接在资本输入国就地取材、就地生产、就地销售，使资本融入国际社会，实现资本国际化，扩大市场份额，提高了品牌的知名度，增加了中国体育品牌的价值。我们以李宁、安踏、匹克三大中国品牌为例，分析它们品牌价值创新的模式。

（一）通过签约、收购提升品牌价值

2004年雅典奥运会上，李宁公司与西班牙男篮正式签约，成为西班牙国家男篮的正式赞助商。2006年男篮世锦赛上，西班牙夺魁则让全世界都看到了李宁这一中国品牌，提高了品牌的国际知名度，实现了品牌价值的提升。2008年北京奥运会李宁在开幕式上演出，使李宁品牌的国际化征程达到了又一顶峰。李宁的国际化动作一直没有停止，而且每一个动作都被我们看到：从签约西班牙男篮、瑞典奥运代表团、阿根廷男篮到第一次出现在NBA全明星赛事中，李宁旗下的NBA"铁三角"阵容——奥尼尔、戴

维斯以及卡尔德隆将李宁带到了世界球迷的视线中。而据统计，李宁公司在各大赛事上赞助的国家还有意大利、捷克、印尼等，涵盖了足球、篮球、体操、羽毛球等运动项目。收购是品牌国际化、品牌价值提升更加直接有效的方式。2008年7月，李宁收购了意大利著名品牌乐途（lotto）在中国的20年经销权；李宁与英国老牌足球运动服生产商恩宝（UMBRO）从2005年就明确了合作意向；在本土市场方面，分别收购了红双喜、凯胜，在乒乓球、羽毛球器材领域取得了绝对领先。这种做法使李宁品牌自身力量得到空前提升，在美国市场对运动品牌老大耐克造成了不小的威胁。

（二）借品牌赛事提升品牌价值

匹克在进入NBA之前，频频与国际篮联、NBA、澳大利亚男女篮等接洽，并达成长期合作关系，因而引起了很多篮球运动专业机构的关注。由于其品牌影响力的不断扩大，商家及各类体育组织纷纷与其寻求合作。2007年和2008年，各方面都日臻成熟的匹克开始全面进军NBA，在短短两年时间里，匹克先后成为NBA、WNBA、篮网队等的合作伙伴，并签下众多NBA球星，创下了前所未有的签约规模。匹克用一系列令人惊叹的数据践行着"让世界穿上中国鞋"的承诺。2007年起，特步致力于打造大众跑者首选品牌，持续在跑步领域频频发力，先后赞助了北京、上海、香港、台北、厦门、广州、武汉等三十余项马拉松赛事。十几年来，特步累计赞助马拉松赛事和活动超过1000场，累计参加人数超过500万，活动路程超过1亿公里，成为中国赞助马拉松赛事最多的运动品牌。2016年3月21日，特步创办中国首个跑者节日——321跑步节，升级跑者服务。2016年8月，特步第一家跑步俱乐部落地北京奥林匹克森林公园，如今跑步俱乐部已拓展至长沙、合肥、南京、厦门、武汉等其他跑步圣地。2018年，321跑步节与中国田协联合共办，以"体育+娱乐+公益"模式，充分挖掘跑步的大众化意义。2021年4月，特步赞助的厦门马拉松，成绩跑进3小时的跑者中，有51%穿着特步160X跑鞋，穿着率实现跳跃式增长。特步赞助的徐州马拉松，前三名均穿着特步160XPRO，前九名有7人穿着特步160XPRO。

（三）借用群体化提升品牌价值

安踏的目标是，无论是一线城市，还是二、三、四线城市，安踏都要建立自己对渠道的绝对掌控权。安踏对渠道有着强大的控制力，相比其他企业体育营销上的猛烈攻势，安踏审时度势地提出"专业体育民用化"的口号，扬长避短地用"安踏运动力学实验室"来诠释安踏的专业性民用。为了达成覆盖所有中国人的品牌定位，安踏赞助了CBA、乒乓球超级联赛、女排联赛和全国极限精英赛等四大赛事。安踏意识到，产品要有竞争力，就必须要在自主创新上下功夫。进一步利用激光测量技术采集了这些专业运动员的全部运动数据，并在此基础上，与比利时RSscan公司和北京体育大学生物力学教研室共同建立的安踏运动力学实验室提取CBA赛场上180多名运动员脚部的数据，依此建立了中国第一个运动力学脚型库。安踏老板丁世忠提出的口号则是，放弃高端，主打大众市场。安踏签约的NBA球星加内特、朗多等人，推出球星

的专属球鞋定价只有 399 元,而李宁品牌的球星专属球鞋定价则至少超过安踏一倍以上。安踏对准的市场与消费群体,恰恰是李宁放弃的。当年,三、四线城市中安踏专卖店在增多,而李宁专卖店在减少,安踏的销量直线上升。李宁的快速扩张是安踏反超的机会,安踏的多品牌、平民化是成功反超的主要原因。

二、中国体育品牌发展的途径

中国体育品牌在销售业绩、营销策略方面给国外体育品牌造成了较大的威胁,其地位也在不断提升。但是,中国体育品牌如果要加快从本土销售大国向国际销售大国的转变,由中国制造向中国创造的转变,就必须加快培育自己的跨国公司和国际知名品牌。因此,品牌价值的创新在中国体育品牌发展的现阶段提出、实施、实现就非常有其必要性。要塑造强势品牌,对品牌进行价值创新,首先要对品牌现状进行审视,发现品牌历史上的主要里程碑或转折点。其次,要把握品牌发展的机会,分析出未来品牌发展的行业趋势。在未来成长的机会中,不仅要扩大用户群,挖掘新的用户,而且可以朝改善功能、增加使用量与频率、扩展产品用途等方面发展。

(一) 密集渗透,建立网络品牌

拓展、提升一个品牌价值首先就要让你的目标及潜在用户经常见到你的品牌,要让用户比较容易想到你、熟悉你,购买你产品的时候少一些不信任和担心,之后在想到你时比较容易地买到。而要达到这种效果就需要强有力的渠道支持,特别是要"密集"销售终端,加大对区域市场的渗透。因此,有必要创新一系列营造网络品牌的具体营销模式。譬如:安踏在中国几乎所有门户网站展开强势广告,集合了条幅、动画、新闻和口碑在内全部互联网传播手段。因为它们不受区域、时间和受众状态的限制,其传播的到达效果和理解深度迅速超过了传统的电视讲解和平媒新闻,更优于分时段的电视广告。安踏作为有着电视传播传统的重要体育品牌,依托互联网平台对奥运合作消息的传播,以解构主义的方式剥离品牌策略对电视传播的依赖,进行面向互联网的创造性推广,必然能创新并提升品牌价值。实际上,基于互联网媒介的品牌宣传策略,其传播速度与传统手段相比甚至有天壤之别,而它在引起关注之后的衍生传播更是具有不受局控的口碑能力。所以作为一个迅速而衍生性难以估量的新兴媒体,互联网不仅仅是一个传播的平台,也是一个品牌孵化、品牌持续和长尾效应、不断进行价值创新的平台。无论是新顾客还是老顾客,对于突发事件、重大意义事件都有天生的好奇和信息互补沟通的欲望,关键在于事件的制造者和传播者能否使事件消息在有效的兴趣时间之内到达受众。互联网为我们创造了获得品牌凝聚力得天独厚的条件,根本原因就在于互联网对事件的响应能力和对企业战略的衍生执行能力。

(二) 强强联合,联姻第三业

联合促销,与第三业结盟,就是凭借品牌价值优势,把自身原本的消费群拓展。与其他行业（第三业）的领导者进行"强强"品牌联手，以期在更大的市场深度和广度上进行扩展，强化自己的品牌形象，延续品牌的生命力，提升各自的品牌价值，达到双赢的局面。2010年4月，野力体育（中国）有限公司正式与国际足联品牌"FIFA"签约，后者授权野力体育为中国大陆地区FIFA品牌及2010世界杯官方赛事中国总代理。这意味着，2010年，国内的野力专卖店门头可以使用世界杯官方赛事店标志，店内也可设置世界杯纪念品销售区。同为时尚体育运动产品的风格，FIFA品牌的代理商已遍及全球18个国家。与FIFA的结盟可以使野力共享FIFA的渠道，提升野力品牌知名度与价值，增强品牌竞争力。除产品销售外，双方还在产品研发、生产、渠道等方面进行深度合作。FIFA品牌委托野力体育设计生产部分鞋类产品，这也使野力成为国际知名时尚体育用品的鞋类供应商之一。成为FIFA世界杯中国区唯一合作伙伴的野力，借助FIFA官方背景，在世界杯这一特殊节点，以联合和结盟的方式进入国内体育用品市场，实现了品牌双赢。

（三）突出文化，提升价值境界

当体育运动强身健体的功能成为人们生活的必需和必然，体育运动的文化功能也以其奇妙的特异性和宏大的包容性成为人们生命和生活的一部分。人们对体育用品的选择，也已不仅仅是为了满足自身单一的功能性利益，而更注重品牌中的文化因素，倾向于那些附带有生活化、人性化、精神化的品牌产品，以满足自身情感性利益和自我表现型利益，满足自身对体育人文和生命科学价值的需求。国际知名体育用品品牌利用文化取胜的例子很多，如在众多精彩而成功的品牌识别语中，耐克运动鞋的"只管去做"（Just do it）做到一语双关，迅速赢得国人认可。在传神地表达品牌的功能价值和文化价值的同时更强调品牌的文化价值，而且这种价值具有很强的普世性，能够经得起时间和空间的考验，比较容易记忆和传播。当现代媒体把体育运动带进千家万户，逐渐富裕起来的居民形成追求生活质量的观念，把体育当作生活的一部分，体育用品消费逐渐增长，从而形成了一个世界范围内的极具发展潜力的消费市场。企业的竞争已逐渐从单质、单项要素中脱胎，而进入系统的品牌竞争。国内体育用品企业要想在日趋明显的品牌消费的市场环境中胜出，进行品牌文化建设是当务之急和必由之路。

第三节　中国知名体育品牌

半个世纪以来，中国体育用品行业从小到大、从仿制到创新、从计划到市场、从自给自足到走向国际市场，取得了令人瞩目的成绩，中国已成为世界体育用品制造大国。2008北京夏季奥运会和2022北京冬季奥运会的举办，为中国人民创造了广泛持续的社会效益和经济效益，带动了全民体育运动的热潮，也拉动了中国体育用品市场的井喷式发展。市场扩容带来的竞争升级、营销升级将体育用品行业的竞争推向了极致，国内体育用品市场出现了空前的繁荣景象，实现从生产大国到品牌强国的华丽转变，体育品牌已全面登上历史舞台进入了相互搏杀的白热化竞争阶段。近年来国内运动鞋服行业的集中度持续提升，国际运动品牌虽然占据主导地位，但是国内品牌崛起态势强劲。2022年国内运动鞋服市场排名前十位品牌的市场份额总和（CR10）为78.1%，耐克和阿迪达斯的市场占有率保持领先，市占率分别为17%、11.2%，李宁市占率为11%，位列第三（见图2-1）。2017—2020年国际品牌CR2（耐克、阿迪达斯）维持在35%～40%的水平，2020年后逐年下降，2022年CR2市占率合计为28.2%，同降5个百分点。而国内品牌CR4（安踏、李宁、特步、361°）在2017—2020年保持在20%～25%，2020年后国内品牌CR4持续上涨，2022年为31%，同增4个百分点（见图2-2）。

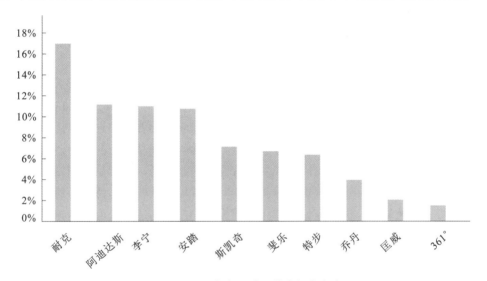

图2-1　2022年各运动品牌市场占有率

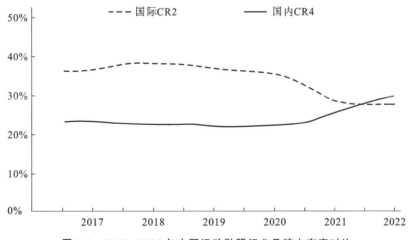

图2-2　2017—2022年中国运动鞋服行业品牌占有率对比

国内运动鞋服行业经过多年的发展，集中度已经达到较高水平。近年来国内与国际龙头品牌同时抢占国内运动鞋服杂牌市场份额，集中度不断提升。国际品牌在中国市场仍有较强影响力，但国内品牌的竞争力与市场认可度持续提升。自2021年新疆棉事件过后，消费者对国产品牌更加青睐，国际一线品牌在中国市场收入增速持续下滑。在国潮趋势下，国产品牌进一步强化研发能力，提高渠道效率，增强品牌认可度，全方位缩短与国际一线品牌的差距，迎来赶超机会，并凭借各自的主打产品在运动服饰、运动鞋、体育器械等主要领域蚕食国际品牌耕耘多年的市场存量，改变国际品牌"一统天下"的市场格局。为扩大优势体育用品品牌的市场影响，促进国内体育用品行业发展，"中国排行榜网"联合中国上市公司发展研究院、中国排行榜经济研究院，深入体育用品市场调查研究，从众多国内体育用品品牌中，根据各品牌的市场占有率、品质、安全指数、品牌影响力、市场推广、产品认证等指标进行综合评估以及网络调查，评定出中国排行榜2021中国体育用品十大品牌，充分显现了国内体育用品市场发展的趋势。入选的十大国产品牌依次是李宁、安踏、361°、特步、匹克、乔丹、鸿星尔克、泰山、红双喜、双鱼。

　　从市场品牌价值及无形资产估值来看：李宁为国货之光，安踏为国货大鳄。两个品牌走的道路截然不同，李宁的发展核心在于打造个人品牌，安踏的特色在于收购、整合。在体育器械、球类领域分别拔得头筹的泰山、红双喜随着成功进军奥运会，品牌形象深入人心，由国内走向世界，凭借零失误、零投诉的良好品质跻身前十。在激烈的市场竞争中，耐克、阿迪达斯等国际品牌主导着国内一线市场，国产品牌则圈定二、三线市场。为扭转市场格局，运动服饰、球类、体育器械等领域的领军品牌纷纷采取"广告＋明星＋赞助"的策略，通过商标、广告语等无形资产所创造的价值来迅速提升市场地位，集体主攻一线市场。得渠道者得天下，渠道的拓展，将使民族品牌在国内市场中如鱼得水。从地域分布看，国内体育用品生产基地集群化非常明显，主要版图为京津、沪闽、粤三地。以福建、广东影响力最大，生产能力约占总生产能力的90%以上。福建更是一口气吞掉了"中国体育用品十大品牌"中的六大品牌——安踏、361°、特步、匹克、乔丹、鸿星尔克；而广东则吞食了品牌大佬李宁及双星。中国体育用品市场规模在极速成长，但要完成从生产大国到品牌强国的过渡，各民族品牌须继续寻找突破口，亮剑突围，在厚积薄发中强势撬动国际市场杠杆。

一、李宁

　　李宁公司成立于1990年，经过30多年的探索，已逐步成为代表中国的、国际领先的运动品牌公司，李宁品牌是李宁公司旗下的核心体育运动品牌，并多次成为奥运会、亚运会、世锦赛等重大体育活动的指定品牌。2002年凭借着"一切皆有可能"口号，李宁一炮而红，此后借助2008年北京奥运会的持续加热，李宁顺势坐上了国产运动品牌一哥地位，市值达到66.9亿元，是2002年市值的7倍，市场占有率一度超越了阿迪达斯。李宁品牌已由单一的运动服装，发展至运动鞋、运动配件等多系列并驾齐驱，通过丰富自身产品矩阵，先后收购了香港本土品牌堡狮龙、意大利奢侈品牌铁狮东尼（AMEDEO TESTONI）、英国百年鞋履品牌其乐（Clarks）。

二、安踏

安踏是中国著名的体育用品品牌,其发展历程可以追溯到1991年,至今已有30余年的历史。在过去的几十年里,安踏产品完成了从单一性到综合性的品牌运营过渡,涵盖了运动服装、鞋类、球类等体育用品。安踏在国内拥有4000家的专卖店,建立了最完备的,覆盖一、二、三线的市场营销网络,成为体育用品行业的领跑者。其销售业绩居于全国前列,尤其是运动鞋市场综合占有率连续多年在全国同类产品中荣列第一。2023年3月21日,安踏集团公布了2022年财报。在收益方面,安踏体育收益增加8.8%至536.5亿元。此外,安踏集团主要品牌的具体表现如下:安踏品牌(ANTA)收入同比增长15.5%至277.2亿元;斐乐品牌(FILA)收益为215.2亿元;其他品牌合计收益上升26.1%至44.1亿元;亚玛芬体育(Amer Sports)合营公司收益同比增长21.8%,EBITDA(税息折旧及摊销前利润)增长8.8%至25.8亿元。

三、361°

361°隶属于361°国际有限公司,是国内家喻户晓的运动品牌,也是体育用品领域唯一荣膺亚奥理事会全球官方赞助商的品牌,其产品包括了运动服装、运动鞋类、运动器材等。自2003年正式成立以来,361°集"国家免检产品""中国名牌""中国驰名商标"三项国家级荣誉于一身。近年来,凭借高频度、大覆盖、立体化的广告、宣传和公益活动,赢来了持续高增长市场份额,不断巩固在国内市场的绝对领导地位。目前361°营销网络已覆盖欧、亚、非等大洲的三十多个国家和地区及国内34个省级行政区。

四、特步

特步集团是一家专业从事运动鞋、服装及配饰的设计、研发、制造、营销的国际化体育用品企业。企业始创于1987年,2001年创立特步品牌,2008年6月3日在港交所上市。2019年海外并购多个国际品牌,开启多品牌、国际化发展道路。经过30多年的发展,特步已成为中国领先的体育用品企业。特步定位为大众的专业体育用品企业,致力于专业体育用品生产的同时,更坚持"运动时尚"的独特定位,通过体娱双轨的差异化营销策略,为消费者提供既有个性又具性价比的体育用品,并将宣传焦点与马拉松比赛高度黏合。随着国内马拉松赛事渐趋大众化、下沉化,未来市场仍给特步留有不少机遇和空间。2022年3月16日,特步发布2021年财报,显示集团2021年收入创下人民币100.13亿元的纪录,同比增长22.5%,顺利跻身百亿俱乐部。集团旗下拥有主品牌特步Xtep(中国)以及索康尼Saucony(美国)、迈乐MERRELL(美国)、盖世威

K·SWISS（美国）、帕拉丁 PALLADIUM（法国）等国际知名的运动品牌，主品牌收入增长强劲，创下人民币 88.41 亿元的纪录。特步发布了第五个五年规划，并表示特步主品牌仍然是集团未来几年最大的增长动力。

五、匹克

匹克，创立于 1989 年，由英文"PEAK"音译而来，寓意不断攀越高峰的自我挑战精神。总部位于中国福建省泉州市，主要从事匹克"PEAK"品牌体育运动产品（包括运动鞋、服装及配件）设计、开发、制造、分销及推广，已有 30 多年的专业研发、制造和销售经验，拥有包括江西、惠安标准化花园式生产基地 53 万多平方米，建筑面积近 30 万平方米，在职员工 5000 余人，在中国的零售网点有 5000 多家，在海外拥有 100 多个经销商、1000 多个经销网点，建立起产销结合的国际品牌运营体系，业务遍及欧、美、亚、非、澳五大洲 100 多个国家和地区。匹克在海外的销售额在 2016 年已经有了可观的 6.5 亿元人民币。匹克以篮球赛事体育营销作为传播主线，2005 年启动"品牌国际化"战略，通过赞助斯坦科维奇杯洲际篮球冠军杯、欧洲全明星赛等多项国际赛事，成功树立起一流的国际体育品牌形象。通过差异化的品牌营销，加之"品牌专业化、产品系列化"的经营方针，以及对销售网络进行精耕细作，强化终端形象，辅以科学的物流控制和销售管理，匹克成功收获品牌力所带来的销售增长和品牌价值的提升。

六、乔丹

成立于 2000 年的乔丹体育，是福建省百强企业和福建省纳税三十强企业，一直从事运动鞋、运动服装和运动配件的设计、研发、生产以及营销，并且始终坚持以卓越的运动体验为消费者提供更加健康的生活方式为使命，以期成为广受认同的中国领先的体育用品品牌企业。乔丹体育已在国内建立了具有较大规模的营销网络，品牌专卖店铺已经覆盖全国 31 个省、自治区和直辖市，拥有品牌专卖店近 6000 家，旗下产品涵盖户外、跑步、篮球等多个系列。2006 年起至今，乔丹体育携手中国服装设计师协会共同举办"乔丹杯"中国运动装备设计大赛，已成功举办了多届，为促进国内运动装备设计水平的提高挖掘了大批优秀的设计人才。

七、鸿星尔克

鸿星尔克集团创于 2000 年 6 月。公司立志打造"全球领先的运动品牌"，并以"倡导年轻、时尚、阳光的生活方式"作为企业使命，迄今已发展成集研发、生产、销售为一体，拥有员工 2 万多名，业务遍及海内外的大型服饰集团。目前，集团除在中国有 20 家分公司、10 余家代理分公司、销售网点 7000 多个以外，产品还行销欧洲、东南

亚、中东、南北美洲、非洲等地区，海外销售网点逾千家。2005年，鸿星尔克在新加坡主板成功上市，成为业内首家在海外上市的服饰品牌。鸿星尔克品牌在2020年公布的"2020福建省民营企业100强"榜单中，以总营收28.43亿元入围第82名。

八、泰山

泰山集团创立于1978年，从手工缝制体育垫子起步，历经40余年创新发展，从一个家庭作坊发展成为制定国际标准的世界知名品牌、全球赛事服务商，实现了"从炕头走向全球"的历史性飞跃。目前，泰山集团的产品主要涉及高端体育器材、负离子人造草坪、碳纤维自行车、智能冰雪装备、智慧健身装备及体育工程等多个领域，在北京、上海、深圳、济南、青岛和西安等设有分公司，在美国、日本等设有国际分公司和办事处，营销服务网络遍布200多个国家和地区。

九、红双喜

红双喜是一个运动器材品牌，诞生于1959年，由周恩来总理命名。商品包括球拍、球网、标枪、乒乓球台、举重器具、击剑器材等体育器具。2007年，李宁公司斥资3.05亿元收购了红双喜57.5%的股权。红双喜是第一个为奥运会提供赛事器材的中国品牌，也是连续6次为奥运会提供赛事器材的中国品牌。2021年的东京奥运会，是红双喜连续第六次亮相世界体育的最高舞台。

十、双鱼

广州双鱼体育用品集团有限公司是广州市国资委和广州轻工集团旗下的国有控股企业，是中国最大的体育器材和设备生产商之一。公司始创于1954年，是集研发、生产、销售、体育服务于一体的高新技术企业，是国家体育产业示范单位、中国体育用品十强企业。主要产品有乒乓球运动器材系列、羽毛球系列、足球系列等。双鱼集团是我国最大型的体育器材生产基地和球类生产基地，拥有目前国内最先进的球台生产线。乒乓球器材的产销量在世界同行名列前茅，经过多年的努力，正步入国际知名品牌行列，其产品多次成为世界杯、亚洲杯、世界锦标赛、国际挑战赛等国际大赛指定使用器材，并成为中国奥委会乒乓球器材供应商。

需求端消费者更加认可本土品牌，但国内品牌崛起背后的核心是供给端改善，消费者购买决策的前提是理性消费，这都提醒国内品牌不能故步自封，而应该逐步追赶甚至超过国际品牌。

— 第三章 —
体育品牌价值与文化

在创造产品、企业品牌或为其重新定位时,极其重要的是,品牌必须以一种明确而又与众不同的策略观念为基础,这种观念即为品牌平台,它是企业进行品牌管理工作的基石,界定了品牌的各个维度,从最高层次的无形价值和品牌个性,下延至产品的差异化属性和做出承诺的理由。要创立一种有效的品牌,品牌平台是其核心,它的价值观将指导品牌发展、管理及传播等各个方面,以确保最大限度地提高品牌盈利能力。品牌平台从一开始就清晰地表明品牌的观念、价值及其目标,说出品牌与众不同的文化,而有关该品牌的所有未来发展工作就以此作为基础。品牌文化是品牌价值最核心的体现,是凝结在品牌上的企业文化精华。消费者购买的不仅仅是物品或者服务本身,同时也希望得到消费以外的情感体验和相关联想,从而与品牌产生共鸣与认同感,才能形成忠诚度。品牌文化的核心是文化内涵,具体而言是其蕴含的深刻的价值内涵和情感内涵,也就是品牌所凝炼的价值观念、生活态度、审美情趣、个性修养、时尚品位、情感诉求等精神象征。众所周知,耐克等国际品牌都具有自己的体育精神和文化内涵。耐克的广告语就是它品牌文化最直接的反映。一句"Just do it"的广告词深深地印刻在年轻人的心中,也成了耐克的精神所在。"想做就做,坚持不懈",简简单单的一句话就把体育精神表现得淋漓尽致。还有中文版的"把球给我"这简洁明了的耐克口号,也能引起人们丰富的联想——关于决心、意志、实力、自信都在这一句话里面。耐克的品牌文化不仅仅只表现在广告文案中,庞大的国际一线体育明星也给耐克带来了独有的品牌文化。乔丹、科比、詹姆斯、欧文等都为品牌融入了新鲜的血液。和乔丹的合作无疑是最成功的,在耐克中加入的飞人元素,让全世界的球迷都为之疯狂,也使Air Jordan(AJ)系列球鞋崛起,成为高端篮球运动的代表产品。在后乔丹时期,科比和詹姆斯又扛起了耐克的品牌大旗,通过球星们的表现和对体育精神的演绎,把品牌通过篮球注入青少年的血液中。作为体育品牌同样也需要在创建的过程中构筑类似的体育品牌平台,勾画品牌蓝图,使品牌系统产生整合性力量,为体育品牌创建的后续步骤打下坚实的基础。

第一节 体育品牌价值

关于品牌价值的内涵,学术界有不同的理解。有人认为品牌价值的基础是产品或服务的质量;有人认为品牌价值的基础是品牌为消费者提供的附加利益;也有人认为品牌价值是一种超越生产、商品、所有有形资产以外的价值,是生产经营者垫付在品牌方面的本钱;还有人认为品牌价值是品牌竞争力的直接表现等。从某一方面看,这些论断都有一定的正确性,但就其实质而言,品牌反映的是企业与消费者及竞争对手的关系。正如马克思曾指出,"价值"这个普遍的概念,是从人们对待满足他们需要的外界物的关系中产生的。可见,价值是一种选择,是主客体的一种关系。因此,品牌价值也是这样一个具有二元化结构特征的构成体系,这是由品牌概念本身所决定的。

品牌实质上是一个以顾客为中心的概念,没有目标顾客即无需品牌,也就没有品牌。因此,品牌必须从目标顾客和经营者两个角度来看。一方面,对于目标顾客而言,品牌是一种信息,是经营者与自己沟通的手段,是认识商品的途径。顾客相信经营者在品牌宣传中的承诺,便会产生认牌购买行为,其目的是减少选择商品时所需花费的心力、体力,并降低购买风险。另一方面,对于经营者而言,脱离了与目标顾客的关系,品牌只是自身商品或服务的名称和标识,只有获得了目标顾客的认同,品牌才具有了鉴别和保护商品的作用,同时也便于自己在广告、促销和公关方面的目标顺利实现。通过目标顾客的认同,经营者可以培养目标市场对品牌的偏好,从而提高市场竞争力,并创造出为自己的商品或服务实行差别定价的机会。

由此看来,品牌价值就是让顾客的需求得到满足,让顾客乐于消费、忠诚消费,体现出竞争品牌难以改变的价值属性和品牌本身在市场或者其使用者当中所享有的声誉及表现出来的市场价值。它是由品牌价值的主体——品牌所有者和品牌价值的客体——品牌受众的互动共同构筑的品牌价值系统。

品牌只有被顾客认同才能成为参与市场竞争的无形资产,形成品牌价值;具有价值的品牌才能给消费者带来消费利益和享受,品牌价值主客体之间是相互依存、不可分割的有机统一整体。对于体育品牌价值体系来说亦是如此,体育品牌的组成部分之一是该品牌的价值。每一个人都有其本身的一套价值观,而正是这种价值观指导我们的日常行为。从一种核心哲学发展起来的品牌也有其本身的一套价值观。而这种价值观从市场推广的观点来看,是十分重要的。如果该品牌的价值与人们本身的价值观相吻合,这种价值就会产生类似"胶水"一样的效果,把消费者与品牌结合起来。体育品牌作为人们日常生活中众多品牌之一,虽然也适用这一规律,但又有其特殊性,这是体育运动本身所决定的。体育传达的是人类征服自然和超越自我的运动精神,而将这种精神物化到体育用品上就要通过体育品牌价值来展示和实现。

一、体育品牌的价值内涵

体育品牌的价值是指在一定的成本范围内,在不断改进产品、服务的基础上,用新的品牌价值去满足消费者对原有产品或服务的更高价值目标的追求。体育品牌价值创新可以是更改品牌价值属性,也可以是赋予品牌全新的价值属性,达到品牌价值创造和价值增值的目的。体育品牌作为一种无形资产之所以有价值,不仅在于品牌形成与发展过程中蕴含的沉淀成本,而且在于它是否能为相关主体带来价值,即是否能为其创造主体带来更高的溢价以及未来稳定的收益,是否能满足使用主体一系列情感和功能效用。所以体育品牌价值是企业和消费者相互联系作用形成的一个系统概念,它体现在企业通过对品牌的专有和垄断获得的物质文化等综合价值以及消费者通过对品牌的购买和使用获得的功能和情感价值。虽然从销售额的角度讲,李宁、安踏已经可以排进世界体育品牌前十名,但如果从国际化程度、知名度来说,他们还远远不够。例如,全球著名品牌评估咨询公司 Brand Finance 发布了"2022 年度全球时尚品牌价值 50 强榜单"。在疫情期间,由于消费者消费习惯的改变,对运动休闲服装的需求增加,运动品牌实现了品牌价值的稳步增长:NIKE,品牌价值增长 9% 至 332 亿美元,8 年蝉联榜首之位;adidas,品牌价值增长 2% 至 146 亿美元;PUMA,品牌价值增长 13% 至 45 亿美元;lululemon,品牌价值增长 28% 至 42 亿美元;SKECHERS,品牌价值增长 68% 至 32 亿美元;LI-NING,品牌价值增长 68% 至 20 亿美元。

二、体育品牌的价值层次

(一)体育品牌基本价值

1. 体育品牌功能价值

体育品牌功能价值是指该体育品牌对顾客的作用,基本上是该体育品牌所能满足的顾客使用上的需要。

2. 体育品牌表达价值

体育品牌表达价值是指该体育品牌所能够表达的消费者的状况、品牌与消费者之间的互动、消费者的品位。

3. 体育品牌的个人价值

体育品牌的个人价值是指该体育品牌与消费者在一个非常基本的水平上分享的东西、消费者最基本的信念。

对于体育市场的目标消费群体——体育运动者和体育运动爱好者常常是由于产品的直接好处而首先尝试购买某一体育品牌。但经过一段时间后,如果发现该体育品牌能够体现出消费者自身形象,又在价值观上保持一致,那么他们就会忠于这种体育品牌。reebok,这个单词的本义是指南部非洲一种羚羊,它体态轻盈,擅长奔跑。Reebok 公司希望消费者在穿上 Reebok 运动鞋后,能像 reebok 羚羊一样,在广阔的天地间纵横驰骋,充分享受运动的乐趣。Reebok 的核心价值强调人的身心健康和自我

突破的重要性。再譬如，耐克的核心价值中，"享受运动"就是其功能价值：耐克体育用品通过技术改良和创新而形成的精湛工艺、耐用且舒适的特点让使用耐克品牌体育用品的消费者更便于运动，享受运动的无限乐趣。个性十足是表达价值：耐克在保持品牌核心一致的前提下，也非常善于赋予产品人性化特征，是它更富有与众不同的"思想"。"Just do it"的体育精神直到今天都深深地影响着人们对于体育和生活的观念取向。它同时也体现了耐克的体育精神和品牌的价值观，它给人们梦想，让人们行动，它是对借口的拒绝，并且给了每个人不同于其他人的勇气和许可，展现了耐克与众不同的十足个性。"勇敢、冒险、挑战自我极限"体现的是个人价值：耐克作为全球第一位的体育用品品牌，不断地通过其品牌建设与营运向其消费者群体传递着其挑战极限和永远进步的信念。耐克作为一种精神象征，成为勇敢、冒险、挑战自我极限这些观念的承载者，同时这些观念反过来也是耐克品牌的源头和发展动力，通过使用耐克体育用品的体育运动者和体育运动爱好者展示其超越现状的挑战精神，使其成为所有体育运动者及体育运动爱好者的动力源泉。

（二）体育品牌的主体价值

在特定情况下，任何品牌的价值都是有限的，但是在品牌主体，即品牌的所有者的不断发展、壮大的基础上，品牌价值是无限的。品牌是一个可以容纳无限财富的仓库。品牌作为一种无形资产，不怕任何自然灾害，且受法律保护。真正的品牌不会消失，它是印在人们脑海里的，具有丰富的象征意义和高附加值以及强大的市场开拓力。美国可口可乐公司的老板曾说过"假如我们所有的工厂一夜之间被大火烧光，我相信，第二天早上，世界各国报纸的头版将会出现这样的新闻，世界各大银行争先恐后为可口可乐公司提供贷款"，这不是夸海口，而是当今世界第一名牌饮料的品牌形象和信誉的魅力所在。究其原因正是著名品牌具有的巨大价值，各大银行才敢于向可口可乐公司贷款。具体到体育品牌来说，无论是体育品牌赛事还是体育用品品牌，它们本身也蕴涵着无穷的市场价值。

1. 体育品牌赛事价值

自1984年洛杉矶奥运会扭亏为盈以来，奥运会作为全球顶级体育赛事品牌的巨大经济价值被越来越多的人所认识。奥林匹克运动是从现代奥林匹克主义中诞生的一种社会运动，它的吸引力和凝聚力不仅来自探索人类体能极限的奥运会赛场和它所追求的崇高目标，而且还来自它在社会政治、经济、教育、文化、科学技术等方面所表现的不可替代的社会功能，形成一个推动社会进步、经济发展，以其巨大的综合社会效益推动社会的发展，并树立国家品牌的助推器。现代奥运会从经济学角度讲，已成为一种形象资本，其形象便成为构成现代奥运会的市场价值的一种重要资源。因此，奥林匹克组织便得以将现代奥运会形象作为一种资本来进行运营，使现代奥运会成为一个全球性的、极具经济价值的体育文化品牌，成为一个最理想的全球性广告载体。除此之外，现代奥运会是全球规模最大、观看人数最多的体育盛会，没有一项具体的社会活动事件能够像奥运会这样，在短短的二至三个星期之内，把全世界的注意力全部集中在它身上。从历届奥运会的收支情况来看,奥运会带来的不仅仅是直接的经济效益,更重要的是它带来的促进经济发展的无限商机。奥运会的品牌价值仅从奥运会带给品牌所有者——奥林匹克组织的经济收入就可见一斑。对于主办国来说,奥运会带来的收入既包括短期的赛事收益分成,也有对拉动经济、旅游、投资等方面的长期红利。2004年随着上海国际赛车场的建成,并成功引入F1中国大奖赛,世界级汽车运动才真正在中国长时间落地。2004年9月24—26日,在上海国际赛车场成功举办了国内首次F1比赛。这场由人与机械共同参与的运动,形成了一个速度、声浪、金钱、人性交织而成的世界,在每一个赛车迷心目中留下无数难以抹去的回忆。F1给上海乃至中国的影响是巨大的,提升国内本来并不发达的赛车文化,带动汽车工业的发展,并促进上海国际汽车城发展,嘉定的汽车产业链也在此期间蓬勃兴起。运营这样一个世界顶级赛事不但体现了办赛地的综合实力,也能吸引全世界关注,彰显一个城市、一个国家开放的胸怀与形象。

2. 体育产业的消费

体育产业由提供国内外消费者运动和休闲娱乐的相关产品和服务构成。凡是和运动相关的人、事、物均可包括在内。自从日、韩两国举办奥运会后,体育产业均得到蓬勃发展,分别达到528亿美元和102亿美元的规模。北京申奥成功,带动我国的体育产业进入一个高速发展的繁荣期,如体育场馆建设,体育产品生产、经营、销售,体育赞助,体育人才培养,场馆经营,运动会商业运作等,都将为体育产业的发展创造无限商机。单是北京奥运会所需的各类体育器材、设备用品等物资就接受了价值约1.7亿元人民币(以下省略)的供货和服务。电视转播权、奥运产品特许权、发行纪念币、门票、场地广告等取得财政预算收入135亿元。2018年韩国举办平昌冬奥会带动了韩国季度GDP增长了0.2%。我国承办这次冬奥会不仅彰显我们国家的民族精神,而且借助冬奥会能够刺激国内经济,包括一些后续项目可以带来可持续的发展和更多的经济效益。巴赫提到北京冬奥会之后将为中国带来1500多亿美元的销售额。十多年来,F1上海站给上海这个城市带来巨大的经济影响,每次在比赛前后几周,海内外累计飞往上海的人数会明显增加。这其中包括十多支车队工作人员,赞助商起码2000~3000人,更多的是来自全国和全世界各地的车迷,累计数万人。比赛周前后他们拉动当地旅游、住宿、餐饮、购物,带动了当地的消费。有数据显示,从2009年起,嘉定社会消费品交易额的增速连续多年是上海平均水平的两倍以上。2019年,上海发布的一则体育赛事影响力评估报告指出,当年举办的12项重大体育赛事共带来30.9亿元直接消费,相关产业拉动效应超102亿元,其中F1中国大奖赛、上海ATP1000大师赛、上海国际马拉松赛三项赛事直接经济效益的贡献占比超过70%。

3. 建筑和建材业

在过去的120多年,奥运会的比赛场馆经历了一次次进化——从全大理石结构到令人惊叹的"鸟巢"设计。许多著名建筑师参与奥运场馆的设计,这些已然成为奥运历史上永恒的回忆。据北京申奥报告,北京对奥运会的投入可达2800亿元,其中1800亿元用于基础建设,170亿元用于修建和扩建体育场馆,北京新建和改造体育场馆32座、训练场馆58座，其中包括可容纳8万多人的国家体育场和容纳1万多人的国家游泳中心；新建道路110千米，新建地铁和城市轻轨铁道105千米，完成市区"五横四纵"的道路干线网，使运动员从奥运村出发，10分钟可以到达53％的比赛场馆，30分钟到达所有比赛场馆。这些大型项目的建设将给我国建筑业带来前所未有的机遇，而与建筑相关的基建配套行业也会因此受益匪浅。到2025年，河北将完成北京2022年冬奥会张家口赛区竞赛场馆配套设施改造工程，同时带动崇礼区旅游人次突破350万，成为京张体育文化旅游带上的四季休闲旅游胜地。F1像是一面招牌，拉动了嘉定区周边的汽车产业发展。在上海赛车场建设和申办的同时，上海在距其不远的安亭镇中心开始打造上海汽车城。F1落地后，上汽大众将总部迁来，蔚来在此起家，理想、百度汽车把新总部放到这里，吉利、奇瑞、长城等都在此有研发基地，带动上下游供应链企业数千家。安亭创造了中国汽车工业史上的许多第一。集天时地利人和之多重优势，安亭成为中国首个整车年产量突破100万辆的生产基地，镇区常住人口60％从事汽车产业。经过多年的深耕厚育，安亭不仅在汽车研发、贸易、教育、博览、运动等方面积累了重要资源，也成功切入新能源、智能网联、无人驾驶、氢燃料等新兴领域，成为国内汽车产业链最完整、综合实力最强的汽车城，并在国际上占有一席之地。

4. 旅游产业的消费

奥运会的举办给承办国家的旅游市场带来深远影响。据资料统计，洛杉矶、汉城、巴塞罗那、亚特兰大奥运期间，入境的游客分别达到23万人次、22万人次、30万人次、29万人次。在巴塞罗那奥运会期间，旅游外汇收入达到30多亿美元，而悉尼奥运会在比赛期间接待国外旅游者50万人次，外汇收入高达42.7亿美元。2000年悉尼奥运会在旅游与奥运的结合上，比任何一届做得更好。数据表明，2000年悉尼奥运会使澳大利亚旅游形象品牌效益超前10年，极大地提升了世界各国去澳大利亚旅游的热情。奥运会作为超大型"体育品牌"对国际游客的吸引力是其他任何大型活动无可比拟的。我国体育旅游的黄金起步点始于2008年北京奥运会，随着2022年冬奥盛会再次袭来，一股强烈的冰雪运动风、冰雪旅游潮正在悄然而成。2022年冬奥会带动我国直接参加冰雪运动者达5000万人次，带动参加冰雪运动和冰雪旅游人数超过3亿人次，冰雪旅游规模突破1万亿元。此外，奥运会由于投资需求的乘数效应，以及对扩大就业和优化产业结构的巨大促进作用而给举办地带来的超额价值更是难以衡量的。

从2004年到2019年，上海F1国际赛车场经历了16个年头（2019年后，由于新冠疫情全球大流行而暂停），举行过16次大奖赛，F1在中国的观众群体正不断稳定增长，从最直观的收视率和门票销售上就能看到变化。2018年，观众人数比2017赛季总人数的三倍还多。观众人数年均增幅在全球20个市场中居首，其传播效应被放大到了全球。正如一位老外所说，连欧洲最偏僻的小镇都知道了上海F1。2019年所有门票前所未有地提前近2个月全部售罄。甚至索价不菲的1000张千站F1的限量套票也供不应求。此外，门票销售还有一个亮点：10％的门票，是海外直接购买。这也意味着有近6000名海外的车迷来到了上海，观赛的同时住宿、饮食、消费，这就是F1作为"世界三大运动"的溢出价值。

(三) 体育用品的品牌价值

和体育品牌赛事一样，体育用品的品牌价值也有直接价值和间接价值两类。体育用品品牌的直接价值主要是从品牌之间的竞争关系来说明的。从品牌之间的竞争关系看，品牌代表了品牌产品在市场中的影响能力、生存能力、市场份额以及市场占有率等，这些都形成品牌的市场竞争力。

强势的体育用品品牌直接的价值就体现在它能实现体育市场份额的持续增加，并具有超值的创利能力。这是因为企业在体育用品品牌的塑造、传播过程中，能让顾客认识到其价值的存在，使消费者对该品牌产生认可和崇拜，深深地影响消费者的购买行为，这就有助于企业在体育市场竞争中增加其市场占有份额，提高盈利水平。同时，也便于企业通过体育用品品牌的延伸来开发相关的新产品，创造新的消费需求和市场，进入并占领新市场，保持持久获利的能力。此外，体育用品品牌的市场价值还体现在具有较强的市场竞争力，可以抵御竞争者的攻击。这是因为强势品牌能够使企业长期保持市场竞争优势，它能在产品同质化日益普遍的现代市场经济条件下，融多种差别化利益于一体，在消费者心中形成独特又难以替代的品牌价值，使竞争对手难以效仿和超越。对来自竞争对手的正面进攻，品牌资产筑起了森严的堡垒；对于未进入市场者，品牌资产代表着企业的综合实力和产品品质，消费者对它的信赖及偏好往往会使欲进入的竞争者望而却步。

此外，由于体育用品品牌经营有效地避免了恶性的价格竞争，而且从消费者的立场来看，为了提高购买的可靠性，减少购买风险，消费者宁愿为有信誉的高品质体育用品品牌支付较高的价格，使得强劲的体育用品品牌具有获得超值利润的能力，能给体育用品品牌主体带来直接的经济收益，体现其巨大的品牌价值效应。从世界第一体育品牌耐克的品牌经营就可以有力地证明体育用品品牌的超值创利能力。耐克从一开始就是以一种高姿态进入我国市场，在我国的高端体育市场中占据着不可动摇的市场地位。耐克在近几年越来越激烈的体育市场竞争中很少运用低价促销策略来扩大市场份额，在同类市场从来都是以其品牌所代表的高品质在高价位进行销售，赚取高额利润。同时，耐克正是凭借其品牌在全球畅行无阻，市场份额在世界体育用品市场上独占鳌头。

体育用品品牌的间接价值，也就是潜在的价值，是体育用品品牌给体育用品生产者所带来的消费者的忠诚度和信任度。体育市场的知名度和美誉度，它们对于体育企业在体育市场的竞争力和自身的发展壮大具有决定性的影响力，是企业最重要的无形资产。体育用品品牌在培育消费者的忠诚度和信任度方面所展现出来的价值是无法估量的。品牌忠诚是消费者对品牌的喜爱、信奉，它是品牌资产增值的核心，培养和壮大品牌忠诚群体是品牌价值的重要来源。体育用品品牌的隐含价值是从消费者行为和体育市场的层面两个方面表现出来的。在消费者行为的表现上，体育用品品牌忠诚的消费者即使面对竞争品牌的价格等方面的诱惑，也愿意为其忠诚的体育用品品牌付出高价，长期反复购买该体育用品品牌，从而为体育用品品牌的所有者带来利润。一般来说，占全部购买者

20%左右的品牌忠诚者即能创造销售总额80%的购买量。市场调查表明，每减少5%的顾客流失，就能提高利润25%～85%，因此培养和壮大品牌忠诚顾客群至关重要。从市场层面看，品牌作为产品的牌子，代表了该品牌产品的性能、质量、文化内涵、市场定位、满足效用的程度、消费者的认知程度等，从而决定了消费者对该品牌产品的信任和忠诚程度，最终形成品牌的市场控制力。这种控制不是行政或法律的强制，而是以消费者自愿接受控制为原则。要实现这种控制，首先要使消费者对品牌产品满意。所谓消费者满意，一般理解为消费者对所购产品或服务期望的功效与实际功效进行比较后所形成的感受。如果消费者对所购产品或服务的实际功效超出了其期望水平，他就感到满意；反之，就会后悔。如果消费者对某种品牌感到满意，他就会通过自己的长期反复购买逐渐建立起自己的品牌偏好，甚至最终形成个性消费的品牌忠诚，从而在某一领域始终垂青于一个或少数几个品牌。这样，企业就实现了品牌的市场控制的目的。随着品牌忠诚者人数的增加和品牌忠诚程度的提高，品牌的市场控制力不断增强。同样，品牌竞争力最终体现于消费者对品牌的忠诚上。因为品牌忠诚程度高，消费者就很少发生"品牌转换"；同时，忠诚的消费者群体还起着示范作用，对吸引新的消费者产生积极的影响，品牌就拥有了明显高于竞争品牌的品牌价值，并帮助拥有该品牌的体育用品生产企业降低营销成本，这些对竞争者是一个无形的障碍。在已形成品牌忠诚的市场，消费者的品牌忠诚可以构筑一道坚固的心理屏障，抵御或者缓解来自其他品牌的冲击力和影响力，竞争者要进入市场是困难的，即使已进入，想要提高市场占有率也很不容易。我们从被美誉为体育代言人的可口可乐公司的品牌经营就可以很明显地看到体育品牌巨大的潜在价值。可口可乐是当今世界上价值最高的品牌之一。可口可乐的魅力除了在于秘而不宣的饮料配方，严格有序的管理机制，遍布全球的营销网络，一掷千金的广告投入，不断创新的营销方式等外，最为重要的还是可口可乐几代经营者通过长期努力，树立了消费者一往情深的品牌忠诚。他们不仅向消费者推销一种饮料，而且将其变成了一种消费模式、一种生活观念，甚至成了美国的精神象征。这些根深蒂固的观念奠定了消费者品牌忠诚的牢固基础，使品牌忠诚成为可口可乐品牌的核心价值，为可口可乐公司带来源源不断的超额利润。对于一个企业来说，唯一能够支撑其生存、发展的办法就是积累利润，体育企业也不例外。而品牌的加盟，能促使企业产品极大地增值。当然，品牌与产品必须是相匹配的。耐克作为国际知名品牌，它的成功，并不仅仅在于它创建了一个强大的品牌，而在于它能够"深入人心"——知道如何在消费者心中留下烙印，依靠阵容强大的忠实顾客，开创了辉煌的商业业绩。从某种程度而言，品牌往往是企业的"形象代言人"，是无形而又难以模仿或抄袭的战略资产。一旦品牌得到认可，那么品牌的价值就不再单纯地表现在企业的年度利润表上，而是对品牌整体权益的增值，使体育品牌具有强大的创造价值的功能，这也正是体育品牌价值的源泉。

总之，体育品牌的价值，在体育企业与竞争者的关系上，它表现为品牌竞争力，是体育品牌的直接价值体现；在体育企业与消费者的关系上，表现为品牌的市场控制力，是体育品牌的间接价值的体现。另外，体育品牌的价值还可以通过品牌延伸在体育市场竞争中获得更大的市场份额和更多的产品利润来得以体现。

无论是体育品牌的直接价值还是体育品牌带给品牌主体的间接价值，对于品牌所有者来说都是不可估量的巨大财富，是品牌主体，尤其是体育用品生产企业，赢得市场并维持长久而强劲的核心竞争力和相对独立的收益创造能力的关键。

（四）体育品牌的客体价值

从本质上看，品牌价值不仅来自企业，同时也来自顾客或消费者，也就是品牌的客体价值。这是因为品牌是一个以消费者为中心的概念，没有消费者就没有品牌，没有品牌，品牌价值就无从谈起。品牌价值体现在品牌与消费者的互动关系之中，品牌带给消费者利益的同时就已经是品牌价值的一部分，品牌给消费者带来的利益越多，品牌价值增值就越快。正如杜纳·E. 科耐普在《品牌智慧》一书中所写道的："社会公众越来越觉察到好品牌往往拥有巨大的吸引力和影响力，使顾客从中受益。"从消费者的角度来看，体育品牌可以带给其品牌受众的价值有以下三点。

1. 有效地保护消费者的利益

一般来讲，品牌是产品销售过程中品质和来源的保证，有助于消费者购买自己偏好的品牌以得到最大的满足。长期购买某一熟悉的品牌或是得到社会公众的普遍认同或政府有关权威部门认可的品牌，比购买新品牌，顾客所感知的风险要小，从而减少购买风险，提高了购买的可靠性。一旦产品的质量出现问题时，还有助于消费者的损失得到补偿。加之企业为了创名牌、保声誉，必然会保证、提高产品质量，从而使消费者得到实惠。正如人们一提到世界著名体育品牌耐克，人们就会联想到它是工艺精湛的体育用品，设计新颖、耐用而舒适，穿上（用上）它有利于参加体育运动。另外，品牌的高信誉保证同时又可以节省交易成本和时间，如节省搜集商品信息的成本，减少讨价还价的时间，节约品牌转换成本等，从而节省购买的货币成本和非货币成本，获得更多的顾客让渡价值。对于消费者来说，减少消费行为中的不确定性以获得更多的利益是品牌价值的不可或缺的重要组成部分。

2. 带给消费者功能利益

体育品牌价值在于它能带给消费者的功能利益，这是体育品牌价值最基本的层面。对于体育品牌来说，最重要的就是要将体育运动的价值注入体育品牌当中，这是消费者选择某一体育品牌首先考虑的因素之一。体育赛事品牌的功能价值在于它能带给其品牌受众观感上的享受与冲动，将体育赛事品牌的忠实消费者融入竞技体育比赛的紧张刺激与无限的挑战和奇迹当中，这也正是体育赛事品牌的真正魅力所在。其中最为典型的例子莫过于四年一次的足球盛会——世界杯。世界杯足球赛之所以能吸引全世界人民为之疯狂，除了足球运动本身在全球范围内的影响力以外，更为重要的就是观看世界杯足球赛能给观众，也就是体育品牌赛事的受众，带来无尽兴奋与激情；将每一位观众都融入比赛的激烈气氛，和运动员同呼吸共命运，使观众的心情随着比赛的进程而跌宕起伏，使观众的身心得到最大限度的畅快淋漓的放松享受。诸如世界杯级别的世界顶级体育品牌赛事所带给其品牌消费者的愉悦价值是其他任何活动所无法比拟的。体育用品品牌就是要满足消费者运动的基本诉求，帮助专业运动员或是业余体育爱好者畅快地享受体育

运动带来的乐趣和快意。作为世界顶尖体育品牌的耐克在满足体育品牌顾客的基本功能利益需求方面非常成功。耐克运动服超强的透气性，运动鞋快速反弹和良好的缓震功能使耐克体育用品给消费者提供最舒适的运动装备，无论是专业运动员还是业余的体育运动爱好者都能尽情享受体育运动，超越自我极限。另外，耐克球鞋年产9000万双，每年都推出100多种新产品和新款式，以满足消费者不断变化和发展的个性化需求。体育品牌满足体育运动需求的功能价值是体育品牌的基础价值，是使体育品牌的价值升华到最高层次的必要条件。

3. 带给消费者情感满足价值

体育品牌的核心价值存在于与消费者充分沟通的基础上的情感满足价值，它是体育品牌价值的最高层次。消费者对某个品牌的感观体验上升到一定高度，便会形成情感抒发，从而满足更高层次的需要。人们往往通过使用某种品牌的产品表达自己的人生主张，抒发情感和寻找精神寄托。品牌核心价值的内涵就在这个层面，即情感抒发。在产品日趋同质化的今天，通过产品的物理属性战胜竞争对手的概率越来越小，人们选择品牌往往更在意情感的传递和身份的象征。一个品牌具有触动消费者内心世界的核心价值，才能引发消费者共鸣，才会在消费者大脑中刻下深深的烙印，并成为品牌对消费者最有感染力的内涵。塑造体育品牌的核心价值首先就是要进行深入细致的体育市场调研，细分体育专业化的市场，在此基础上以消费者为中心，针对不同层次的潜在顾客的需求，赋予体育品牌个性，使之人格化、个性化，在消费者与品牌所代表的产品之间建立情感沟通的"桥梁"，这样的品牌才有魅力。还要矢志不渝地坚持向消费者传递品牌主张及情感价值，不断满足消费者追求情趣和个性化的感受的期望，只有这样才能实现在消费者脑海中形成深刻的体育品牌价值的印象，并在体育企业通过各种传播手段强化品牌印象的反复刺激过程中，接受和认同该体育品牌的核心价值，直至最终实现高品牌忠诚度的品牌创建和经营的重要目标。

耐克作为世界顶尖的体育品牌最善于此道。耐克公司设有调查顾问委员会，定期讨论设计、材料、原理等问题，根据人体工程学理论设计鞋样和结构。为了得到产品最终的检测反馈信息，耐克多年坚持开设专门的零售商店，以便向顾客介绍最新的产品，倾听和征求外行以及同行的意见，同时通过关心和善于倾听消费者的意见并与之沟通及时了解市场行情变化，以待进一步研究和开发。耐克以体育市场调研和细分为主要依据，将顾客放在中心位置，凭借各种传播方式，积极构筑与消费者有效沟通交流的体育品牌互动关系，将耐克塑造成为集享受运动的功能利益价值，具有独特个性的体育表达价值和勇敢冒险、挑战自我极限的个人价值于一体的体育品牌价值系统，成为体育精神的典型代表。耐克还利用体育建立与体育运动者的天然联系，并在各个层次与消费者进行体育品牌的情感交流，在体育品牌的情感价值这一更高的精神层面上打动消费者，形成品牌精神价值和消费者自我情感主张的共振，达到和谐统一的境界。最明显的是耐克一直以来坚决反对在体育运动中出现的种族歧视和对待不同种类的体育运动项目的不公平待遇，坚持不懈地倡导和坚持公平、无歧视的立场，从而使耐克作为世界体育用品的第一品牌具有了鲜明的立场态度，有了强烈的感情倾向。因此，在消费者心目中也就有了无与伦比的煽动力和感召力,极易唤起目标顾客的情感,并形成心理认同。这也正是耐克那句"Just do it"所展现的品牌核心价值以及深刻鲜明而又个性化的体育品牌内涵能引领全球体育品牌潮流,吸引众多的品牌受众为之倾倒的最为关键的因素之一。

总而言之,体育品牌的主体价值和客体价值是相辅相成、密切关联的。如果其中的某一方面有了提升,其他方面也会获得相应的提升。反之,一旦某一方面做得不好,势必会对其他方面产生副作用。在体育品牌的运营过程中所选取的品牌发展策略必须同时关注和提升体育品牌的主客体价值,这不仅对消费者是有利的和必要的,而且对企业增值品牌资产和企业自身的发展也是有利的和必要的。通过有效的策略来实现体育品牌主体价值和客体价值的良性互动和两者利益的双赢是体育品牌运营的必然选择。

第二节 体育品牌价值的要素

美国著名品牌研究专家 David·A. Aaker(1995)认为强势品牌之所以有价值,能为企业创造巨大利润,是因为强势品牌具有很高的知名度、良好的质量、稳定的忠诚消费者群和强有力的品牌联想(关联性)等四个特性。换言之,品牌知名度、品牌质量、品牌忠诚及品牌联想是品牌价值的重要来源。

从消费者心理学角度来看,一个强势品牌形成或成长过程就是品牌与消费者之间关系的发展过程,这一发展过程可以从品牌知晓、品牌知名、品牌美誉和品牌忠诚等四个方面的相互关系发展得到体现。具体地说,品牌知晓与知名主要解决消费者如何认知这个品牌的问题,品牌美誉与忠诚主要解决消费者心目中品牌地位的问题。尽管 Aaker 的观点与消费者心理学对强势品牌形成的理论依据不完全相同,但有一点是一致的,那就是品牌的成长就是要不断地维系企业(服务与产品)与消费者(包括各类关系利益人)的关系。综合上述两种观点,我们提出提升体育品牌价值的四个要素:体育品牌知名度、体育品牌质量、体育品牌忠诚度、体育品牌联想。

一、体育品牌知名度

品牌知名度就是目标消费者对品牌名称及其所属产品类别的知晓程度。提升体育品牌知名度可影响市场占有率,品牌知名度越高表明消费者对其越熟悉,而熟悉的品牌总是令人感到安全、可靠,并使人产生好感。因此,品牌知名度越高,消费者对其喜欢程度就越高,选购的可能性越大。在品牌喜欢程度相同的情况下,品牌知名度越高,其市场占有率越大。在同类产品中,知名度最高的品牌往往是市场上的领先品牌,即市场占有率最高的品牌。

据报道,吉列曾荣获年度体育营销成就奖(1901年吉列品牌诞生于波士顿滨水区),吉列品牌代表介绍说,他们不仅在世界杯期间做促销活动,2013年6月,皇家马德里队到中国访问之时，他们就开始了世界杯前的一系列预热，包括在电视荧屏打广告，以及在全国2000多家商店布置其代言人贝克汉姆的陈设，让消费者参与"吉列剃须赢金杯"的活动等，拉近了消费者和吉列品牌的关系。体育与男人密切联系在一起，而吉列的口号正是"吉列，男人的选择"。如今每天早上，全球有数千万人都使用吉列刀片。

正因为品牌知名度如此重要，提升体育品牌知名度已成为体育品牌管理的一项基本任务。然而，目前面临的问题是，随着大众媒体广告费用越来越高，市场进一步细分，利用大众媒体提高知名度的做法逐渐受到了挑战。越来越多的营销实践证明，只有针对目标消费者开展能凸现体育品牌特性的活动，才能使消费者在活动中亲身感受到品牌特性，从而将品牌铭刻在心中，这是提升体育品牌知名度的最佳途径。比如，2005年李宁赞助举办的大学生3对3篮球赛，其赛制和"一切皆有可能"的品牌定位十分贴切，提出"不服就单挑"的口号。比赛过程中先安排8分钟团队作战3对3打，剩下2分钟每队选出最强的选手进行单挑，而且单挑环节是双倍记分的，就算团队赛比分落后，也有可能在一对一中扳回来。这一赛制将"一切皆有可能"演绎得淋漓尽致，此项赛事战火燃遍北京、上海、广州、天津、哈尔滨、南京、杭州、成都、武汉全国九大城市，赛事转战120所高校，共有2536支参赛队伍、万余名大学生，进行了超过5300场的较量，受到在校学生的热烈欢迎，毕竟大学生是李宁比较重要的消费群体。这种实实在在的活动比起单纯赞助赛事更有效，不但加强了品牌的亲和力和认知度，而且增加了品牌与消费者面对面的沟通机会，能切实打动消费者的心扉。比起国内其他体育品牌单纯利用"明星＋广告"的营销模式开拓市场的做法，李宁组织校园活动，建立与消费的直接沟通，要明智许多。

二、体育品牌质量

体育品牌质量是指消费者对一个体育产品质量的感知或知觉。企业为消费者提供满意的优质产品，或消费者所需的合格产品和称心如意的服务是企业生存的根本。如果一个品牌产品的质量不能达到消费者的基本要求，就会被市场抛弃。只有其产品质量达到一定水准的品牌，才有资格参与市场竞争，并且质量越高，其品牌竞争力越强。研究表明，品牌质量不仅是一种持续竞争优势，而且直接影响市场地位。市场上的强势品牌不仅具有与众不同的产品，更有持之以恒的优良品质。

质量不仅是品牌存在的基础，还影响企业经营效果。因为品牌质量越高，越能引起购买，市场占有率越高；质量高的商品可通过高价位策略提高销售利润；质量高的品牌不仅受消费者的青睐，经销商也愿意经销这些商品，从而降低了营销成本。

需要指出的是产品的实际质量虽是质量的基础，但二者有时不尽一致。这是因为消费者对质量的判断或要求，与品牌经营者的看法往往是有差距的。一个品牌越是能恰当地满足消费者对质量的要求，其质量越高。因此，在品牌管理中，要提高消费者的品牌质量，关键要找到消费者对品牌质量的判断标准，或消费者对产品质量的要求，然后按消费者的标准进行改进。在此基础上，通过制订合适的产品价格、设计有效的销售渠道和建立真诚的服务承诺等营销手段，进一步建立高质量的品牌形象。

三、体育品牌忠诚度

品牌忠诚度是指消费者对品牌的喜爱、信奉。建立品牌忠诚是使品牌资产增值的核心在消费行为的表现，就是对该品牌产品长时期的反复购买，即使面对竞争品牌在价格等方面的诱惑，也愿意为该品牌付出高价。

品牌忠诚之所以是品牌资产增值的核心，是因为品牌忠诚者是品牌价值的来源即忠诚购买者能为企业创造利润。一般来说，品牌忠诚者通常只占全部购买者的20%左右，但其购买量却往往高达销售总量的80%。市场调查表明，每减少5%的顾客流失，就能将利润提高25%~85%。品牌忠诚者可减少企业的营销成本，因为维持一个忠诚消费者比吸引一个新的消费者代价低得多。在销售渠道方面，品牌忠诚消费者可产生交易力量，同时有助于吸引新的消费者，减少竞争压力，赢得竞争时间。品牌忠诚者不会去寻求新品牌，也不会因新品牌的优势而转换品牌。

很多品牌就是通过赛事，培育、夯实消费者与产品的品牌忠诚度。在2018年的俄罗斯世界杯中，国窖1573作为2018世界杯官方款待唯一中国白酒品牌，首次将中国白酒带上世界杯舞台。当时，以国窖1573为基酒调制的Panda 1573和China 1573两款鸡尾酒以国窖1573和熊猫两大中国元素，更是一度成为"爆款"；FIFA2022卡塔尔世界杯，泸州老窖以官方授权白酒的形式入场，推出国窖1573特别定制酒全渠道限量发售3.6万瓶，每一瓶都有独立编号，牢牢抓住了"纪念酒"的内涵。与此同时，国窖1573还与世界杯官方媒体平台抖音合作，携手樊登、周国平、窦文涛、姜昆等多位名人嘉宾，推出世界杯脱口秀《大咖侃球》，深度结合受众极广的脱口秀形式带来足球比赛相关的冷知识和热话题。"世界杯'冷知识'""为什么足球没有国界""足球少年的成长之路"等话题以全民互动的娱乐方式，与全球观众共享这份体育激情。泸州老窖这个传统白酒品牌在这样轻松愉悦的营销氛围中，展示了生长于传统又极具创新力的鲜活色彩，白酒文化也随着比赛与世界共舞。在强调个性化生活的今天，消费者选择品牌其实就是选择一种生活主张、生活态度，展现一种自我的个性；人们总喜欢符合自己观念的品牌，喜欢那些与自身相似或与自己崇拜的、认可的人或事或东西相似的个性。没有个性的品牌很难引起消费者的共鸣，也就难以建立品牌的忠诚。消费者对一个品牌的忠诚度越高，以及一个品牌拥有的忠诚消费者越多，该品牌的价值就越大。因此，品牌忠诚营销的任务就是不断提高消费者的忠诚程度，在维系好已有忠诚顾客的同时，不断吸引新的消费者，从而不断扩大忠诚顾客群体。

四、体育品牌联想

品牌联想是指消费者由该品牌名称所能联想到的一切事物。利用品牌联想创设品牌心理优势。例如，人们一想到"舒肤佳"，就会想到它具有的杀灭真菌的功能；一想到"麦当劳"，就会想到在麦当劳就餐时感受到的亲切、友好的服务，标准化的快餐等。"燕京"牢牢占据中国体育营销的金字塔尖之时，事实上也在广大消费者心中成功搭建起了"燕京＋奥运＋冠军"的品牌体系，为之后的奥运营销之路奠定了坚实的基础。作为奥运赞助商中唯一一家北京企业，燕京可谓是2008年北京奥运会地地道道的东道主。燕京啤酒在原有品牌主题"感动世界，超越梦想"下延伸发展出奥运营销传播口号——"为中国，干杯！"。借此与消费者产生情感共鸣，体现根植在每个中国人心中的民族荣誉和自豪感，体现每个中国人为祖国能够承办奥运会这一世界最大型的综合体育盛会而骄傲，为中国奥运健儿在奥运赛场上的优异表现而骄傲，为中国国力日盛而骄傲，同时也体现出燕京啤酒作为中国民族啤酒工业的代表肩负的社会责任感。

积极、肯定、独特的品牌联想能为品牌的竞争创设心理优势。品牌联想是一个心理捷径，是实现品牌承诺的捷径，揭示消费者对品牌的价值取向。体育形象要有助于强化品牌联想，企业开展体育营销，要找到体育形象与品牌联想的结合点，将体育文化融入品牌联想中，强化这种联想。具体地说，借助于联想，能使一个品牌与竞争品牌相区别，从而为自己开辟一个细分市场，避免与同类产品品牌直接竞争。譬如吉利刀片就一直赞助拳击等赛事，因为吉利的品牌战略体现的就是强劲优势，所以它就要赞助竞技性比较强的项目；万宝路公司赞助足球，也是要体现出男人的疯狂和野性的这种联想。在此基础上，品牌联想还有助于培养积极、肯定的品牌态度。有些品牌联想能使一个品牌变得有个性、有魅力、有生命等。当然，品牌联想不是与生俱来的，而是通过各种营销与传播手段，如产品价格、销售渠道、广告代言人、促销活动等逐渐建立起来的。2006年6月青岛啤酒携手擅长娱乐炒作的湖南卫视在全国范围内推行一场旨在支持北京奥运会全民健身运动的"青岛啤酒——我是冠军"，拉近与普通大众即潜在消费者的距离。因此，创建具有与目标消费群之相近个性的品牌将是一种非常有效的战略。品牌的个性跟目标消费群的个性越接近，他们就越愿意购买这种品牌的产品，品牌忠诚度也就越高。凡是品牌创建和管理成功的企业，都是擅长建立与目标顾客群体个性（精神）相匹配的品牌个性的企业，两种个性的匹配大大增加了成功的概率。作为一个运动品牌，需要以体育运动内在潜伏的个性精神力量来鼓舞和激励人们：NIKE（挑战、热情、信心）、adidas（时尚、现代、够酷）、LI-NING（魅力、亲和、时尚）。说起NIKE，人们就会想起那句"Just do it"；说起adidas，人们会想起"运动无止境"；2002年国内运动品牌LI-NING亦推出"一切皆有可能"全新品牌形象。

一个品牌具有的联想不同，其市场地位、竞争优势就不同。营销实践表明，只有那些与竞争品牌具有差异性，并能引起消费者共鸣的联想，才是一个有竞争优势的品牌。品牌联想的差异性是一个品牌立足市场的关键，失败的品牌往往是因其没有差异性而失去了发展的动力。那些与消费者利益相关的品牌联想正是一个强势品牌的魅力所在。因此，当代品牌管理工作就是要确定发展什么样的品牌联想，以及怎样建立品牌与这些联想的联系，这是未来品牌真正的竞争优势。企业之所以要进行品牌价值创新，是因为企业通过品牌价值创新增强顾客购买信心，提高忠诚度，降低购买风险；能够增强顾客对相关产品广泛持久的信赖关系,增加产品的形象价值,建立竞争对手进入市场的有效屏障。

第三节 体育品牌文化

一、体育品牌文化的内涵

品牌有别于商品的品种和商标,它包含了产品的物质要素和文化要素。其中产品的物质要素指商品可供人们使用的属性,而文化要素则不单就产品的外在和内在物质质量上的完善,还必须从文化入手树立自身品牌的品牌文化。因此,品牌从一诞生就天然地与文化发生不可分的联系,如可口可乐、耐克等,它们反映产品、地区及消费的文化理念。有品牌必定有品牌文化,品牌文化是品牌的决定因素。美国企业文化学者帕福在对全球10家行业巨头进行调查之后指出,这些企业之所以卓然不同于普通企业,一个很重要的原因是其品牌背后的独特文化。这是因为消费者在购买产品时,并不仅仅只是为了购买产品本身的使用价值与功能,还包括品牌所蕴含的精神文化等内在的东西。也就是说,消费者在消费某种商品的同时也在消费一种文化或者是对一种文化的追求和留恋。而且,消费者的消费行为除了希望获得产品功效本身的同时,也需要享受产品内在蕴含的文化所带来的精神满足。但是,同类产品可以有众多品牌可供挑选,但最终所选择的品牌只有一个,就是留给消费者感受最深的那一个,其原因正是文化效应的结果。所以,没有独特的文化、观念的植入,品牌是难以深入人心的。品牌的灵魂是文化,品牌没有文化则是空洞的,如果要创建品牌就需要不断丰富其内涵,同时也要不断地历练。一个没有内涵的品牌,没有文化,只能让人感到单调、乏味,终将失去生命力。一个文化内涵底蕴丰富的品牌能让人感受到心情舒畅,甚至让人陶醉其中。一个品牌有了文化内涵就像品牌有了魂一样,能保持顽强的生命力,这也是世界知名品牌长盛不衰的秘诀。

随着品牌理论的不断发展和深入,1997年,美国品牌专家戴维森(Davidson)提出了"品牌的冰山"理论,认为品牌的标识、符号等是品牌浮在水面上15%的部分,而冰山藏在水下85%的部分是品牌的"价值观、智慧和文化",冰山的冲击力来自庞大的水下部分。正是品牌背后所蕴含的丰富的人文精神内涵才使得品牌成为参与现代市场竞争的重要而又有效的工具。

目前,耐克、阿迪达斯、锐步等国际知名体育用品企业集团挟资金、技术、管理、品牌等优势大举进入中国体育用品市场,通过合资、合作、兼并、收购等各种方式在全国各地逐个竖起国际品牌的旗帜。与此同时,我国的体育用品企业才刚刚走出资金困难、技术落后、体制不清、管理滞后的困境,开始经营自己的品牌。在成功地加入世界贸易组织之后，我国体育产品品牌与世界知名体育产品品牌之间的竞争更加激烈，而作为品牌核心资源的品牌文化将在竞争中占据重要的位置。因此，推进体育品牌文化建设，从深层次上增强我国体育品牌的文化底蕴，对提高我国体育品牌竞争力，促使我国体育产业迅速由体育产品生产大国向体育产品品牌强国发展，具有十分重要的现实意义。

（一）品牌文化含义

品牌文化就是指通过建立一种清晰的品牌定位，在品牌定位的基础上，利用各种内外部传播途径形成受众对品牌在精神上的高度认同，从而形成一种文化氛围，通过这种文化氛围形成很强的客户忠诚度。这种忠诚度是将物质与精神高度合一的境界，人物合一是对品牌文化的总结，它代表了某一种人群的生活方式、价值观和个性。因此，品牌文化其实是一种价值观、一种生活方式和习惯，它的魅力就在于它不仅仅提供给顾客产品或服务，而且帮助顾客去实现他们的梦想。如果一个品牌没有文化的支持，无异于它失去了存在的灵魂。伟大的品牌之所以伟大，并不是它能够取得大部分顾客的认知，而是它创造了一种文化，一种让顾客可以奉为终生的品牌信仰。金六福借助体育提升品牌文化，通过米卢、世界杯、奥运会为自己的品牌做了成功的广告，使金六福的"福文化"以最快的速度，传达给更多的人，将原来有点空幻的"福文化"实化，完成了由"好日子离不开它"到"中国人的福酒"的转变。金六福借助体育事件，通过一系列的体育营销，在赚取消费者、媒体眼球的同时，提升自身的品牌文化，借助申奥、世界杯出线、奥运会等体育盛事，支撑"中国人的福酒"这一高定位，并将这文化内涵深入人心。

品牌文化是企业整体社会形象的外在表现形式，是定位于目标消费市场的需求，是面向现有或潜在的目标消费者，服务于消费者的需要，目的是要与既定的目标消费者产生对品牌义化认同的共鸣，进而促进其产品的销售。强大的品牌文化使消费产品成为一种文化自觉。

人们对品牌的认识，随着时间的推移、社会的发展而不断深化，品牌内涵的深化推出了品牌文化。从品牌内涵的演进过程来看，品牌理论的发展经历了以下三个阶段。

第一阶段：品牌就是品牌标识。这一阶段的品牌只是被看作是一种区别于其他产品的标识。营销大师菲利普·科特勒认为品牌是一个名称、术语、标记、符号、图案，或是这些因素的组合。品牌充其量是一种产品的功能和特色所能给予消费者的利益的承诺和保证。

第二阶段：品牌是品牌形象。这一阶段对品牌内涵的认识较前一阶段发生了质变。20世纪50年代，广告之父大卫·奥格威认为品牌是一种错综复杂的象征，是品牌属性、包装、名称、价格、历史、声誉、广告风格的无形组合。

第三阶段：品牌就是品牌关系。这一阶段对品牌的认识更加深化。品牌被视为消费者的一种"体验"。20世纪末，品牌专家大卫·艾克认为品牌是产品、符号、人、厂商与消费者之间的联接与沟通，品牌是一个全方位的架构，涉及消费者与品牌沟通的各个方面，是一种消费者能亲身参与的更深层次的关系，一种与消费者进行理性和感性互动的总和。

从品牌理论描述的品牌内涵演进的三个阶段我们可以看出，品牌的内涵越来越脱离产品有形物质特征，而转向消费者对品牌全方位的体验和感受。随着对品牌内涵认识的深化，文化因素被推向了竞争的前台，品牌文化的重要性日益凸现出来。品牌文化的概念是以品牌的界定为基础的，有品牌才会有品牌文化。那么，品牌是什么？如前所述，品牌通常以产品为载体，是与竞争对手的产品或服务区别开来的商业名称及其标志，一般由文字、图案、颜色等符号要素组合而成。对这些组合附以精神内涵、加以艺术描绘，通过广告讯息等途径传递给消费者，力求在消费者心中留下良好印象、感觉和附加值，唤起"共识"，从而使自身品牌在市场竞争中占有一席之地，这就是品牌文化。它是结晶在品牌中的经营观、价值观、审美因素等观念形态及经营行为的总和，是形成品牌价值的重要组成部分。它能带给消费者心理满足的效用，使产品在被消费的过程中令其对象感受到精神文化层面上的升华，具有超越商品本身的使用价值而令其商品区别于竞争品的禀赋。在社会进步、物质生活水平大幅度提高的今天，消费者的需求已经超越了物质层面进而追求精神上的满足。人们在同质化品牌充斥的市场购买商品时，看中的不只是能提供消费者实际功能的硬性品牌功能价值利益，更为注重能满足消费者感性需求的某种文化——软性的品牌价值。这就要求品牌具有品位、能带给人以美感和遐想，集使用、装饰、意识、欣赏、情感于一体，使消费者得到文化上的满足，感受到消费某种品牌带来心理上和文化上的价值。随着产品同质化程度的加剧和消费者心理需要的提高，品牌作为消费者所体验的"无形"资产的重要性远远超过其作为"有形"资产的重要性。通过品牌的文化去赢得消费者、社会公众对企业品牌的认同，已经是一种深层次、高水平、智慧型的现代企业竞争模式。品牌文化已经成为消费者完成购买行为的一个强有力的支撑点，同时也逐渐成为品牌竞争力的重要依托。品牌文化的开发与运用，可以大大增强品牌的竞争力。

相应地以此类推，现在人们对体育用品的消费已经超出了产品消费的范畴，而更多地体现出一种文化消费的理念。

（二）体育品牌文化的具体表现

现在的体育消费者越来越讲究个性和品位，并且已有相当部分的消费者具有了消费体育运动文化而不是单纯的体育运动的能力。比如现在已经有越来越多的消费者加入高尔夫这种贵族运动的行列中来，以彰显自身的卓尔不群的涵养与高贵的品性，而高尔夫运动本身能锻炼身体，强化身体素质的运动本意已经越来越淡化。因此，体育品牌文化也就伴随着消费者心理和消费需求的转变逐渐突显出其在体育品牌的创建与经营过程中的重要地位。体育品牌文化是指消费者认可的体育品牌所蕴藏的文化内涵、所代表的体育品牌文化形象和所引导的体育品牌消费文化等，它反映了体育品牌的文化特色。它主要包括：① 体育品牌所蕴含的文化，如本土文化、民族文化、传统文化或现代文化；② 体育品牌所代表的文化形象；③ 体育品牌所引导的消费文化。值得注意的是，体育品牌文化必定与体育运动有着紧密的联系，体育品牌所蕴含的体育运动的竞技文化是与生俱来的，就世界顶级体育品牌赛事奥运会来说，它从诞生之初就代表着更高、更快、更远的体育运动精神文化；体育品牌所塑造出来的文化形象大多数是健康、活力、勇敢等典型的体育文化形象；体育品牌所引导的消费文化是随着体育运动的发展而不断发展的。近来，紧跟体育运动向着更为专业化的方向发展的潮流，国内外各大体育品牌也开始走专业化道路以谋求生存与发展。体育品牌所引导的消费文化也越来越专业，最明显的就是消费者在运动装备的选择倾向上已经开始由全能化的运动装备转向更为专业化的运动装备。因此，对于体育品牌来说，它所承载的文化绝大部分是与体育文化相关的，这是体育品牌文化与其他品牌文化之间最显著的区别。在泸州老窖的营销中，体育营销是其影响力最大、持续时间最长的一个板块，最早开始于2011年。当时，泸州老窖初涉体育营销，成为奥迪泛珠三角超级赛车节赞助商，在赛场搭建了产品的展销台。之后数年中泸州老窖也一直尝试通过体育营销扩大品牌的声量，成为第一批深耕体育营销的白酒品牌。一直到2017年，泸州老窖借助国窖1573"让世界品味中国"全球文化之旅正式出海，体育营销的动作越来越大，不断加码网球、高尔夫、滑雪等高端体育赛事。网球赛场上，2018年，国窖1573成为澳网全球官方合作伙伴，而后数年国窖1573将澳网二号球场命名为"1573球场"、正赛第五日命名为"国窖1573比赛日"，并签约网球大满贯冠军梅德韦杰夫为品牌挚友。同时，国窖1573还与澳网携手打造"国窖1573澳网中国业余挑战赛"，助力中国网球发展。据了解，2022年，国窖1573澳网中国业余挑战赛登陆全国40余座城市，以专业级水准为网球爱好者搭建了互动平台。高尔夫球场上，2017年，国窖1573与WCGC世界企业高尔夫挑战赛达成战略合作，双方联袂打造国窖1573WCGC中国赛，这是中国白酒企业首次与高尔夫赛事合作。到2021年，国窖1573升级成为WCGC赛事主办单位。如今WCGC已成为中国最具规模和影响力的企业家业余高尔夫赛事之一，未来国窖1573将与WCGC以"打造全国企业家高尔夫赛事第一品牌"为目标，持续推动赛事升级。滑雪场上，国窖1573也开始频繁登场。2022年11月，国窖1573成为中国滑雪人大会"战略合作伙伴""官方欢聚用酒"。此外，单板滑雪U型池世界冠军张义威、中国滑雪场设计建造专家魏庆华、双板自由式推广人张驰、知名滑雪博主Niko康子琪、银发单板侠张亦兵、人气滑雪编队组合李川滑雪示范队等多位滑雪大咖悉数成为国窖1573冰雪挚友。从上述国窖1573的体育营销来看，大规模营销几乎都是从品牌走向世界开始的，并且在各领域都聚焦了全球专业赛事和中国区域业余赛事两个板块，不断深化品牌与赛事之间的绑定关系，也让泸州老窖在国际中不断累积声量。值得注意的是，网球、高尔夫和滑雪的受众几乎都聚焦于高净值人群和高端消费者，也正是精准营销至国窖1573的消费群体。有行业人士分析，各大高端体育圈层的深耕，将持续为国窖1573的品牌力提升赋能，最终将助力国窖1573市场的加速升级。在体育强国的背景下，中国消费群体对体育的关注度越来越高，体育营销的转化率也随之高升。国窖1573在体育营销上的巨大投入和精准营销的把控，更容易让泸州老窖在市场争夺战中夺得一杯羹。国家体育总局的数据显示，2017年体育产业在我国整体GDP占比为1%，到了2020年这一数据上升至2%；根据我国的目标，

2025 年体育产业整体将提升到 4%。聚焦体育营销也是传递白酒品牌文化、助力品牌出海的一大路径。但是不管怎么样,品牌文化是保持品牌旺盛持久的生命力源泉,正如美国著名的营销学专家菲利普·科特勒所说:品牌最持久的吸引力来自品牌所包含的文化,这是知名品牌之所以深入人心的魅力所在。纵观国际国内众多的知名品牌,在其创立过程中都十分注重文化的发掘和积累,才有了辉煌的发展。可口可乐内部销售人员也曾说:我们卖的是文化,人们喝的是形象,不是产品。品牌成功与发展的过程,实质上也是品牌文化创造与传播的过程,将品牌建设提升到一个更高的层次。所以,体育品牌建设也应该重视自身品牌的文化含量,努力把文化、知识、智慧注入体育品牌创建的过程中,丰富体育品牌的文化内涵,使体育品牌更具竞争力。

二、体育品牌文化的功能

品牌有无竞争力,并不主要取决于技术、物理差异,而在于品牌是否具有丰富的文化内涵。对于体育品牌来说亦是如此,体育品牌文化能大幅度强化体育品牌的市场竞争能力,提高品牌资产价值。根据品牌资产理论,由品牌的顾客、渠道成员、母公司等对品牌的联想和行为所构建的品牌资产可以赋予品牌超越竞争者的强大、持久及差异化的竞争优势。因此,体育品牌文化在体育品牌建设、经营和竞争中大显其能,发挥着巨大的功能效应。在新媒体时代,通过碎片化的广告和信息,慢慢地对消费者进行品牌价值、消费理念的渗透,通过年轻人倚重的媒体渠道讲好品牌故事、传递品牌文化内涵,才能使品牌文化得到升华。对于安踏来说,充分利用好媒介的快捷和高效的信息传播来进行宣传也不失为一种有效的方式。只有当我们看到安踏的产品出现在社交媒体中让大家爱不释手,只有当安踏品牌形象广告被消费者主动在自媒体端进行涟漪式传播时,安踏才真正将自己特有的品牌文化融入消费者的生活中。

(一)品牌文化提高产品认知度

品牌认知度是目标消费者对品牌名称及其所属产品类别的知晓程度,也就是品牌的知名度。在对品牌喜好程度相同的情况下,知名度高的品牌总是拥有较大的市场份额。较之与相对陌生的品牌,比较熟悉的品牌更易带给消费者相对的信任感,因而品牌的认知度往往与其市场占有率呈正比关系。广泛地利用大众媒体进行广告宣传、针对目标消费者展开能凸现品牌特色的各种活动是提升品牌认知度的重要手段。在提升体育品牌认知度的过程中,只有具备独特文化内涵的体育品牌宣传才能富有创意,在众多的体育品牌宣传中脱颖而出,产生亲和力,留给消费者深刻的印象。

李宁品牌将其通过过去 15 年来不断积累和完善的努力而沉淀出的独具魅力的品牌文化内涵注入李宁的各种品牌推广宣传中,使自己的品牌成为一种被高度认知的品牌价值承诺,受到了非同一般的强化体育品牌质量的效果。尤为突出的是李宁赞助举办的大学生 3 对 3 篮球赛,其赛制和"一切皆有可能"的品牌文化定位十分贴切,提出"不服就单挑"的口号。正是有了李宁品牌文化的加盟才使这种实实在在的活动比起单纯赞助

赛事更有效,不但加强了品牌的亲和力和认知度,而且体育品牌文化成为连接消费者和品牌之间的沟通桥梁,增加了品牌与消费者面对面的沟通机会,拉近了体育品牌与消费者之间的距离,切实打动他们的心扉,与消费者在精神文化层面上形成了共鸣。

(二)品牌文化培养消费者的品牌忠诚

著名品牌的建立和品牌价值的确立都源于顾客的认识。顾客一旦认知该品牌的产品,便会形成固定的消费群体,从而形成品牌的顾客忠诚效应。在竞争激烈的今天,只有实行品牌的文化差异战略,使品牌具有独特的文化内涵,才能有效地培养消费者的品牌忠诚。其原因就在于文化因素作为一种持久而稳固的精神因素可以在品牌竞争中获得长久的影响力。商品的营销往往是短期的,而蕴含在品牌中的文化则是长久的。所以,文化上的认同具有相对稳定性,一旦被接受就不会轻易改变,品牌文化也就具有了维持品牌忠诚度的恒定功能。调查表明,一旦消费者在使用某个产品上超越了纯粹购买的范畴,而是和产品建立了无形的情感关系,那么该品牌就成了这个顾客群体的忠诚品牌。这种情感关系包含了信任、喜爱、文化氛围和一种实质拥有的感觉,附加在产品上的文化在建立这种关系的过程中起着决定的作用。从 1998 年创立开始,主打运动加休闲风的 lululemon 瞄准的对象就是 25 岁到 34 岁热爱运动的职业女性,"super girl"一度是其主打消费者的代名词,修身塑形的瑜伽裤成为女性消费者的最爱,这也让 lululemon 品牌带上了强烈的女性色彩。在 2022 年第二季度财报里,lululemon 交出了让人羡慕的成绩单,在中国的收入上涨 30%,三年复合增长率接近 70%,其不菲的价格和精致的剪裁工艺所塑造的品牌感,成功俘获了热爱运动的职业女性,它满足了希望以健康生活态度示人的消费者,还满足了女性工作和运动双重消费场景的需要,并用业绩验证了一个关键点:来自家人和朋友的推荐,已经成为消费决策中重要一环。市场监测和数据分析公司尼尔森的研究也表明,朋友和家人的口碑推荐效果,远远超过电视、杂志等媒体上的广告效果,相信前者的消费者为 92%,而后者仅为 47%。所以消费者与品牌建立更深层次的连接,培养忠诚度的社群模式的营销,无疑是给 lululemon 带来增量的有效方法。lululemon 在品牌的宣传上,鼓励女性找到属于自己的美,这一点从模特的选择上就可以看出些许端倪。品牌的这一做法不仅是引导女性告别"白瘦幼"的畸形审美,更是在鼓励女性走出 body shame,勇敢做自己。当一个品牌成为某种文化的象征的时候,它的传播、影响和销售是难以估价的,而且这个品牌将与它所代表的文化共浮沉。世界知名品牌的成功,在很大程度上取决于它们坚持对品牌始终如一的长期投资、对文化的深厚积累。企业自身也就凭借品牌文化的巨大力量而拥有了对其品牌忠诚的顾客,在市场竞争中建立了稳定的根据地,从而增加在品牌竞争中的胜算把握。

(三)品牌文化有利于情感渗透

市场营销时至今日已超越了产品推销的阶段,走向了品牌文化营销的时代。人们购买产品,不再只看中其核心价值,更多注重该产品品牌所蕴含的品质、社会形象、企业文化等内涵。拥有了更为丰富内涵的品牌文化以其特有的渗透力潜移默化地影响着消费者的选择。一种产品的宣传完全由一种高格调的文化宣传来代替。所谓"感人心者，莫先乎情"，当消费者选择商品时，情感的影响会促使其做出有利于商家的决策。同理，在体育品牌创建的过程中，将象征人们特有的价值观、审美情趣、行为导向的文化内涵融入体育品牌中，使体育品牌成为文化的载体，并以浓厚的文化色彩表现出来，以此满足消费者的心理需求、价值认同与社会识别等人文需要，在感情上触动消费者，从而导致购买行为的产生。乔丹体育公司紧密围绕乔丹品牌的产品定位和价值取向，将体育竞技中的拼搏和超越精神融入公司的经营文化和产品推广中，通过多种方式加强与体育产业的联合，强化专业竞技运动的品牌形象。

在世界体育品牌中声名显赫的耐克就清楚地意识到体育品牌文化在品牌塑造和经营过程中巨大的情感渗透作用，便着眼于耐克品牌形象的塑造，积极通过具有创意的高技巧设计，尽展富于情趣、高雅典致的体育文化魅力，积极树立耐克品牌的独特个性和良好形象。耐克公司从纽约现代艺术博物馆罗丹雕塑引来无数人观赏得到启示：开办艺术品商店。于是，在耐克商店，你可以看见那些形象逼真的模特骑着自行车，足登耐克鞋，个个神气十足；还可以看到篮球明星乔丹的壁画，以及四周的音响发出耐克鞋摩擦地面的声音。艺术品商店开办以来，每年都吸引百万名参观者，耐克城也因此成为芝加哥最诱人的地方之一。

（四）品牌文化能建立品牌的心理优势

品牌联想是消费者对品牌的记忆联想内容。品牌定位就好似为品牌在众多同类品牌产品中选择一个有利于自身生存和发展的空间，或者说是品牌传达给消费者的独特点。它若能准确击中消费者的内心需求和情感，就会形成准确有力的品牌定位而使品牌为消费者所接受。要让一个品牌实现与消费者的情感沟通，还要赋予产品一定的个性和形象，使品牌具有一定的精神和灵魂。鲜明的品牌个性能够强化消费者对品牌的记忆和认知，在消费者心中打下深深的烙印，赋予消费者更多的品牌联想。正面、丰富的品牌联想并非与生俱来，而是通过赋予产品的品牌文化内涵，通过营销与传播，与消费者产生共鸣、振荡而形成的。不具有独特、丰富文化底蕴的品牌，无论如何运作，也难以给消费者带来正面丰富的品牌联想。体育赛事也是非常有效的文化输出平台，2022年卡塔尔世界杯足球场上内马尔彩虹过人的经典展示了桑巴足球魅力，桑巴文化通过足球便有了强输出，我们应该意识到文化与体育赛事的绑定远比想象中更深。

体育品牌也必须包含一定的文化内涵，才能对消费者起到一定提示作用或引起消费者某种积极的品牌联想。耐克作为蜚声五洲的顶级体育品牌，它同时也是一个体育品牌文化的大玩家。它通过各种传播途径强化耐克的文化内涵，将耐克所代表的不怕挫折、昂扬向上、勇往直前、拼搏人生、发挥身心最大能力极限的体育文化意境和运动理念深深地融入耐克品牌当中，从而使耐克的"红色一勾"的品牌商标勾到哪里，就会使那里的消费者立即联想到具备上乘质量和卓越性能的运动装备与顽强拼搏精神的互动，还有体育赛场上胜利时刻的激情与兴奋……这些丰富的正面品牌联想是体育品牌产生知晓度

的基础，是体育品牌从认知到认同到品牌忠诚的缔造过程中至关重要的一步。

（五）品牌文化引导品牌进入市场

营销是一种市场与企业的互动作用，要了解产品目标市场的需求，也可以通过改变消费者行为习惯来引导消费行为。许多产品在最初进入市场时，由于目标市场的消费习惯和消费意识等因素制约，不能很好地打开局面。企业应从根本上激发消费者的某种需求，再将其产品推广。

在品牌营销过程中，品牌文化对消费者的消费行为具有显著的引导作用。品牌文化的导向性体现在对某种消费观念、消费行为的引导，从而影响消费者的消费观念，改变其态度、行为以及生活方式或生活习惯。通过品牌文化先锋，俘虏消费者的心理，将其自然引向自己的品牌，是一种悄无声息的品牌竞争的软武器。体育品牌文化的内涵正是体育品牌表现出的特定的消费文化与消费情结，只有不断提升和丰富体育品牌的文化内涵，才能引导不断变化发展的消费需求观念，从而为体育品牌的持续发展创造更为广阔的空间。

在体育品牌文化对品牌的市场导向功能方面，最有说服力的案例就是耐克的品牌文化。耐克品牌文化内涵的发掘塑造过程，是非常有借鉴意义的。1987年耐克品牌处于一个转折点，北美第一的位置让给了锐步，收入第一次落后锐步并且达到8亿美元的落差，致使耐克不得不一下子裁掉20%的员工。这都是由于耐克公司在挖掘定义自己的品牌文化上发生了困顿，市场表现只不过是这种困顿的外显。耐克非常男性化的品牌文化的狭窄定位，局限了耐克的市场。最后，耐克克服重重障碍，使耐克的文化内涵得到了重新核定：无论青年还是老年，无论专业运动员还是外行，无论是每天坚持的跑步者还是只在周末锻炼的人，无论是网球手还是散步者，甚至是儿童，在耐克世界里都有你的一席之地，这是"Just do it"真正的运动品质。这一品牌文化扩大了耐克的接入点，它触摸到男女老幼以及各种职业从业者的神经末梢，引领了一种全新的体育运动观念和健康的生活方式，同时也是在传递一种人生信念、生活品质和思想境界，因此，从根本上改变了人们以往的体育消费观念，带来了迅速扩大的市场版图。

（六）品牌文化有助塑造品牌的独特性

品牌的其他属性都可以模仿，唯独文化特性是从根本上区别于其他同类产品，是无法替代的。产品的市场竞争最重要的一个前提是产品的差别性。当物质要素的差别日益趋小时，非物质因素就引入了市场竞争，文化恰恰适应了这种需求，能够为差别化战略提供更为广阔的思维空间。

合理清晰的体育品牌文化定位是品牌发展的良好基础。在建设体育品牌文化过程中，一旦把具有特殊体育文化品格和精神气质的深层次的内容注入品牌文化当中，就能使自己的品牌区别于同类品牌，有利于形成别具一格的高品位个性，营造一种独特的体育文化氛围；体现一种体育品牌所有者和使用者的精神追求和理念；展示一种体育品牌的精神风貌和姿态，满足消费者情感性利益和消费者自我表现性利益的精神文化层次上的需求，从而使体育品牌与消费者之间建立起友谊，完成消费者从体育品牌认知，到接受体育品牌，到体育品牌偏爱，最后到体育品牌忠诚的过程。体育品牌本身也就获得了资产的最终根基——消费者资产，体育品牌在体育市场竞争中就具备了极强的品牌号召力。

耐克公司在后期的发展过程中，与20世纪70年代末美国兴起的慢跑运动、80年代火爆的篮球运动和90年代活跃的街舞活动紧密相连，始终把运动品牌的创建和不同时期特别的体育文化融合在一起，注重体育品牌文化的个性，充分挖掘体育品牌深层次性格的品牌精神，最终成为世界体育用品第一品牌。我国体育品牌特步坚持举办跑步节、赞助跑步赛事的历程，也正是"中国跑鞋专家"的进化之路，即从专业到大众，从竞速到生活。特步对马拉松赛事的赞助最早可追溯到2007年，成长为大中华区赞助马拉松赛事最多的运动品牌，共赞助和举办了1000多场跑步赛事和活动，服务了超过500万人次的跑者，累计超过1亿公里的路程。2019年12月15日，特步与中国田径协会一同发布"国人竞速 全民畅跑"品牌战略，该战略包含"国人竞速"运动员激励计划、"国人竞速"赛事激励计划、"国人竞速"青少年激励计划、"国人竞速"俱乐部，以训练营和赛事相结合的形式，选拔和培养中国马拉松的未来之星，针对12岁到20岁的青少年，举办夏训、冬训和配套赛；大众层面，"全民畅跑"战略面向最广泛的跑者群体，通过跑步推广、赛事活动、跑者服务、城市赋能、文化引导等方面来发展群众体育。特步集团董事局主席兼CEO丁水波表示：如何让消费者想到跑步就想到特步？推出了"爱跑步 爱特步"的宣传，通过赛事，通过跟消费者的沟通，从而做出更好的符合消费者需求的产品。特步倾注如此多的心血做赛事赞助，并将马拉松作为跑步品类的着力点，源于2007年对品牌进行了明确的定位。截至2021年10月31日，中国内地共有24个特步跑步俱乐部，特跑族会员人数超过130万，是全国最大的跑团，跑全马的会员占比也最多。在中国全民健身的背景下，跑步品类为"国货"特步提供的驱动力将值得期待。

（七）品牌文化协调品牌异域营销

体育品牌在营销过程中，尤其是跨国经营中不可避免地会遇到不同地域文化差异的影响。这些因民族、宗教、习俗、语言文字造成的差异会造成异质文化的"梗阻"。而体育品牌文化的调适功能有助于加强同不同消费者的沟通交流，消除或减少这类文化障碍，增加体育品牌的认同程度。它主要表现为企业针对目标市场的文化环境特点，来制定自己的营销手段和策略，用自觉的文化理念来协调与沟通，从而打破与目标市场间的文化屏障。2022年7月，lululemon的市值已经超过了adidas，仅次于NIKE。但在此之前，长达数十年的时间里，全球运动品牌赛道一直都由NIKE和adidas霸榜。2021年财报显示，lululemon的营收不及adidas的1/3，但净利润已经相当于adidas的65%，这也反映了lululemon的品牌力在消费市场和资本市场的强溢价。以前去上瑜伽课的人都会穿比较宽松的衣服，闷气、不合身、暴露隐私、内缝摩擦导致皮疹等，lululemon

改变了这一切，它卖的不仅是产品，更是科技。它与众不同并人尽皆知，走进lululemon就能看到那些非常与众不同的标语激励着追求极致性价比的中产阶级，使他们感觉很好，而且明白自己的使命。lululemon通过品牌和产品的双向力量，将运动和女性互相交集的圈层牢牢掌握。从一开始较为小众的瑜伽文化社区，逐渐成为能够涵盖更广泛领域的女性文化社区。这种品牌建设创造了一种文化，而且做得非常出色，赋予品牌不同的风格和丰富的文化内涵，使品牌借世界各地的本土文化而拥有某种附加值，从而吸引具有不同文化背景的国家和地区的消费者。

现代营销不再是单纯的买卖关系。特别是随着买方市场的到来，消费者不再仅是注重产品或服务的消费功能了，而是更重视在实施消费过程中体会品牌赋予的深层次的文化内涵与思想气息，带来心灵上的愉快；细细品味功能、质量、服务在对生活细致入微的多层次、多细节的表现，从而完成感受生活、品味生活的情感体验过程。所以可以认为，品牌的一半以上是文化，从品牌名称的确定，产品的设计到产品的广告、促销和服务，无不贯穿着文化的成分，品牌文化可以为品牌营造一种精神上的文化氛围，使得产品拥有人性化的某种韵味、风格、魅力以满足消费者更高层次的需求。而且，品牌的建立也离不开文化，文化是品牌的血和肉，它与品牌的凝结创造了能在市场上销售、能被消费者接受认可的品牌。只有充分挖掘品牌深层的文化内涵，才能使品牌超越产品的局限，高于产品，成为名牌。因此，文化是品牌的支柱，也是品牌追求的最高境界。在市场经济中，只有注重品牌经营文化思想的内涵与外延，积极塑造品牌文化，突现品牌独树一帜的文化品位，才能不断发挥出品牌文化的感染力与扩张力。

三、塑造体育品牌文化

体育品牌发展方向突出表现在品牌定位、品牌定性和品牌定型三个方面的营造，明确品牌发展方向是为更好地突出品牌文化与品牌价值的互换关系。现代产品观念已经突破了传统的产品观念，把产品看成是由核心产品、有形产品和附加产品组成的一个系统组织，而不仅仅是一种有使用价值的有形物质。现代产品不单纯要满足消费者物质和生理上的需要，更要给予他们心理上和精神上的满足。

（一）增加品牌文化与体育品牌价值黏合度

文化恰好适应了这种产品概念和消费趋势，使得产品有可能超越其物质意义而成为某种精神象征、地位体现或感觉符号，产品品牌的价值因此而提升了。品牌增值无疑为其在竞争中增加了获胜的砝码和获利的源泉，这也是众多企业立品牌、创名牌的原始动力。同样地，体育品牌也需要将包含着与体育直接或间接相关的运动信念和运动精神的深层次的人文内涵融入体育品牌中，实现体育品牌与消费的文化对接、精神与情感的沟通以及价值共识，使体育品牌文化得到更进一步的升华，从而增加体育品牌自身的价值。靠瑜伽裤起家的lululemon，产品主打舒适、柔软、支撑力好，而且有型，很快lululemon的瑜伽裤便在瑜伽圈站稳脚跟，也以近千元的售价被人们称为"瑜伽裤中的爱马仕"。在瑜伽圈站稳脚跟后的lululemon不仅向全品类进军，还通过网络APP定期向客人提供免费的瑜伽课程等，以数字化的方式提升用户体验，加强品牌与用户的黏性，构建一个"沉浸式健身市场"（immersive fitness marketplace）。运动只是一种方式，更重要的是每一次背后的成长、人与人之间真诚的互动，利用会员计划将品牌的产品、社群和用户连接在一起。明晰的品牌发展方向指引着品牌在更高层次上搭建传播手段，从而让品牌价值和品牌文化内涵得到进一步提升。

（二）实现体育品牌文化内涵的迁移

实现体育品牌文化中内涵迁移是达成体育品牌形象价值互换的前提，也就是充分发掘品牌要素，并找到品牌文化与品牌价值的利益互换点，从而实现品牌内在基因与外在利益在形式上的统一。国际著名的"耐克"运动鞋，其真正价值不仅在鞋而且在牌。耐克公司堪称品牌经营的典范，其传播手段十分高明：巧妙利用体育明星的名人效应；制作令人产生无限遐想的广告；赞助体育活动和运动团体等。凭借强劲的品牌传播力，耐克从鞋业发展到运动服饰业，最终成为运动、健美、活力的象征。然而，耐克的启示是：强势品牌靠品质和文化双重驱动，除了以质量取胜外，还要赋予品牌一种内在的文化风格，有时甚至更偏重于体育品牌文化的打造。耐克文化所展现出来的就是健康向上的体育精神。对于耐克品牌的受众而言，一双耐克的篮球运动鞋不仅仅只是一双功能卓越的篮球鞋，它深藏着耐克拼搏人生、志在取胜的体育运动精神，充分地满足了消费者心理上和精神上的需求。不仅保持了品牌输出的连续性、统一性，也将品牌核心理念的内涵延伸到消费市场。营销大师艾·里斯指出，营销竞争的终极战场并非数以万计的工厂，也并非遍布大街小巷的商店，而是消费者的心智。他还指出，商业发展的动力是分化，分化诞生新品类，真正的品牌是某一品类的代表，消费者以品类来思考，以品牌来表达，品类一旦消失，品牌也就消亡，企业创建品牌的正道是把握分化的趋势，创新品类、创建品牌，发展品类、壮大品牌，以多品牌驾驭多品类，最终形成品牌大树。

（三）品牌文化是品牌价值的延伸

通过品牌文化多方面打造从而实现品牌价值的提升，也是成功实现品牌发展方向的传递形式。在这种由文化到形象再到价值转移互换过程中，塑造特定的品牌文化也将影响品牌价值甚至品牌发展方向的转变。从国窖1573的体育营销来看，大规模营销几乎都是从品牌走向世界开始的，并且在各领域都聚焦了全球专业赛事和中国区域业余赛事两个板块，不断深化品牌与赛事之间的绑定关系，也让泸州老窖在国际中不断累积声量。值得注意的是，网球、高尔夫和滑雪的受众几乎都聚焦于高净值人群和高端消费者，也正是精准营销至国窖1573的消费群体。有行业人士分析，各大高端体育圈层的深耕，将持续为国窖1573的品牌力提升赋能，最终将助力国窖1573市场的加速升级。在品牌文化塑造背后到品牌价值转换的成功，是通过赛事带来的，使文化与健康、时尚融合，让品牌在年轻一代的定位市场上得到扩张和培育，对应到消费价值背后，实现了这种品牌到消费价值背后的转移。

回过头来看品牌，一切都是为了在消费市场上找到相融合的价值所在。这种消费价值也必是品牌价值所倡导的核心内容，这样的过程在品牌文化与价值转移过程中也同样适应；不仅如此，在品牌文化与价值的转移过程当中，还需要考虑的因素是主流消费心理、流行时尚与定位群体的共同特征发掘。如果说文化的本质就是思想，它也一定有着时间段和地域性的概念，那么怎样的品牌思想才是适合于市场的，才是适合于品牌传递的，才是与现阶段品牌传递内容和服务所适合的，这必须要通过审视市场大局与竞争环境以及品牌发展自身的多方面因素综合来考虑，才能形成真正的价值转移。

— 第四章 —

体育品牌的定位与品牌形象

体育品牌定位能体现体育品牌的独特特征，能确切表达企业的思想和产品的文化价值。体育品牌成功定位能帮助企业建立良好的品牌形象，赢得顾客的青睐。

第一节　体育品牌的定位

一、品牌的定位

所谓品牌定位是企业将自己的产品推向市场，对其特性、品质和声誉等给予确定，通过精心设计的营销策划，将其融入消费者和潜在消费者的生活过程，从而形成确切的市场地位。品牌定位是企业思想、理念、文化、价值观和社会声誉的真正表达，是企业策划品牌上市的综合经济系统工程，它是一个由多种不同类型的定位所构成的定位系统，如图 4-1 所示。

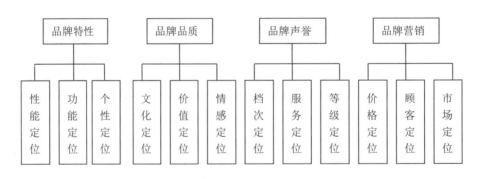

图 4-1　品牌定位系统

二、体育品牌定位策略

一般认为,体育品牌定位是勾画体育品牌形象和提供价值的行为,使细分市场上的消费者理解和正确认识某体育品牌有别于其他体育品牌的特征。体育品牌定位是指建立一个与目标市场有关的体育品牌形象的过程与结果。

(一) 市场细分是体育品牌定位的前提

任何一个在广阔市场上开展业务的企业,都会意识到它无法为该市场的所有消费者提供所有的产品或服务,因为消费者不仅人数众多、分布甚广,且购买需求差异也很大。总会有些竞争者在为该市场的某些特定细分市场的服务中处于优势地位。因此,企业不应该过于争强好胜,把精力全部投入到与优势力量抗衡而使自己处于不利的地位,而应该通过市场细分将企业面对的复杂市场分成若干具有不同特征的子市场或分市场,再从中确定最有吸引力的、本企业可以提供有效服务的市场,从而使企业在设计并塑造自己的独特产品或体育品牌个性时有客观的依据。

(二) 目标市场是体育品牌定位的归属点

依据市场细分的结果,根据企业自身的资源、技术条件、管理水平和竞争状况,结合营销目标,选择拟进入对企业最有优势且最有吸引力的细分市场,这是企业体育品牌经营活动的重要环节。对于企业,一切体育品牌经营活动都必须围绕着目标市场展开。因此,作为企业营销实践中重要活动内容的体育品牌定位也不能脱离目标市场,即在对体育品牌定位时,必须考虑最终使该体育品牌获得目标市场的理解与认同,必须与目标市场需求特征相一致。

(三) 体育品牌定位是市场定位的核心

企业一旦选定了目标市场,就要设计并塑造自己的产品、体育品牌及企业形象,以争取目标消费者的认同。由于市场定位的最终目标是为了实现产品销售、企业效益提高,而体育品牌又是企业传播产品相关信息的基础,同时还是消费者选购产品的主要依据,因而成为产品与消费者连接的桥梁与纽带,体育品牌定位也就成为市场定位的核心和集中表现。

体育品牌定位是体育品牌经营战略管理的先期工作,企业需要通过定位指导所有体育品牌的经营活动,明确鲜明的体育品牌形象,形成企业的竞争优势。

三、体育品牌定位原则

"三星"品牌的崛起,几乎所有的人都会归功于体育营销。1988年的汉城奥运会成就了三星,改变了三星国际低廉品牌的形象,更塑造出一个国际一流的品牌,也让这家全球知名的跨国企业集团与奥运会这一超级体育 IP 结下了不解之缘。在三星从一个区域性企业成长为一个全球行业巨头的过程中，体育营销扮演着不可或缺的角色，而奥运营销更是其中最具浓墨重彩的部分。真正的名牌，一定要有一个准确的、符合自己推广的定位。三星就是深度根植于品牌形象与奥运精神之间的联系，将企业逐渐打造为富有人文关怀的时代领导者，因为奥林匹克就是一个团结人的舞台，更能形成品牌营销效果的共振。

（一）定位研究要周全

全不等于好，只要消费者认为或怀疑体育品牌的定位是名不符实的，那么，这一品牌很可能顷刻间化为乌有，立即失去消费市场。如一个体育产品的品牌定位是在中高档次还是在低档次上，要根据消费者、产品特性和市场环境来确定；再如一场体育赛事，其目标消费者到底是哪些人群，只有锁定了重点消费者，才能有效地定位门票价格。不同的定位有不同的消费者，体育品牌定位要有重点，需要做好相关调查，面面俱到反倒不能塑造出一个专业的形象。譬如：德国狼爪品牌是一个民营户外品牌，为中国的户外运动提供了良好的装备选择，其产品涵盖了帐篷、睡袋、登山包等户外用品，品牌定位是"值得信赖、更值得依赖的户外品牌"。

（二）定位凸显产品创新点

体育品牌定位以体育产品的品质及创新为核心，而支持这个品牌的市场占有率和生命周期的只能是好的产品。质量的优劣是产品能否长期存在于市场的关键，而且是一个永不止息的概念。只要适应消费者的需求和消费观念的变化，不断追求产品质量的提高，才有可能吸引广大消费者。天津利生体育用品厂的历史经验值得我们借鉴，该厂利用为世界名牌阿迪达斯来料加工的有利条件，解剖、对比找差距，经过攻关，研制出符合国际比赛标准的足球、篮球，经过国际足球邀请赛和第十四届亚洲篮球锦标赛的使用，被公认达到了国际先进水平。尽管国内跑鞋科技研发起步晚于国外，但近年来国产运动品牌不断研发新科技，技术实力与国际头部品牌差距逐渐缩小甚至反超，产品的性能得到进一步的优化。国产运动品牌供给端的改善带来消费者认可度的提升，在科技实力的驱动下，本土运动品牌快速崛起。2016 年安踏聘请了前阿迪达斯高级设计总监 Robbie Fuller，其加入后提升产品设计感，主导设计了安踏品牌 KT 系列战靴、虫洞跑鞋、Clunky Sneaker 老爹鞋等经典产品。ANTA X NASA 超轻虫洞跑鞋以"双子座计划"的宇航员航天服为灵感，以金属银色袜套为鞋身，搭配安踏自主研发的 Flashfoam 鞋底。细节方面，同样来自航天服灵感的 BOA 旋钮无系带设计使用方便，两条红蓝色 logo 条带来较高的识别度和时尚感，受到广大消费者认可。中国李宁以接近设计师品牌的运作模式，重视原创设计理念，将李宁的运动基因与中国文化和潮流元素进行融合，2018 年凭借"番茄炒蛋色"的独特设计，打破国内运动服饰的刻板印象，使李宁成为新国潮的象征。中国李宁 2021 年秋冬系列以"Remake"设计理念传递轻松自然而随性的态度，在"悟创吾意"的核心概念下，传递"无创造无意义，破旧立新"的设计主

张,"惟吾禅"和悟道2ACE还原千禧年复古滑板鞋的宽厚和富有防护感的鞋面视觉,受到广泛关注。

(三) 定位要重点突出

许多企业在进行定位时,常常犯下求大求全的错误,认为只有尽可能全方位地满足顾客的要求,才能建立体育品牌的优势。这些企业在确定内容时,没有弄清楚什么可为、什么不可为,结果得不偿失,反而丢失了自己的竞争优势。任何企业都应该了解业务的主次之分和层次之分,不管选择何种模式,都必须围绕着为顾客提供满意的商品或服务这一环节来进行。

体育品牌定位也是当今企业竞争的利器,正确有效的定位是抢得市场的有力法宝,值得企业高度重视,一旦定位有误,有可能满盘皆输。企业既要满足消费者的服务期望,也要满足消费者的价格期望和自身的承受能力。著名的运动体育品牌——耐克就十分重视自己的体育品牌定位,体育品牌形象推广偏重于运动员,采用的是金字塔形形象推广战略,即从塔尖的顶级运动员到国家队,再到职业联赛的球队,直至包装到普通青少年,囊括整个体育用品市场构成的四等级要素,为的就是让大家了解耐克是一个什么样的体育品牌,努力在目标消费者心中建立起"时尚"这一体育品牌理念。耐克把产品的目标消费群体定位在13~25岁的男女青年上,显然这是符合其体育品牌定位的。与耐克相比,我国的体育品牌普遍存在着品牌定位模糊不清的缺陷。如作为我国体育用品龙头老大的李宁,在体育品牌创建之初的12年间换了8个广告,从最早的"中国新一代的希望"到"把精彩留给自己"到"我运动我存在""运动之美,世界共享""出色,源自本色"等,在这12年间,除了20世纪90年代的急速膨胀期,李宁一直不能突破成长的上限,营业额停滞不前,消费群体没有突破,消费者的体育品牌忠诚度不高,已有的消费者并没有重复购买产品,也没有新的消费者加入。造成这个结果的主要原因就是体育品牌定位不清晰。2002年李宁倡导"一切皆有可能"的运动观念,以"计运动改变我们的生活"为公司使命,彻底丢弃了以往的体育品牌形象,以"魅力、亲和、休闲"的崭新形象出现在大众面前,旨在"唤起民族自信,昂然立足世界",赢得了消费者的广泛关注,消费者逐渐接受并喜爱上了李宁新体育品牌。李宁在中国市场上的业绩也节节攀升,2002年突破10亿元人民币大关。因此,要想在全球市场与世界知名体育用品竞争,我国体育用品必须在创建品牌之初就形成一个清晰明确的定位,在体育品牌创建过程中要清楚地将定位思想、理念和原则传递给市场,要提供足够的营销资源支持并坚持其定位。

总之,体育品牌定位是体育品牌所有策划活动的先期工作,所有的营销活动都必须在它的指导下进行,企业需要以定位来直辖各种传播媒体的一致性和连贯性,使广告、公关、特别推广(SP)、直销等各种推广宣传工具整合成一体,发挥出更有实力的综合效果。

四、体育品牌形象的含义

体育品牌形象是指企业或其某个产品在市场上、在社会公众心中所表现出的个性特征，它体现公众特别是消费者对产品的评价与认知。体育品牌形象与产品不可分割，形象是体育产品表现出来的特征，反映了体育产品的实力与本质。体育品牌形象包括品名、包装、图案、广告设计等，形象是体育产品的根基，所以企业必须重视。良好的体育品牌形象是企业在市场竞争中的有力武器，能深深地吸引着消费者。体育品牌形象内容主要有两方面构成：第一方面是有形的内容，第二方面是无形的内容。

体育品牌形象的有形内容又称为"体育品牌的功能性"，即与体育品牌产品或服务相联系的特征。从消费和用户角度讲，"体育品牌的功能性"就是体育品牌产品或服务能满足其功能性需求的能力。例如，洗衣机具有减轻家庭负担的能力；照相机具有留住人们美好瞬间的能力等。体育品牌形象的这一有形内容是最基本的，是生成形象的基础。体育品牌形象的有形内容把产品或服务提供给消费者的功能性满足与体育品牌形象紧紧联系起来，使人们一接触体育品牌，便可以马上将其功能性特征与体育品牌形象有机结合起来，形成感性的认识。

体育品牌形象的无形内容主要指体育品牌的独特魅力，是营销者赋予体育品牌的，并为消费者感知、接受的个性特征。随着社会经济的发展，商品丰富，人们的消费水平、消费需求也不断提高，人们对商品的要求不仅包括了商品本身的功能等有形表现，也把要求转向商品带来的无形感受与精神寄托。在这里体育品牌形象的无形内容主要反映了人们的情感，显示了人们的身份、地位、心理等个性化要求。

五、体育品牌形象设计

最初的体育品牌形象只是简单的标志或符号。随后，体育品牌形象的存在形式分别经历了注册商标、视觉识别（VI）。当今，多数实施体育品牌战略的优秀企业都在认真实施商标和VI策略的基础上导入了体育品牌形象策略，而追求基业长青的企业则在此基础上不断地提升和优化体育品牌形象。VI是CI的重要组成部分。CI是corporate identity的缩写，也就是企业形象识别系统。20世纪60年代，美国人首先提出了CI设计这一概念。根据相关资料记载，最早的应用是在美国的高速公路系统，而在工商企业领域，IBM是这方面的开先河者。CI的主要含义是充分利用包括视觉在内的整体表达系统，将企业文化与经营理念统一设计，进而在企业内部对其办公系统、生产系统、管理系统以及营销、包装、广告等宣传形象形成规范设计和统一管理，由此调动企业每个职员的积极性和归属感、认同感，进而引导各职能部门既能各司其职，又能有效合作。对于企业外部来说，通过一体化的符号形式来形成企业的独特形象，便于公众辨别、认同企业价值，促进企业产品或服务的推广。

CI系统是由MI（理念识别mind identity）、BI（行为识别behavior identity）、VI

（视觉识别 visual identity）三方面组成。在 CI 的三大构成要素之中，其核心是 MI，它是整个 CI 的最高决策层，给整个系统奠定了理论基础和行为准则，并通过 BI 与 VI 表达出来。所有的行为与视觉设计都是围绕着 MI 这个中心展开的，成功的 BI 与 VI 就是将企业的独特精神准确表达出来。所谓 MI，是指确立企业自己的经营理念，企业对目前和将来一定时期的经营目标、经营思想、经营方式和营销状态进行总体规划和界定。BI 则直接反映企业理念的个性和特殊性，是企业实践经营理念与创造企业文化的准则，是对企业运作方式所作的统一规划而形成的动态识别系统。BI 包括对内的组织管理和教育，对外的公共关系、促销活动、资助社会性的文化活动等。通过一系列的实践活动将企业理念的精神实质渗透到企业内部的每一个角落，汇集起员工的巨大精神力量。VI 是以标志、标准字、标准色为核心展开的完整的、系统的视觉表达体系。将上述的企业理念、企业文化、服务内容、企业规范等抽象概念转换为具体符号，塑造出独特的企业形象就是视觉识别设计。在 CI 设计中，视觉识别设计最具传播力和感染力，最容易被公众接受，因而其地位举足轻重。在具体应用中，VI 系统包括两部分：其一是基本要素系统，如名称、标志、造型、标准字、标准色、象征图案、宣传口号等；其二是应用系统，如产品包装、办公用品、企业环境、交通工具、内部服饰、广告媒体、招牌海报、公务礼品、陈列展示以及印刷出版物等。这套体系更关注企业自身对企业价值的认知和表现，对企业外部的相关主体没有给予足够关注，而体育品牌形象在这方面实现了较大的突破。

体育品牌形象是体育品牌内在价值的外在反映，是消费群体记忆中存在的关于某一体育品牌的总体感觉。一般认为，构成完整体育品牌形象的是一组基本要素，指的是可以注册的设计，用于自身识别和区别其他体育品牌的、构成体育品牌的不同成分，如名称、标志、符号、人物、口号、韵词、包装等视觉的或语言的信息载体。在表现形式上，体育品牌形象及其构成要素与 CI 中的 VI 部分非常相似，但在策略运用的基本理念上，二者根本不同，体育品牌形象策略更强调目标消费群体的感受。体育品牌要素的选择应遵循的原则，首先是容易记忆和寓意深刻，即非常容易吸引眼球，并且同时在视觉和语言两个方面可以使人产生幽默、风趣和丰富的想象，而且令人信服、意义深远。容易记忆和寓意深刻的体育品牌要素具有很多优势：一方面，如果体育品牌要素易于识别和记忆，并且具有很强的描述性和说服性，将为消费者提供极大的便利，他们在进行购买决策时很少有耐心去认真研究较多的信息；另一方面，这样的名称、标志、符号等可以有效减少在创建体育品牌知晓和建立体育品牌联想过程中的传播费用负担。其次，所选择的体育品牌形象要素必须便于传播，即在产品种类、地域文化之中以及它们之间都具有较强的可适应性。例如，没有具体含义的体育品牌名称在不同文化地域中一般都具有良好的适应性。最后，所选择的体育品牌形象必须能够得到保护：要选择在国际上能够得到法律保护的体育品牌要素；同时，要以适当的实体形式对可以得到保护的体育品牌要素进行注册；另外，面对竞争对手的侵权行为便于采取积极的保护措施。任何企业都需要结合实际，科学整合并灵活运用商标、CI 和体育品牌形象，形成自己特有的优势。

第二节　体育品牌的理念设计

一、品牌宗旨

品牌宗旨指品牌的主要目的、意图和品牌存在的意义。制定体育品牌宗旨就是要领会体育品牌存在的价值，明确要做什么、如何做，使体育品牌内部成员、相关组织及市场大众能够清晰地认知体育品牌。体育品牌宗旨不是一成不变的，它需要随着公司变革、市场环境变化和时代变迁而适时调整。

二、品牌使命

品牌使命指品牌主体在社会历史和现实生活中所肩负的重大责任。使命是指导组织行为的总则，它客观地为体育品牌描绘了建立目标、选择路线和实施战略的框架结构。制定体育品牌使命就是明确历史赋予的职责，唤起内部成员的工作热情和良好状态，唤起体育品牌内部成员、相关单位及市场大众对体育品牌的认知和识别。

体育品牌使命的设计是决策层在自身业务分析的基础上，明确体育品牌所承担的市场职责和社会职责，分析自我扮演的角色，主动赋予体育品牌以相应内容与形式的过程。企业是社会的细胞，其使命必然存在于社会之中。崇高的使命有助于品牌的成长。体育品牌使命的设计涉及品牌的业务、产品或服务方面的特征。在设计品牌使命之前，要对企业自身有充分的认识，分析市场现状和市场潜力。设计品牌使命不仅要明确品牌短期、中期和长期的目标，还要明确谁是消费者，消费者为什么会购买，如何接近消费者，以及消费者的价值观是什么等问题。

李宁公司成立于1990年，多年来致力于专业体育用品的打造，努力让运动改变生活，通过不断探索、创新，发展成国际一流专业运动品牌公司。李宁公司以"用运动燃烧激情"为品牌使命，体现了李宁品牌的灵魂，具有独特性和可持续性，与目标受众群体的需求和价值观相一致，增加了消费者对品牌的信任和忠诚度，从而获得更多的业务和市场份额。

三、体育品牌价值观

品牌价值观是在一个经营性组织内部形成的一致性的价值体系。它主要反映团队成员对自身以及无形财富的看法和观点，在理念系统中占据重要地位。价值观是团队看不见的发动机，有什么样的价值观就有什么样的经营表现。品牌价值观是企业决策层和全体员工的最终追求，是衡量事物的标准，它对于品牌的发展具有高瞻远瞩的指导意义；品牌价值观存在于品牌的生产、经营和组织生活等一切活动中，对品牌的经营、技术和组织因素具有支配作用。作为一个系统，品牌价值观包括效益观念、竞争观念、发展观念和社会责任感等。

体育品牌价值观是沉浸于体育品牌企业中被成员普遍接受的价值体系，是体育品牌文化构成的主要部分。它具有规范性的特征，为全体成员制定了评判正确与否的标准。作为全体人员共享的规则体系和评判体系，它决定了品牌创作及实施的全体人员共同的行为取向。品牌价值观制定的目的是追求一个共同的理想和目标，依靠全体成员对共同信仰的团体力量，体育品牌才能长久不衰。要做到员工认同品牌价值观，就必须把品牌的价值观强化为一种信念，使体育品牌因此获得强大的内在动力，如安踏的名字中包含了两个汉字：安和踏。"安"代表着品牌对运动员的保护和关怀，表达了品牌对运动员安全的高度关注；而"踏"则代表着运动员在比赛中踩踏地面的力量和速度，寓意着品牌对运动员的支持和鼓励。安踏这个名字不仅仅是一个简单的品牌名称，更是品牌文化和价值观的体现。

四、体育品牌目标

品牌目标是企业在一定时期内，按照品牌经营思想，综合考虑品牌的内外条件，所制订的经营计划和预期成果。它通常以产量、品种、质量、销售收入、资金利润率和市场占有率等指标作为标准。不同时期、不同类型的企业，确定经营目标的重点也各不相同。

体育品牌目标可分为长期、中期和短期三种，这里主要介绍体育品牌长期目标的设计。总的来说，体育品牌长期目标包括生产力、产品结构、财力资源、物质设施、技术开发与创新、人力资源与开发、盈利能力、市场占有率和社会责任目标等。体育品牌长期目标是指导体育品牌经营策略和各项业务工作的工具，是体育品牌进行资源分配时考虑轻重缓急的依据，也是衡量企业成就和内部工作成效的标准。长期目标规定了体育品牌执行其使命时所预期的成果，它通常超出该组织的一个会计周期。它是特定的、具体的和可衡量的结果，是体育品牌在计划时间内可以达到的。在长期目标指导下，短期目标才能避免目光短浅，为长期目标的实现提供可靠保证。

五、体育品牌口号

品牌口号是品牌表达经营思想的形式，可分为企业口号和产品口号两大类。企业口号是指体现企业文化并以企业整体为背景而创作的短句，包括企业的宗旨、精神、使命和目标；产品口号是指针对特定商品而创定的短句，包括产品的档次、形象和质量，其创作原则为句式精练、诉求明确、富于创造、方便传播。

体育品牌口号是体育品牌理念或主张的高度浓缩，是企业理念和产品理念的口语化表达，通常是消费者印象深刻、耳熟能详的。体育品牌口号的创作素材主要来自体育品牌定位系统和理念系统，好的体育品牌口号通常是体育品牌定位思想的表达和集中反映。"一切皆有可能"是李宁品牌最耳熟能详的口号，也是多年来不断积累和完善的结果。从最早的"中国新一代的希望"，到"精彩的事情留给自己""我运动，我存在""运动之美与世界共享""卓越源于本真"，再到"一切皆有可能"，李宁运动品牌逐渐积累了其独特的内涵，通过口号传递，让消费者了解到企业提供的不仅仅是体育用品，更是一种生活信念、生活品质和思想境界。

六、体育品牌精神

品牌精神是一种能够代表企业的、富有个性的精神，是品牌或品牌决策者在长期生产和经营中逐步形成的事业信念、价值观念和经验宗旨。品牌精神受不同领域内容、方式、历史传统和现实追求的制约，具有一定的差异性。品牌精神来源广泛，表达方式多元化，最好的来源渠道存在于品牌企业中。品牌精神是在生产经营实践中形成的，并为生产经营提供精神支柱和动力。品牌精神可以是决策者对产品的全局性、战略性认识，也可以是全体员工在企业长期发展过程中自觉形成的。

体育品牌精神设计的基本方法是，通过对一个经营组织的整体观察，对它最具代表性、最突出的部分进行提炼整合而形成。它的表现内容可以是具有代表性的任务、事件、信念和思想等，反映体育品牌的凝聚力和活力。体育品牌的信念和追求扎根于员工心中，能够促进全体员工形成默契和共识，提高觉悟。

体育品牌精神是体育产品文化的主体，是实施文化管理的关键。因此，企业不仅要注重其内容，还要讲究表达方式。可以采用简洁明了、精练准确的文字形式，以及生动活泼的表达方式，通过多种渠道进行传播，这对于强化员工的体育品牌意识和体育品牌的市场推广都有重要作用。体育品牌精神提炼是否成功，不仅要看体育企业管理层是否满意，还要看它对全体员工的教育和激励作用，看它对体育品牌的发展是否发挥了积极作用。

第三节 体育品牌名称的设计

一、体育品牌命名

体育品牌命名是企业或组织为了能区别于其他体育品牌的产品或服务而为自己的产品或服务选取合适的体育品牌名称。体育品牌名称是体育产品或服务核心价值的载

体，一个好的体育品牌名称能够给企业和组织带来强大的竞争优势。好的体育品牌名称能够塑造体育品牌形象，传播体育品牌价值，提升体育品牌的知名度。体育品牌符号化有助于和其他竞争者的体育产品或服务相区别，方便体育品牌的识别和传播。体育品牌的名字不仅仅是一个简单的标识符，它还代表着品牌的文化、精神和价值观，这些名字背后都有着深刻的寓意。

（一）命名原则

1. 合法原则

品牌命名要遵循相关的法律条款进行注册登记。品牌命名只有根据相关法律法规注册登记，才能够取得法律认可和保护。一个再好的体育品牌名称，如果不能依照法律注册就不能成为自己的体育品牌名称。在注册登记时，体育品牌的命名需要遵循相关的法律条款，比如不能与其他企业体育品牌名称重复，不能使用相近的名称注册。

2. 简单易记原则

当消费者面对众多体育品牌，什么样的体育品牌名称能够吸引其注意力？许多的实践证明，命名简单、易读的体育品牌名称更容易让消费者记忆；体育品牌名称字数或字母越多，人们对它的记忆就越难。如耐克（NIKE）体育品牌的名称，Nike 是希腊神话胜利女神的名字，是胜利的象征。

3. 与众不同原则

体育品牌名称新颖独特、与众不同才能吸引消费者的目光，满足消费者好奇的心理，促进消费者对产品或服务的选择。如特步的"让运动与众不同"，由于其商品风格、代言人风格和市场推广风格都追求差异化，追求不一般的感觉，特步很快被消费者记住，成为中国体育用品中时尚流派的代表。

4. 内涵原则

体育品牌名称应该能够承载体育产品或服务的核心价值内涵。阿迪达斯是一家全球知名的体育品牌，其名字来自创始人阿道夫·达斯勒的名字。阿迪达斯的名字中包含了两部分：adi 和 das。Adi 是阿道夫的昵称，而 Das 则是他的姓氏。这个名字的寓意是将创始人的名字与品牌紧密地联系在一起，表达出品牌对创始人的敬意。

5. 受欢迎原则

体育品牌命名时应考虑体育品牌名称所引起的联想是否为目标消费者接受和欢迎。因此，命名时必须考虑目标市场的社会文化传统的风俗习惯，以迎其所好，避开忌讳。纽巴伦是一家以生产运动鞋为主的体育品牌，其名字也有着深刻的寓意。纽巴伦的名字中包含了三个部分：new、balance 和 new balance。new 代表着品牌对创新和变革的追求，balance 则代表着品牌对平衡和健康的关注，而 new balance 则代表着品牌对自己的定位和品牌文化的表达。纽巴伦的名字寓意着品牌对创新、健康和平衡的重视，表达了品牌对运动员的关怀。

6. 发展原则

企业或组织想要将体育品牌做大做强，一方面需要扩大营销的地理范围，提高销售规模，另一方面需要进行体育品牌延伸，开发多种体育产品或体育服务。因此在体育品牌命名时，体育品牌名称要留有发展的空间，要有包容多样文化的胸怀，能够激发更多联想，以便给予体育品牌资本增值更多的机会。Jack Wolfskin（狼爪）每一件产品生产的基本原则就是完美结合最佳的功能性和最高的舒适度，"我们坚信，户外运动应该是充满乐趣的，产品应当帮助使用者获得舒适的户外体验"。

当然，体育品牌的名称也是可以改换的。当公司业务拓展、体育品牌名称不能代表本企业的标识时，就需要改换体育品牌名称。但是，体育品牌名称改换会面临被消费者重新认识的过程。因此，为了以后体育品牌资本的扩大、营销资本的最小化，体育品牌命名必须考虑体育品牌日后的发展延伸。

（二）体育品牌命名的策略

根据企业体育品牌的多元性，体育品牌命名的策略可分为单一体育品牌名称策略、二元体育品牌名称策略、多元体育品牌名称策略。

1. 单一体育品牌名称策略

单一体育品牌名称策略指在同一企业或组织的各种体育产品或服务系列、类别中都使用同一体育品牌名称。

2. 二元体育品牌名称策略

二元体育品牌名称策略指在同一企业或组织的同一种体育产品或服务同时赋予两个体育品牌名称，一个是共有体育品牌名称，另一个是每种产品或服务独有的体育品牌名称。其表现形式有两种：一是共有体育品牌名称＋字母/数字，如 NIKE 360，表示体育产品是共有体育品牌名称的产品延伸；二是体育产品独有的体育品牌名称由共有体育品牌名称相伴随。匡威的名字中包括了两个部分：CONVERSE 和 ALL STAR。CONVERSE 代表着品牌的创始人马尔奇斯·米尔·康弗斯（Marquis Mills Converse），而 ALL STAR 则代表着品牌的标志性产品——ALL STAR 经典帆布鞋。匡威的名字寓意着品牌的创始人和标志性产品的重要性，表达了品牌对自己历史和传统的自豪与坚守。

3. 多元体育品牌名称策略

多元体育品牌名称策略指同一个企业或组织为其每一种体育产品都使用一个独自的体育品牌名称。体育品牌名称可以相似也可以截然不同，但是采用的标志一般相同或相近。在非常特殊的情况下，也有企业采用不同的体育品牌名称、不同的标志。

体育品牌命名时选取哪一种或几种策略取决于企业或组织在体育品牌战略方面的选择和投入。一元和二元体育品牌名称策略可以使共有体育品牌的价值充分利用，迅速提高新产品的体育品牌价值，缺点是体育品牌形象容易受其中一种体育产品负面情况的影响，而多元体育品牌名称策略可以减少此风险。

二、体育品牌命名的程序

（一）成立命名工作小组

体育品牌命名需要成立专门的工作小组，小组成员最好由专业人员、企业领导、产品或服务设计人员和营销人员组成，成员分工协作，共同完成命名工作。

（二）前期调研工作

前期调研工作需要对所要命名体育品牌目前的国内外市场情况、同行体育品牌命名情况、目标市场的文化风俗等进行调查研究，明确本企业体育品牌的战略规划、产品性能或服务核心价值、目标群体情况等。

（三）选择合适的命名策略

本阶段要根据前期调研情况，针对体育品牌的具体情况和企业体育品牌的战略规划，选择合适的命名策略。体育品牌的命名策略有多种，有以人名、地名、动植物名命名，也有以功效和情感性词语命名，还有根据某些意义、想法创造的字母组合命名。

（四）提出备选方案

此阶段要根据选择的命名策略，提出多个体育品牌名称。可以面向社会征集，然后聘请语言、心理、美学、社会学、市场营销学、体育学的专家召开会议，对征集的体育品牌名称进行评估，提出备选方案。

（五）法律审查

再好的体育品牌名称如果不通过法律审查，也不能成为自己专有的体育品牌名称。因此，对备选方案要进行法律审查，确保体育品牌名称没有和其他体育品牌重合。如果目标市场包括国外市场，也需要通过目标国家的法律审查，以避免在国外推广时遇到麻烦。

（六）深入评估，确定名称

通过前期工作筛选后的名称，在此阶段要进行深入评估，并进行目标人群测试，确定最终体育品牌使用名称。目标人群测试方法有问卷调查法、访谈法、试验法；内容可包括体育品牌名称是否易记、是否能引起大众的兴趣、能引起哪些联想、是否能与体育品牌产品或服务联系起来、能否反映体育品牌的核心价值等。

（七）法律注册

体育品牌名称被确定后，企业要去相关的部门进行注册登记，以取得体育品牌名称的法律保护和专有权。

在体育品牌的诸多符号中，体育品牌名称是体育品牌标志性的符号，是最直接、最有效的体育品牌信息传播工具。一个好的体育品牌名称简单易记，能够很好地表达体育品牌的核心内涵，并在大众心中产生相关的美好联想。世界著名的营销战略家艾·里斯说道："实际上被灌输到顾客心目中的根本不是产品，而只是产品名称，它成了潜在顾客亲近产品的挂钩。"如今是电视广播媒体和网络媒体广泛传播的时代，体育品牌名称更是成为众多消费者对体育品牌的第一印象，并且直接影响到以后可能发生的体育消费行为，因此，选取好的体育品牌名称是建立体育品牌的关键步骤。

三、体育品牌名称的类型

关于体育品牌名称类型划分的角度很多，有学者按体育品牌名称的文字类型和字义来源划分，也有从企业和产品的角度，以文字和数字进行划分。全球著名的体育品牌设计公司朗涛（Landor Associates）认为体育品牌名称类型可分为六种：描述型、启发型、组合型、古典型、随意型和新颖型。结合体育品牌学家前人的命名经验，分析世界著名体育品牌名称，体育品牌名称类型可归纳为以下几种：描述型、启发型、复合型、缩写型、比喻型、古典型和新颖型。

（一）描述型

描述型体育品牌名称用文字描述体育产品、服务或者公司、组织的事实，如以地名、人名命名等。

1. 以地名命名

体育赛事体育品牌大多是以举办地命名，用以区别其他赛事。如奥林匹克运动会（Olympic Games），简称奥运会或奥运，最早起源于古希腊（公元前776年），因举办地在奥林匹亚而得名。每届奥运会也是以地名命名，如2008北京奥运会、2012伦敦奥运会等，以举办地命名直接表明奥运会的举办地点。另外，国际网球四大公开赛（英国温布尔顿网球公开赛、美国网球公开赛、法国网球公开赛、澳大利亚网球公开赛），也都是以地名命名。

2. 以人名命名

以创始人或其他人名字命名体育产品或体育服务品牌名称与体育品牌的发展历史有直接关系。把名字当作体育品牌的名称，其实就是用名字或人品担保体育产品或服务的质量。法国最早报道体育品牌商品的文章说："消费者们可以完全相信那些印有生产者自己名字的商品的质量，因为我们很难想象，哪一位生产者敢用自己的名字开玩笑。"

在体育用品品牌和体育服务品牌中，以人名来命名体育品牌名称也非常普遍。比如阿迪达斯（adidas）体育品牌名称是创始人 Adolf Adi Dassler 的小名 Adi 加上姓的前三个字母 das 的组合；李宁（LI-NING）体育品牌名称来源于李宁公司的创始人"体操王子"李宁先生的姓名。又如意大利经典运动体育品牌乐途（lotto），该品牌名称是由创始人 Caberlotto 的姓氏得来的。在体育产品上，著名的太极拳中陈式太极拳、杨式太极拳、吴式太极拳、孙式太极拳和武式太极拳的名称也是来源于拳术创始人姓氏。

（二）启发型

启发型指体育品牌名称用词在含义上蕴含了体育品牌的属性和功能价值。如安踏（ANTA）、凯胜（Kason）、锐步（Reebok）等。安踏体育品牌取名有"安根固本，踏实鼎新"之意。从字体表面看，"安踏"是四四方方的方块字，横平竖直，四平八稳，寓意安踏人安心创业、踏实做人的精神品质，充分展现了安踏企业的经营理念。"安踏"从体育品牌释义看，更体现于安踏企业厚积薄发，水滴石穿，以稳健的步伐开拓国内外市场。李宁旗下的运动体育品牌凯胜（Kason），其名称源于为夺取锦标奋勇拼搏的运动精神，寓意中国羽毛球健儿挥着凯胜的球拍，凯歌高奏，战无不胜。启发型的名称在体育用品品牌中比较常见。

（三）复合型

复合型指体育品牌名称由两个或更多个词汇组合而成，用来更清楚地表达体育品牌的含义。如上海国际马拉松赛、重庆国际马拉松赛、武汉网球公开赛等，清楚地表明了赛事的级别、类型、举办地点。在体育俱乐部品牌中，如武汉三镇足球俱乐部、北京北控足球俱乐部、天津泰达足球俱乐部、大连一方足球俱乐部等，直接以城市名加上运动项目命名。

（四）缩写型

缩写型是指用几个字母代指某企业或组织的产品、服务的体育品牌名称。这在体育赛事品牌命名中经常被采用，其主要特点是简单易记，具有企业或组织的代表性。如世界最顶尖的职业篮球组织——国家篮球协会（National Basketball Association），为美国男子职业篮球组织，其用英文字母缩写"NBA"作为其体育赛事品牌名称。中国篮球协会（China Basketball Association）组织的中国男子篮球职业联赛，也是用其缩写"CBA"来作为其体育赛事品牌名称的。

（五）比喻型

体育品牌名称与公司没有明显联系，通常用一些大家所熟悉的真实事物来表示，包括动物、植物、自然现象等。这种命名方式将人们对真实事物的印象转移到体育品牌上，同时也方便与具象的体育品牌标志相对应。著名的体育品牌锐步，英文名为 Reebok，reebok 单词的本义是指非洲南部一种羚羊，它体态轻盈，擅长奔跑。Reebok 公司希望消费者在穿上 Reebok 运动鞋后能像 reebok 羚羊一样，在广阔的天地间纵横驰奔，充分享受运动的乐趣。另外，德国著名体育品牌彪马（PUMA），不管是汉语的"彪马"还是英文"PUMA（美洲狮）"都采用了动物的名字。还有众多的著名体育健身俱乐部，如青鸟健身、黑骏马健身、五象健身等，也采用了动物的名字作为其体育品牌名称。

（六）古典型

古典型体育品牌名称出自古代文字或文学，好的古典型体育品牌名称能为体育品牌增添文化底蕴。如"安踏"的英文名"ANTA"，在希腊语中的意思是"大地之母"，体现出安踏无比的胸怀和对世界与人类的奉献精神。希腊是现代奥林匹克运动会的发源地，选择"ANTA"具有极为深刻的含义，它喻指安踏品牌所奉行的奥运精神和产品的运动性，涵盖了安踏的文化和灵魂以及现代体育精神。安踏品牌使用英文名"ANTA"，表明安踏品牌是一个国际化、民族化的专业体育品牌，同时也反映出安踏人不断创新、敢于拼搏、挑战自我的精神，表达了安踏企业决心要做民族的"安踏"、百年的"安踏"和世界的"安踏"。再如，世界著名体育品牌耐克的英文名"NIKE"也是来源于希腊胜利女神的名字 Nike。

（七）新颖型

新颖型是指在体育品牌命名时，为了让体育品牌的名字暗含所需的含义，以现有的词语取其中几个字母组成字典上没有的新词来构成体育品牌的名称。新颖型命名在英文名字中经常出现。如 2014 年巴西世界杯吉祥物三色犰狳 Fuleco，其名字就是 Futebol（葡萄牙语"足球"）＋Ecologia（生态）的合成词，吉祥物本身和名字将环保理念融入了足球，体现了这届世界杯注重环境与生态的理念。Miraitowa 是 2020 年东京奥运会吉祥物的名字，Miraitowa（发音为 mee-rah-e-toh-wa）源自日语单词 mirai（未来）和 towa（永恒）的组合，选择这一名称，是为了在世界各地的人们心中促进充满永恒希望的未来。

公众对体育品牌的认知是体育品牌的名称。体育企业或体育组织对体育品牌的命名需要符合国家法律的规范，适于开展体育营销，因此，体育品牌的命名必须遵循一定的原则和策略。

第四节 体育品牌标志的设计

体育品牌标志（sports brand logo）也称体育品牌标识，是体育品牌的具象符号，是用于区别其他体育品牌的视觉符号。体育品牌标志是体育品牌必备的要素，其主要由文字、图案和色彩等组成。一个优秀的体育品牌标志能够很好地反映体育品牌的内涵。体育品牌标志可以帮助区别不同的体育品牌，还可以有助于大众对该体育品牌产生联想。因此，体育企业或体育组织应该特别重视体育品牌标志的设计。

一、体育品牌标志的种类

（一）文字标志

文字标志是指只使用文字或字母、数字组合而成的标志。文字标志一般是体育品牌名称和体育品牌标志的统一，能够直接向大众展示体育品牌名称，增强对体育品牌名称的记忆。如 LI-NING 标志属于文字标志。

（二）图案标志

图案标志是将体育品牌标志设计成抽象或形象的图案。图案标志虽然不能直接反映体育品牌的名称，但是图案标志可以引起人们的联想，无论在任何地方，都易于看懂和识别，易于记忆，如奥林匹克的五环。

（三）图文标志

图文标志是指体育品牌标志中同时含有文字和图案。图文标志可以让人们立即清楚体育品牌或体育服务的名称，并且又能激发人们一定的联想。历届世界杯（1982—2014年）标志均是图文标志，标志中文字表明了世界杯的名称以及当届举办时间、地点，各种图案蕴含了世界杯的主旨以及每届世界杯的举办理念和文化价值。如 2014 年巴西世界杯会徽的标志，是模仿大力神杯的造型，金杯顶端的金球由三只手掌环绕而成。标志由三种颜色组成，"2014" 的字样颜色为代表激情的红色，主色黄、绿（巴西国旗颜色）代表巴西热情欢迎世界各国参加，三只象征胜利的手掌意味着人类之间的互相交流。会徽中的文字 2014、Brasil、Fifa World Cup 分别代表世界杯的举办时间、举办国家和比赛名称。

二、体育品牌标志的作用

（一）让体育品牌容易识别和记忆

体育品牌标志是体育品牌传播的载体，独有专属的标志符号加上富有创意的图案、文字和色彩等元素，更容易使消费者识别和记住体育品牌。如耐克简洁的"对勾"、彪马的"一只腾空而起的美洲豹"等著名体育品牌标志皆容易识别和记忆。

（二）增强体育品牌联想

体育品牌标志可以通过体育品牌标志的设计增强人们对体育品牌的联想。比如 361°，标志由非常熟悉的数字和角度符号组成，但是人们通常最熟悉的是 360°，那 361°为什么多一度呢，从而引起人们对 361°体育品牌的无限联想。

（三）简洁表达体育品牌身份

体育品牌商标是企业最宝贵的资产。体育品牌的标识可用以区分其体育品牌，简洁地表达体育品牌的身份。体育品牌标志是体育品牌的身份，在世界杯球场周围的广告宣传牌上，众多赞助商将企业体育品牌标志放在上面用于表达自己的身份，宣传自己的体育品牌。

（四）反映体育品牌下各子品牌之间的联系

很多公司实施多品牌策略，旗下创立不同的体育品牌。不同的体育品牌之间有各自的差异性，公司一般通过公司品牌来统领子品牌，各子品牌的同宗性通过标志的使用可以反映。比如，迪卡侬公司的体育品牌迪卡侬（DECATHLON），其旗下趣岳（QUECHUA）、艾腾高（ARTENGO）、动悦适（DOMYOS）等子品牌有各自的品牌名称和标志。子品牌产品不仅印有子品牌的标志，而且在产品合适位置标注其公司迪卡侬 DECATHLON 的商标，充分体现了各子体育品牌之间的关系。

（五）有效塑造体育品牌形象

体育品牌标志承载了体育品牌的形象，当公司战略调整或外部环境改变时，通过体育品牌标志的微调可以重塑公司体育品牌形象。比如，为了适应公司竞争环境的变化以及公司发展战略转向全球市场拓展，李宁公司在2010年对以前的标志进行调整，采用了新的李宁标志和口号。李宁标志的调整有效地传达了公司"突破、进取、创新"的产品文化和战略发展方向。

三、体育品牌标志的设计原则

（一）简单易记原则

体育品牌符号设计应该遵循简单易记、容易识别的原则。体育品牌标志作为体育品牌产品的识别符号，设计一定要简洁鲜明、容易识别和记忆。因为标志设计空间的限制和人们的认知规律，体育品牌设计应着重传达体育品牌最深层的价值内涵。例如奥运会的五环标志和耐克的 swoosh 标志，其设计简单，具有很强的视觉冲击力和联想空间，承载了体育品牌最核心的价值内涵。

（二）合法性原则

体育品牌符号中，体育品牌名称和标志都需要经过法律注册登记才能够受到法律保护。如北京奥运会，作为奥林匹克标志权利人之一，北京奥组委积极依法向国家工商行政管理总局备案各种奥林匹克标志。2006年8月3日，北京奥组委在推出第29届奥林匹克运动会会徽"中国印·舞动的北京"的同时，发布了会徽知识产权保护公告，并将会徽在全球注册，为其主张权利、提起诉讼提供了法律依据。

（三）创意原则

体育品牌符号设计要有创意，选择合适的艺术创造手段和风格，展现体育品牌的体育品牌价值和体育品牌特性，使之与其他体育品牌相区别。体育品牌标志造型要美观大方，具有艺术欣赏价值，设计要考虑色彩、线条、形状、文字的协调性和对比性，使人们赏心悦目，留下深刻印象。例如，CBA新标志的设计相比旧标志更加具有艺术性，新标志创意深刻，挖掘中国文化精髓，借鉴了既具中国识别性又被国际认可的文化——脸谱的构成方式，将其线条走势与篮球纹理创意相结合，使整个标识深具中国文化的内蕴魅力；新标志不同颜色的配比体现了联赛的包容性和凝聚力，有与国际接轨的时代感，显示独特的中国元素。

（四）内涵原则

体育品牌标志设计要具有浓厚的现代气息、强烈的感染力，能够激发人们丰富的联想，引起人们的喜爱和享受。如奥运五环象征着全球五大洲的团结；耐克标志造型象征着希腊胜利女神翅膀的羽毛，代表着速度，同时也代表着动感和轻柔，其形疾如闪电，一看就使人想到使用耐克体育用品后所产生的速度和爆发力。

（五）长期应用原则

体育品牌符号是体育品牌的象征和代表，体育品牌名称、标志、口号甚至角色和音乐，要坚持长期应用推广原则。原因是人们对体育品牌的认知需要长期的重复才能达到熟悉认可的程度。另外，更换体育品牌符号、重塑体育品牌形象需要花费很多的时间、精力和金钱，因此，体育品牌符号设计要以长期性推广应用为原则，要考虑便于体育品牌延伸及体育品牌全球化营销。当然，公司为了适应外部环境变化和公司战略调整需要重塑体育品牌时，改变体育品牌符号是最直接的方法，但是需要非常慎重。

第五节　体育品牌口号

体育品牌口号是能体现体育品牌核心价值理念的宣传用语。体育品牌口号不仅向大众诠释体育品牌的文化，引导消费者对体育品牌核心价值的认同，而且也能够激励员工树立统一的价值理念去努力工作。体育品牌口号表达了企业的诉求，象征着企业或组织的整体战略意图，具有相对的稳定性。当体育品牌遭遇负面影响严重时，很多企业或组织的领导人会首先考虑改变体育品牌口号，以重塑企业体育品牌形象。

一、体育品牌口号界定

体育品牌口号通常用一个短句或词组来表达其诉求。通常体育品牌表达的诉求点有以下三种。

（1）"我是谁?"主要说明的是体育品牌的行业特点。例如，NBA 的口号"我爱这比赛（I love this game）"，CBA 的口号"我的球队，我的 CBA"。

（2）"我能给你什么?"主要指体育品牌给大众带来的价值和利益。例如，NBA 新口号"奇迹在此发生（Where amazing happens）"，主要指 NBA 带给大家梦幻、赏心悦目以及富有传奇色彩的 NBA 比赛。

（3）"我主张什么?"说的是体育品牌所倡导的价值观和人生信念。这种诉求是体育品牌口号中最为常见的表达。例如，卡帕（Kappa）的口号"爱我就跟着我"（He who loves me follows me），耐克的口号"大胆去做"（Just do it），阿迪达斯的口号"没有不可能"（Impossible is nothing），李宁的口号"让改变发生"（Make the change），都是在倡导人人不畏辛苦、努力奋斗、追求梦想的精神。

二、体育品牌口号的特点

（一）简单易记

体育品牌口号用语一般为一个短句或词组，读音清晰，朗朗顺口。一般体育品牌口号可接受的标准是英文 5 个词以内，中文 7 个字以内。享誉全球的体育赛事盛典——奥运会，其口号"更快、更高、更强"（英文："Faster, Higher, Stronger"。拉丁文："Citius, Altius, Fortius"）仅仅 6 个字，作为奥运会的格言流传至今。另外，纵观第 23—30 届夏季奥运会主题口号，也都是对奥运会举办理念的高度概括和集中体现，把奥运会举办理念浓缩为简单有力又容易记忆、富于视觉表现力和感情色彩、能被各种不同文化背景的人广泛接受的一句话或词组。

（二）体现体育品牌的核心价值和精神

体育品牌口号体现体育品牌的核心价值和精神，这是体育品牌口号的最重要价值。企业或组织利用体育品牌口号，传播其体育品牌文化，实现体育品牌产品或服务与大众的沟通。奥运会格言（更快、更高、更强）及数届夏季奥运会的口号都充分体现了奥运会这一竞赛体育品牌的核心价值和精神。奥运会"更高、更快、更强"所倡导的不断进取、永不满足的奋斗精神，不仅表示在竞技运动中要不畏强手，敢于拼搏，敢于胜利，而且鼓励人们在自己的生活和工作中不甘于平庸，要朝气蓬勃，永远进取，超越自我，将自己的潜能发挥到极致。数届夏季奥运会的口号高度概括奥运会举办理念，广泛传播奥运文化，并为奥运会各种文化和视觉设计活动，如场馆建设、文化活动、形象与景观、开闭幕式等，提供创作依据。

（三）独特性

体育品牌口号作为体育品牌符号，一定要区别于其他竞争者，体现出与众不同的差异性。耐克的"Just do it"（大胆去做），作为独特经典的体育品牌口号塑造了耐克强大的体育品牌形象。然而，一些体育品牌的口号设计出现雷同的语句，使体育品牌的形象备受质疑。在体育品牌口号中最受人们调侃的当属李宁体育品牌的"一切皆有可能"（Anything is possible）与阿迪达斯的"没有不可能"（Impossible is nothing）。众多消费者争论谁提出的时间早，谁是"山寨"，甚至发生更有趣的事情。2008年，代言阿迪达斯的波士顿凯尔特人队NBA著名球员加内特，在NBA总决赛夺得总冠军赛后接受记者采访时难以抑制自己的激动，面对镜头连续大喊："Anything is possible! Anything is possible!"。或许"Anything is possible"是加内特内心的真实表达，但是，毕竟体育品牌口号代表着体育品牌的形象，因此这件事情被各媒体竞相报道。

（四）相对稳定性

体育品牌口号代表着企业或组织的核心价值，体现了一段时期内体育品牌的战略规划，口号长时间保持相对稳定才能增强大众对体育品牌的认知，从而树立其体育品牌形象。如果企业或组织随意改变体育品牌口号，就会引起大众体育品牌认知混淆。因此，体育品牌的核心价值没有改变，体育品牌口号不要轻易改变。如果体育品牌的核心价值改变或者体育品牌战略需要调整，则可以通过改变体育品牌口号重塑体育品牌形象。

2007年NBA裁判多纳希涉赌丑闻曝光，使NBA在球迷心目中的形象一落千丈。为了挽回形象，NBA联盟开始战略调整，决定下赛季更换新的宣传口号：Where amazing happens。新口号大致意思是"这里，充满了惊喜""神奇来源于此"。此前NBA宣传口号是"I love this game"（我喜欢这比赛），着眼点在于球迷的感受和反应，强调球迷对比赛的热爱和激情。这次更换新口号，NBA联盟希望球迷更专注于比赛本身，以梦幻、赏心悦目以及富有传奇色彩的NBA比赛吸引球迷，打消NBA赌球案对联盟的负面影响。之后，NBA又风靡全球，事实证明，NBA联盟通过改变体育品牌口号处理那次"赌球"危机是非常成功的。

（五）适用的广泛性

体育品牌口号是企业或组织的核心价值体现，因此要有适用的广泛性，其具体表现为：① 体育品牌口号面向企业或组织内工作人员和大众传播共同的价值取向，体育品牌口号不仅对消费者传播其体育品牌价值和企业或组织理念，而且也用以规范和激励内部员工的思想和行为，共同为实现其体育品牌的价值努力工作；② 体育品牌口号价值内涵要具有强大的包容性，要适合于企业或组织的所有产品或业务范围。企业体育品牌发展到一定程度，需要进行体育品牌延伸以使企业增加规模和效益，并增加体育品牌的资产，这就需要体育品牌口号具有强大的文化包容性。比如耐克的口号"Just do it"（大胆去做），凭借其强大的文化价值内涵，使耐克体育品牌广泛延伸以及营销范围全球化，到现在仍然伴随耐克体育品牌的发展。

三、体育品牌口号与广告宣传用语

体育品牌口号一般是通过广告宣传传播的，所以很多人将体育品牌口号与体育品牌推广时的广告宣传用语相混淆。体育品牌口号一般出现在体育品牌标志附近，凝聚体育品牌的精髓，强调企业或组织的核心价值理念和体育品牌文化内涵，代表企业或组织整体的战略目标和方向，是推广体育品牌长期的用语，并适用于推广企业或组织的所有产品或服务。体育品牌推广时的广告宣传用语一般是针对新推出的体育产品或服务特别制作的宣传用语，其强调体育新产品或服务的性能或特征，是短期用语。耐克公司2013年11月13日推出全新"Just do it"市场活动"跑了就懂"，"Just do it"为耐克的体育品牌口号，而"跑了就懂"则是耐克在中国新一轮体育品牌营销活动的宣传用语，耐克希望通过此市场活动在中国提振业绩。

第六节　体育品牌象征物

体育品牌个性（sport brand characters）又称体育品牌虚拟代言人、体育品牌卡通形象、体育品牌吉祥物或体育品牌象征物，是指采用人物形象或其他生物的形象来作为一种特殊的体育品牌象征符号。体育品牌象征物常常被用来帮助企业或组织向消费者传递体育品牌产品或服务的属性、利益、价值、文化、个性等特征。在体育营销活动中，体育品牌象征物起到了非常重要的作用。各届重要赛事的吉祥物通常是当地土产的动物，或是可以代表当地文化特色的人物形象。无论吉祥物的外貌如何，它们的共同点都是以体育赛事作为主题来显示主办城市的独特地理特征、历史和文化。奥运吉祥物不仅能够传递奥林匹克精神，还能为主办城市宣传它的历史和文化。吉祥物的设计和产生的过程已经成为宣传奥运会的过程，也为奥运会营造了节日气氛。如2008年北京奥运会的吉祥物"福娃"，2014年索契冬奥会的吉祥物"北极熊、野兔、雪豹"，2022年北京冬奥会的吉祥物"冰墩墩"等，都在赛场内外带给观众们无尽的快乐，为赛事增添了无限活力，受到人们的热烈欢迎。

一、体育品牌象征物的作用

（一）便于消费者对体育品牌产生联想

体育品牌象征物通常设计成独特新颖的卡通形象，色彩丰富，充满想象力，很容易给消费者留下深刻印象，进而对体育品牌产生丰富联想。例如，看到北京奥运会的吉祥物"福娃"，我们就想到2008年北京奥运会并产生与之相关的众多联想。

品牌象征物拥有主体性，能够起到传递体育品牌的理念、增加企业或组织无形资产的作用。近年来越来越多的体育企业或组织不仅将卡通吉祥物当作产品来做，而且将它当作一个"体育品牌"来规划与操作，使象征物结合其体育产品或服务，更加灵活地运用在公共营销宣传活动中，充分展现其品牌的特性以及品牌的价值理念。如NBA每支球队都拥有自己的吉祥物，如爵士队的爵士熊、掘金队的洛奇狮、开拓者队的火焰猫等。各支球队以其富有活力的独特形象，体现篮球运动精神，传达当地城市的历史文化

和人文精神。各队吉祥物也是构成 NBA 形象特征的主要成分,成为在民众,特别是在儿童、青少年中推广篮球运动的重要载体。

(二) 便于与消费者沟通

建立体育品牌与消费者的关系是体育品牌建设的目标。体育品牌象征物使体育品牌更像一个人,更便于与消费者沟通,拉近体育品牌与消费者的距离,从而促进体育品牌与消费者关系的建立。1976 年蒙特利尔奥运会象征物是海狸,称为阿米克(Amik);1980 年莫斯科奥运会象征物是熊,称为米莎(Misha);1984 年洛杉矶奥运会象征物是兀鹰,称为山姆(Sam),即美国人的代名词"山姆大叔";1988 年汉城奥运会象征物是虎,称为虎多里(Hodori),"Ho"指的是汉字"虎"的谐音,而"dori"则是韩文里男孩的昵称;1992 年巴塞罗那奥运会象征物第一次使用抽象的卡通造型,是比利牛斯山的牧羊狗形象,称为科比(Cobi),它从一个方向看好像在微笑,换一个角度看又似乎在用鼻子嗅着什么,那小巧可爱的嘴和鼻,那斜视的眼睛,透着一股顽皮相,深受孩子们的喜爱。

(三) 降低广告成本

体育品牌象征物能够有效地降低广告成本。在体育领域,众多的企业或组织都会聘请体育明星代言其体育品牌,但是明星代言也有很大的局限性。请明星代言,费用非常昂贵,而且明星的时间有限,不能有充足的时间出现在任何需要的场合。而体育品牌象征物则是企业或组织单独创建,费用低,经过注册可以成为企业永久的代言;当活动需要时可以随时出现在现场或者广告、包装等需要的地方,不受任何限制。因此,体育品牌象征物可以在体育品牌宣传中大大降低广告成本。

(四) 有效控制体育品牌传播的舆情

1. 体育品牌象征物具有可控性

很多体育品牌在进行宣传时花重金聘请明星代言,但是,明星的言行、生活都具有未知性,而且因为明星的名人身份,其言行举止格外惹人关注,因此,一旦有不合适的表现就容易损害到其所代言的体育品牌形象。而体育品牌象征物是虚构的,不存在于现实社会中,其"言行"都在企业或组织的掌控之中,不会轻易犯错误,因此也不会涉及形象受损的问题。例如,很多人认为 NBA 标志上的篮球控球队员原型是杰里·韦斯特(Jerry West),但对此 NBA 联盟没有公开表态,这充分说明 NBA 联盟对体育品牌象征物特性的深刻理解。如果 NBA 联盟承认 NBA 标志上的篮球控球队员原型是杰里·韦斯特,那 NBA 联盟不但面临需要给予杰里·韦斯特很大一笔广告费用的问题,而且也面临其联盟体育品牌象征物不可控的问题。

2. 体育品牌象征物具有可塑性

体育品牌象征物外观、个性可完全由企业塑造,并可以根据时代的需求不断加以变化。比如圣安东尼奥马刺队吉祥物小野狼可以穿着不同的服装出现在不同的场合,表现特定的个性特点以展示自己球队的形象,吸引观众的目光。

3. 体育品牌象征物具有专属性

在体育品牌代言中，一个明星代言多个体育品牌的情况非常普遍，这样很难将明星和其代言的体育品牌一一对应。而体育品牌象征物具有体育品牌的专属性，体育品牌象征物和体育品牌可以做到对等。例如，看到NBA的火箭熊，球迷们就会想到火箭队；看到五环，观众立马想到奥运会。

二、体育品牌象征物的种类

（一）根据对象划分

根据对象，体育品牌象征物可以划分成卡通形象和真实人物形象两种。卡通形象是艺术化和拟人化的角色形象，具体又可分为卡通人物、卡通动物和卡通植物。卡通人物如北京奥运会的福娃、中超联赛天津泰达俱乐部球队吉祥物哪吒等；卡通动物如北京国安足球俱乐部的吉祥物京狮、广州恒大俱乐部吉祥物广州虎；卡通植物如1982年西班牙世界杯吉祥物橙子纳兰吉托（Naranjito）、1986年墨西哥世界杯吉祥物辣椒皮克（Pique）等。真人形象角色实际上并不是现实中的某个明星，而只是塑造出来的真人形象，如NBA标志上的篮球控球队员的形象。体育品牌的卡通形象能够增加体育品牌的活力、纯真和无限的亲和力，而真实人物形象则更具有生活感和真实感。

（二）根据数量划分

根据体育品牌象征物的数量，体育品牌象征物可划分为单一角色和多个角色。单一角色使体育品牌与角色形成清晰明确的对应关系，因此在体育品牌象征物中最为常见。而多个角色的好处是能更好地诠释体育品牌的特性和意义，如北京奥运会五个福娃的色彩灵感来源于奥运五环，其造型融入了鱼、大熊猫、奥林匹克圣火、藏羚羊和燕子五个形象，蕴含其与海洋、森林、火、大地和天空的联系，其形象设计表现了中国的传统艺术，展现了中国的灿烂文化。而且五个福娃的名字"贝贝""晶晶""欢欢""迎迎"和"妮妮"连在一起，蕴含着北京对世界各国的盛情邀请——北京欢迎您。

第七节 体育品牌故事

一、体育品牌故事的界定

体育品牌故事是指在体育产品或服务发展过程中将其优秀的方面梳理、总结，并形成一种清晰、容易记忆又令人浮想联翩的故事。很多著名体育品牌背后都有一个个魅力无穷的体育品牌故事，每一个充满魅力和吸引力的传奇故事都使体育品牌得到广泛的传播。体育品牌故事通过传奇故事向大众传达体育品牌的背景文化、价值理念以及产品利益诉求点。体育品牌故事以传奇的形式巧妙地把目标受众和体育品牌联系在一起，因此，体育品牌故事与塑造体育品牌形象有着极其紧密的关系，是体育品牌营销的重要沟通工具，通过体育品牌故事传达体育品牌价值，达到体育品牌与目标受众的心理沟通。如今，在互联网的世界里，任何一个品牌的资讯都相对透明，人们娓娓道来的永远不是某个伟大技术功能的诞生，而是这个品牌在那个时期的不朽故事。不管是何种性质的企业，要想塑造企业的品牌就必须有企业的文化，没有企业文化就不足以形成品牌，就不足以形成人们对这个品牌的执着、热爱和痴迷。企业家的一言一行，引领行业的技术创新，设计感爆棚的新品发布，令人惊艳的广告创意，话题十足的事件营销，深刻共鸣的公益行动，忠实用户的品牌演绎，如此种种，都是品牌故事最好的素材。

二、体育品牌故事的种类

（一）体育品牌的历史

体育品牌的历史是指将体育产品创始人的创业历程编辑成故事，通过多种宣传渠道进行传播，其故事蕴含着其体育品牌的文化、价值理念和产品的诉求点。比如奥运会优美动人的神话故事及曲折离奇的传说给人们留下神秘的色彩，通过其故事，我们了解到奥运会古老悠久的文化历史，以及奥运会从单纯的竞技到和平与友谊精神的升华的变迁过程。

（二）体育品牌的发明历程

体育品牌的发明历程是指将产品发明的历程编成传奇故事公布于众，让消费者了解产品发明的神奇经过。例如耐克的比尔·鲍尔曼发明新鞋底的传奇故事：一天早晨，比尔·鲍尔曼正嚼着妻子为他准备的小甜饼时，突然迸发出一个奇思妙想——将液态的橡胶混合物倒进妻子的松饼器内，其后创作成松饼鞋底。不管是褚时健的褚橙故事还是"刘强东寒门出贵子"的故事，我们发现，每个企业或企业家的背后都有一个甚至数个精彩的故事，他们总是用尽各种办法塑造着自己的企业形象，传播着自己的品牌文化。如果连故事都讲不好，如果一家企业没有品牌故事，也就意味着与千万次的"免费传播"擦肩而过。

（三）体育品牌的溯源

每个体育产品的命名、标志等产品要素的设计过程通常是个有趣的故事。美丽的故事可以让消费者深刻认知体育产品的名称、标志等形象要素，从而非常容易地记忆体育品牌形象。例如耐克体育品牌名字和标志由来的传奇故事，任何人了解之后就会难以忘怀。耐克的名字 NIKE 取自胜利女神的名字，在西方人的眼里 NIKE 是很吉利且易读易记的名字，耐克的商标象征着古希腊胜利女神翅膀的羽毛，代表着速度同时也代表着动感和轻柔。另外，在耐克的体育产品命名和标志的传奇故事中，还详细介绍了 NIKE 名字和标志的创作者。NIKE 是因其员工约翰逊（Johson）一场梦境中浮现古希腊胜利女神 Nike 的形象而得名。耐克标志由波特兰州立大学平面设计系学生卡罗琳·戴维森（Carolyn Davidson）设计，她因此获得 35 美元的设计费。后来戴维森继续为耐克做了几年设计，之后就辞职做自由职业者去了。1983 年，耐克邀请戴维森回来参加一次午宴，餐桌上她收到一枚镶有钻石及 swoosh 标志的金戒指、一张证书及数量未知的耐克股票，以表扬她设计 swoosh 标志对耐克的贡献。

（四）体育品牌产品的品质

品牌故事不是说出来的，而是实实在在做出来的。在产品或服务的生产和运营中，企业或组织在生产或服务运作方面每个环节精益求精，对质量和服务标准进行严格控制，留下了很多令人传颂的佳话。例如，28 岁的李宁先生初入商海时，采取"OEM"贴牌方式生产李宁牌运动鞋，但因为缺少经验，第一批鞋做砸了，得知鞋全部不合格的消息之后，他毅然决定将这批产品全部销毁。他拿出了中国运动员顽强不屈的精神，发誓要夺回失地。李宁先生对产品质量管理的态度给员工做出了表率，在消费者眼中也树立起李宁产品绝对信得过的形象。

（五）体育品牌产品的特色

为了生产出有特色的产品和提供令人满意欣喜的体育服务，产品或服务的特色也可作为体育品牌故事进行传播，以吸引大众的注意。2019 年，特步推出首款碳板竞速跑鞋 160X，同年柏林马拉松上，董国建穿着这双鞋跑出了 2 小时 8 分 28 秒的个人最好成绩，赛事排名第七。打造一款适合中国人脚型的专业竞速跑鞋，当这一理念渗透到大众消费群体，带来的便是一场情感与价值的共振。伴随着 160X 系列的升级迭代，越来越多的精英运动员穿着特步跑鞋在马拉松赛场上刷新最好成绩。绝对的产品硬实力加上赛场的凯旋，让特步跑步产品深入跑友群体，特步的跑步故事开始得以更为广泛地传播。在 2023 年的中国马拉松男子百强中，特步品牌的穿着率在所有品牌中排名第一。聚焦单一赛道，在消费群体中构建品牌忠诚度，让消费者"提起跑步就想到特步"的品牌构想逐步成为现实。在时代大势的叙事背景下，吸收融合民族的特色文化、国家的历史底蕴，源源不断地为品牌注入新的精神内涵，这样才能形成动人的民族产品，讲好品牌故事。

（六）体育品牌的维护

在竞争激烈的市场上，产品或服务同质化程度严重，优质的产品或服务成为企业

的重要竞争力。比如欧洲著名体育品牌零售商迪卡侬体育用品公司，通过为客户提供体育用品的使用体验，并且在商场内外建设大面积的体育场地、免费提供技术指导而深受客户的喜爱并赢得口碑。2012年迪卡侬中国总部与国家体育总局合作，以迪卡侬中国商场为依托，建立全民健身志愿服务"迪卡侬"工作站，定期举办全民健身志愿服务活动，热心为群众服务，免费开放迪卡侬所属体育场地。工作站站长和副站长以迪卡侬自有的内外运动场（篮球场、轮滑场、乒乓球场、羽毛球场等）为主要场地，每月规律性策划针对社区居民和迪卡侬会员的体育健身项目，邀请社区居民和迪卡侬会员免费参与，并安排工作站"全民健身志愿者"参与到各个环节，科学指导社区居民和迪卡侬会员参与运动。每个月每个工作站还分别进行2次以上不同类别的全民健身体育活动，如3月份室内健身、7月份水上运动、9月份球类运动等。迪卡侬对中国民众的服务承诺和表现赢得了广大群众的好评，而且无形中获得了政府强有力的支持。迪卡侬凭借对大众的优质服务，在民众和中国政府的心目中树立了良好的企业体育品牌形象。

三、体育品牌故事的作用

（一）体育品牌故事有利于消费者记住体育品牌

体育品牌故事可以通过经典的故事使大众深刻地认知企业或组织的体育品牌。优美动人的体育品牌故事不仅可以在大众脑海中留下深刻、难以忘怀的故事情节，而且使大众非常容易地记住企业的体育品牌名称以及体育品牌的核心产品。

（二）体育品牌故事有利于促进体育品牌和顾客的关系

体育品牌故事赋予体育品牌生机，可以通过生动的故事讲述，消除大众对体育品牌的陌生感和隔阂感，实现体育品牌和大众的情感交流，从而拉近体育品牌和顾客之间的关系。

（三）体育品牌故事有利于传达体育品牌的核心价值

体育品牌故事蕴含着深刻的体育品牌核心价值和理念，通过形象生动、通俗化的语言故事将体育品牌的核心价值和理念传递给消费者。

体育品牌故事可增加体育产品口碑传播的题材，有利于培养和宣传体育品牌文化。世界上很多著名的企业非常注重口碑传播，体育品牌故事可以在不同的时期演绎不同的故事，被人们所津津乐道。这样，体育品牌故事通过口碑传播，潜移默化地培育和宣传企业的体育品牌文化。

第八节 体育品牌音乐

一、体育品牌音乐的定义

体育品牌音乐是指那些用以传递体育品牌内涵的声音效果。体育品牌音乐能够借助声音的力量强化目标受众对体育品牌的联想。随着电视、电脑、广播、网络等媒体的广泛应用和传播,越来越多的企业和组织开始借助设计专属的音乐来促进体育品牌建设。譬如1996年亚特兰大奥运会主题歌曲《登峰造极》,这首歌旋律激昂,是一种简单的民谣风格,因为创作者认为,简单的就是宏大的。演唱者伊斯特梵曾因车祸导致半身瘫痪,"如果我能攀登更高,我要触摸广袤的天空",当她在亿万人面前放歌这首奥运歌曲《登峰造极》时,没人知道她是靠着植入脊椎的两根8英寸钛棒才站起来的!她用自己诠释着奥运精神。奥运会主题曲是文化传承的重要表现,每届奥运会都有不同的主题和口号,主题曲就像奥运会的一道文艺大门,以其音乐的形式向全世界人民展示奥林匹克的核心价值。一首好的主题曲,能够让世界各国人民听到奥林匹克的声音,传递奥林匹克精神的感召力和影响力,将其代代相传。

二、体育品牌音乐的类型

(一)根据来源划分

根据音乐的来源,体育品牌音乐可分为现有音乐和定制音乐。现有音乐是指将已有的音乐用到某个具体的体育品牌上,以增强人们对体育品牌的记忆,其特点是大众比较熟悉,容易引起大众的共鸣。定制音乐是指专门聘请音乐专业人士为某个体育品牌创作音乐,其特点是音乐具有独特性和专属性,音乐内涵能够和体育品牌的核心价值及理念实现高度一致。比如2008年北京奥运会主题曲《我和你》、2011年中国足球超级联赛主题曲《崛起》都属于定制音乐。

(二)根据内容划分

根据音乐的内容划分,体育品牌音乐可分为有歌词和无歌词两种。有歌词的音乐便于大众吟唱传播,无歌词的音乐一般只是作为背景音乐,或者只是短时间作为体育品牌识别的信号。

(三)根据作用划分

根据音乐在体育品牌中的作用,体育品牌音乐可以分为企业或组织主题歌曲、背景

音乐和体育品牌标识音乐三种。如运动会赛场上经常播放的《运动员进行曲》就属于背景音乐。体育品牌标识音乐是专门为体育产品或服务广告宣传创作的音乐，可以使体育产品或服务更有生命力、更有精彩呈现。如马拉松之歌《母亲河畔的奔跑》和《马拉松生命的光华》分别属于重庆马拉松和厦门马拉松赛事的体育品牌标识音乐。

三、体育品牌音乐的作用

音乐可以有效调动大众对体育品牌的情感认识，如奥运主题曲作为奥运会的标志性歌曲，能够起到凝聚全世界人民共同的体育情感的作用。奥运会主题歌是由每届奥运会的主办国或主办地自行创作的，反映主办国、主办地鲜明的人文特色，以及人类追求奥林匹克精神的愿望。奥运会不仅是各国体育健儿展示自己实力和荣耀的舞台，也是全世界体育爱好者享受比赛、团结友爱的盛会。

（一）向大众传递体育的核心价值和内涵

体育品牌音乐蕴含着品牌的核心价值和内涵。通过音乐表达体育品牌内涵是一种非常好的方式。2012年伦敦奥运会主题曲是英国摇滚乐乐队缪斯（Muse）的新单曲《Survival》。在7月27日至8月12日的比赛期间，这首歌会在运动员入场以及奖牌颁发仪式上播放。官方版MV特地剪辑了过往奥运会中的精彩瞬间，展现"更高、更快、更强"的奥运精神。

（二）跨越文化差异

有一种"语言"能让全世界的人都听懂，那就是音乐。音乐是世界通用的语言，不需要任何人的帮助，只要你用心去听就能感受音乐所蕴含的情感。比如，每届奥运会主题曲的歌词及旋律都与该届奥运会的主题相关，以调动大众参与奥运会和展现奥运会举办地的特色和文化，虽然跨越国界和各种语言，但是仍然风靡世界。每一首歌曲都能传递出无穷无尽的力量，体现国际奥林匹克运动中的互相尊重、团结协作、超越自我、追求卓越和自由平等等世界核心价值，并将其广泛传播。

（三）加深大众对体育品牌的认识

体育品牌音乐通过巧妙地重复体育品牌核心价值和特性，加强大众对体育品牌的认识。好的体育品牌音乐能够引发大众传唱，从而实现体育品牌的有效传播。2008年北京奥运会主题曲《我和你》先由中国歌手刘欢演唱中文部分，然后英国歌手莎拉·布莱曼演唱英文部分，再以普通话唱出中文部分，二人最后同唱英文部分作结。歌词比较简单，中英文部分各有42字及33字，该曲无论在旋律还是歌词上都完美地诠释了本届奥运会的主题——向世界展示出国际化、现代化大都市北京，同时将传统乐器与流行音乐相结合，代表中国文化与时尚的结合。通过深情的歌词和动人的旋律，将中国人的自豪和对祖国的热爱展现得淋漓尽致，引起了全世界人民的共鸣，为北京奥运会增添了更多的人气和宣传效果。

（四）增加体育产品感染力

已有研究表明音乐能够影响人的情绪反应。通过精心设计的音乐，让音乐融合体育品牌的价值和理念，能够使大众在倾听音乐的同时强烈地感受到体育品牌的魅力和内涵。如在世界杯或亚冠联赛足球赛场上播放球队的主题曲能够使观众热血沸腾，更加喜爱所支持的球队；能够调动球员的积极性，增加球队和赛场的感染力，使比赛更加精彩。体育的核心价值观是全人类追求和平、友谊和团结的精神力量，很多奥运会主题曲通过肆意的旋律和动人的歌词，传递体育精神，紧密地将全世界人民紧密凝聚在一起。一首好的主题曲，能够将奥林匹克的竞技、友谊、团结、超越等精神表达得淋漓尽致，激发人们的热情和参与度，吸引更多的观众和支持者。

— 第五章 —
体育品牌的创新与拓展

第一节 体育品牌创新

品牌创新是通过有形的标识、过硬的质量、优异的服务、良好的形象使消费者认可并获得心理满足及优越感的整体过程,是企业通过一系列的市场行为在消费者心中创造良好形象及高认知度,并以消费企业产品来获取心理满足的全过程。品牌创新,首先拟定目标市场与消费群体,然后通过导入 CIS(corporate identity system),树立产品包装设计理念,强化产品外部形象设计、品牌性格设计。一个企业的品牌战略推展过程,是针对消费者、竞争者及其产品,给予品牌与众不同的核心竞争力。

一、体育品牌创新内涵

体育品牌是一种(一系列)体育产品或劳务特有的名称、符号、象征、设计及其组合,是一个系统的概念。体育品牌不只是一个商品的外在表现,它更有着自己内在的属性。体育品牌是企业和消费者共同创新的:从体育企业的角度看,体育品牌体现了体育企业的个性,它以某种"核心能力"为内在基础,以价值生产、传播和传递为手段向市场提供某种独特的功能或效用;从消费者的角度看,体育品牌是消费者对这种功能或效用的感知、认同、内化,进而形成对体育企业及其产品的信念,即体育企业的形象和价值,并同体育品牌建立良好的关系,形成消费"忠诚"。同时,体育品牌在接受消费者的检验后,在以后长期的经营中不断改进自己,形成独特的"体育品牌文化"。安利作为大健康产业的头部企业,旗下营养食品品牌纽崔莱始终将自己的企业和产品牢牢定位在"运动"与"健康"形象上。秉承"为您生活添色彩"的企业理念,积极推广"自然的精华,科学的精粹"的产品和"有健康,才有未来"的生活理想,纽崔莱的营养食品总给人阳光健康的品牌印象。纽崔莱曾先后邀请国内外优秀运动员作为品牌形象代言人,诠释纽崔莱"营养+运动=健康"的品牌形象,品牌宣传总是围绕"健康"这个主题来提升纽崔莱的品牌知名度和美誉度。进入 21 世纪以来,经济全球化和跨国经营的进一步发展使全球市场竞争更加激烈，而且全球买方市场的形成使消费者的购买行为更加趋于理性，体育品牌及其"健康"形象已经越来越深地影响着消费者的购买决定。加之高新技术的频繁转让，使"以质取胜"越来越困难，导致市场显现出产品形象差异逐步取代商品本身差异的趋势，企业卖的不仅是差异化的商品，更重要的是差异化的产品理念。

全球市场竞争已不再是过去的产品质量、价格、品种以及售后服务的竞争，而是已经进入了更高层次的品牌制胜时代。从形式上看，品牌是一个名称、符号、象征、设计，或是它们的组合，其目的是使自己的产品或服务有别于竞争者。现代企划大师斯蒂芬·金有过令人深思的一段话："产品是工厂所生产的东西，产品是消费者所购买的东西，产品可以被竞争者模仿，品牌却是独一无二。产品极易过时落伍，成功的品牌却能持久不衰。"青岛啤酒和奥运会在2008年走到了一起，它也因此借助奥运平台进入了体育营销的新轨道。"激情成就梦想"与奥运会蕴含的内涵极度吻合，与2008年北京奥运会提出的"同一个世界，同一个梦想"的口号更是惊人的相似。当奥运会开幕时，全球都将沉浸在欢乐、激情、进取的氛围中，青岛啤酒和奥运会更加完美地融合到一起。市场经济条件下，产品品牌是企业综合素质和形象的集中体现，品牌创新是企业间更高层次的竞争，体育品牌创新作为企业经营战略一个重要的组成部分，愈来愈受到企业经营者的普遍重视。

品牌创新概念有狭义和广义两种。狭义的品牌创新，是指围绕品牌视觉系统、品牌名称、品牌延伸、品牌理念、品牌形象、品牌战略与策略等的创新行为。如为了适应客观环境的改变，2008年，李宁便开始了品牌重塑战略。经过几年时间，在2010年更换了之前的标志，并采用了新的品牌口号"Make the change"（让改变发生），替代了以前的"一切皆有可能"，体现了从敢想到敢为的进化，鼓励每个人敢于求变，敢于突破。更换口号是对消费者的定位调整，也是对自身的调整。李宁的个人号召力对于中年顾客是非常有效的，但是对于00后的青少年而言，李宁的个人品牌影响力并不强烈。从一个强调可能性的口号转变为鼓励变化的口号，旨在吸引新一代消费者并反映其品牌理念的演变。成熟运动品牌的消费者市场，往往具有较年轻化的特征。这些内容即为狭义的品牌创新范畴。广义的品牌创新，是指通过运用新的技术，采用更科学的生产和服务方式，借助新市场的开拓和新型组织形式的引入，新的品牌延伸、新的品牌理念的融入，品牌的重新定位，或者通过新的品牌战略的实施来增强品牌的核心竞争力，以及对品牌内外部资源的控制力，从而达到厚积品牌资产的各种创新行为。品牌创新是塑造一个成长型的、有前景的品牌的最佳途径，也是品牌保持强势的不二法宝。

二、体育品牌的创新原则

品牌的创新并不是一个简单的过程，尤其是体育品牌的创新，只有遵循其自身特殊的规律与原则，才能缔造出强势的体育品牌。

（一）质量原则

质量是产品的生命，也是创造和发展体育品牌的根本保证。企业如果没有高质量的产品，不管其产品理念如何独特，包装宣传如何有效，都不会形成高信誉度的品牌。体育品牌的背后包含着技术、管理、资金、服务等等，但最基础、最根本的还是质量。一个成功的体育品牌，始终是依靠高质量的产品作为支撑。而且从长远看，无论在哪个市场上，唯一经久的价值标准始终是质量本身，质量是产品的根基。只有不断提高质量，才能给苦心经营的体育品牌涂抹上一层亮丽的底色。保持体育品牌的"含金量"，这是体育品牌经营永恒的追求。对于体育品牌的创新来说，强化产品质量，提高体育品牌的内在实力，也是锻造体育品牌的必由之路。体育品牌若没有质量作保证，就毫无生命力可言。品牌和产品的质量是相互依存的关系：产品的质量是品牌创新和拓展的依托，而品牌又是产品质量的升华。体育品牌的基本属性最终要表现为体育产品的各种属性，而体育产品的质量反过来又是体育品牌的物质内容和价值基础。任何富有创意的体育品牌理念都需要一个展示的平台，那就是体育产品的基本属性，也即体育产品所能提供的核心利益，如运动服必须提供"运动时适宜的服装"这一基本效用。国际知名的体育品牌——耐克、阿迪达斯、彪马等，无一不是以其过硬的产品质量称雄市场。建立优质体育品牌的一条重要的原则就是高技术含量。只有技术领先，才能不断地进行产品更新换代，使产品在市场竞争中占据领先地位。在打造体育品牌的过程中，坚持以高技术含量来保持产品质量的原则就需要不断创新来增强其功能利益，引导体育消费，刺激体育消费，创造新的体育市场空间，并保持体育品牌持久的质量优势来实现持续的盈利。戴桥1910年诞生于英国，到1980年首次以"Bridgedale"品牌销售羊毛袜，袜子涉及领域包括徒步旅行、登山、跑步、滑雪等，公司的目标是设计和制造市场上最舒适的袜子。他们采用最新的生产设备、最先进的设计理念开发出将羊毛与人造纤维混纺的技术，即后来的核心技术 WoolFusion，生产出来的袜子被誉为最舒适和耐用的袜子。戴桥在全球40多个国家销售 Bridgedale 牌袜子，现在该户外袜子已成为市场上最值得信赖的户外用品品牌。

总之，要创立和发展体育品牌，就必须坚定不移地坚持质量为本的原则，只有用一流的质量制造体育产品，受众有消费信心，才能形成消费者的体育品牌偏好和体育品牌忠诚，这样体育品牌才会树立起来，并且历久不衰。

（二）个性原则

不同消费者的审美情趣和情感意识以及个性化的知识结构将在消费者的体育品牌选择中起决定性的作用。体育品牌能否满足不同的消费群体的个性化需求，为广大的社会公众所认知，并在目标顾客群心目中将该体育品牌区别于其他体育品牌，这就需要赋予体育品牌一个鲜明的个性，其实这才是真正的体育品牌识别。个性是体育品牌的灵魂。只有具备鲜明个性的体育品牌才能不断为企业创造利润，才能不断提升企业的竞争力。体育品牌个性是一个体育品牌最有价值的东西，它可以超越产品而不易被竞争体育品牌模仿。创新体育品牌就必须要塑造体育品牌个性，一旦形成一个突出、独特的个性，就会形成一个强有力的体育品牌，这应该是体育品牌建设的一个重要原则。体育品牌的打造过程中也必须遵循个性原则，才能区别于其他的体育产品，在竞争日益激烈的体育市场中树立自身品牌的市场地位；也只有将个性化原则贯穿于体育品牌创新过程的始终，才有利于将体育品牌所体现出来的个性特点在消费者心中打下印记。

纵观世界上成功的体育品牌，无一不具有强烈的个性。adidas集团旗下具有年轻活力的"adidas NEO LABEL"品牌，主打年轻时代的生活方式，提供设计感、功能性俱佳且性价比优越的潮流单品及搭配系列。年度主题"清心之旅"旨在鼓励年轻人敞开心怀，踏上探索未知的旅程，投入更广阔的天地，在旅途中感受清新自然的户外风光，结识同龄人，共同探索并分享旅程中的惊喜与快乐。耐克体育品牌个性承载着美国文化中"挑战极限""永远追求进步""勇于面对困难"的精神内涵与价值观。作为耐克品牌资产主体部分的这一核心价值，让消费者明确、清晰地识别并记住耐克产品的利益点与个性，驱动消费者认同、喜欢乃至爱上耐克，并进一步地通过耐克的核心价值同顾客的情感联结，使顾客在情感上产生忠诚。构造和突显体育品牌个性化的核心价值是创新体育品牌的终极追求，体育品牌独具一格的核心价值具有触动消费者内心世界的强大力量，能让消费者在拥有体育产品或享用体育服务时，感受到个性化的体育品牌形象所带来的精神愉悦。更重要的是能引发消费者共鸣，在消费者大脑中刻下深深的烙印，并成为体育品牌对消费者最有感染力和号召力的内涵，这才是建立体育品牌消费忠诚度的关键所在。

（三）服务原则

随着世界经济一体化和国际技术贸易的不断发展，同类产品的质量、款式、技术含量等日趋接近，这就使服务成为体育品牌竞争的一个重要方面。服务是体育品牌竞争的需要，也是体育品牌经营无止境的追求。注重服务就意味着以对消费者高度负责的精神，树立全面的顾客意识，形成以顾客为中心的价值观和以客为尊的体育品牌理念，建立顾客至上的服务体系；不断提高服务质量与水平，使产品的内涵不断丰富和延伸，保持服务质量的稳定性和持久性，保持体育品牌的服务特色，使自己的体育品牌在同类产品的竞争中高出一筹。只有如此，才能在体育品牌竞争中把握主动权和制胜权，使自己经营的体育品牌焕发无穷的魅力，在众多体育品牌中闪烁更璀璨的光芒，赢得较高的体育品牌忠诚度，这也是让自己的体育品牌永具魅力的重要法宝。在体育品牌的营造过程中，高品质的服务是发挥体育品牌效应的关键。优质而完善的服务缩短了体育生产厂商和消费者之间的距离，使双方进行着一对一、面对面的接触和沟通，从而促进体育产品销售，提高体育品牌的知名度；优质完善的服务能减少顾客的错误购买和使用不当，并能及时处理和解决顾客对体育产品的各种问题，因而可以减少顾客的风险和损失，具有维护体育品牌美誉度的作用；优质、完善的服务，如免费送货、维修、培训等，可以增加顾客的利益，提升体育品牌附加值，增加体育品牌吸引力。随着有组织的群众体育运动的不断发展，体育装备要求质量稳定、坚固耐用，而且，对于技术复杂的体育器材和设备，体育生产企业应提供及时的技术指导、培训和维修等上乘的全程服务。服务作为体育产品的延伸，在扩大市场占有率、增加利润、提高体育品牌知名度方面十分有效。另外，优质完善的服务是企业向顾客表达尊重的最好方式，能使消费者获得心理上的极大满足。因此，优质的、全方位的服务是树立体育品牌的有效之路。上乘的服务原则不仅仅局限于售后服务，而应该贯穿于体育品牌创新的全过程。打造体育品牌的每一个环节都要以消费者为中心，从人的潜在需要去考虑。通过不断推出具有创意的服务，细心地满足消费者深层次的需求，不断丰富顾客满意服务的内涵，形成人性化的服务体系，让顾客享受到体育品牌所带来的超值服务。

（四）沟通原则

伴随着市场经济的纵深发展，消费者需求的差异性越来越明显。借助各种沟通渠道，对体育品牌细分市场和目标顾客进行个性与共性的调查，使体育品牌通过个性化的设计、制造、销售和使用在顾客中形成高满意度和高忠诚度，并在诚信、平等、互利的基础上，与顾客进行个性化交流沟通并建立起长期的友好互动关系已经成为体育品牌建设的重要原则。目前很多国际著名体育品牌的跨国公司还通过建立起消费者数据库来识别出忠诚消费者，进而进行有的放矢的沟通，试图用直接营销或国际互联网等先进的媒体缩短与消费者之间的距离。将消费者的背景资料以及意见和问题输进咨询系统，不仅为消费者详细了解公司及其体育品牌提供了便利，也为公司及时了解和掌握消费者的意见、建议和要求提供可能，从而在公司与消费者之间建立了一条有效的沟通途径，加强了消费者的体育品牌忠诚。

在树立体育品牌的过程中，同样需要把握沟通原则，加强与现代消费者的信息沟通与双向交流，适应现代消费者的价值观的变化，将体育品牌与其受众之间的陌生感与距离感降至最低，甚至是消除，以防止体育品牌的老化。通过努力沟通对体育品牌特点诠释得越准确，体育品牌就越成功。体育企业必须综合运用、协调各种不同的传播手段，将统一的传播资讯传达给消费者，使体育品牌个性与消费者产生共鸣，并深入人心。同时还要与新闻媒体、供应商、投资者、债权人、职工、政府及一般公众进行交流，创立鲜明的体育品牌形象，为自身的发展创造一个良好的舆论环境。美国著名的体育品牌"NBA"，每隔两年就会委托专门的咨询公司或是专业的调研公司或媒体进行详细的市场调研。为了确保调查结果的准确性，他们会委托不同的公司收集尽量多的信息。耐克公司设有调查顾问委员会，定期讨论设计、材料、原理等问题，根据人体工程力学理论设计鞋样和结构。为了得到产品最终的检测反馈信息，耐克多年坚持开设专门的零售商店，以便向顾客介绍最新的产品，倾听和征求外行以及同行的意见，同时善于倾听消费者的意见并与之沟通，及时了解市场行情变化，以待进一步研究和开发新产品。

（五）长期原则

在体育品牌创造的过程中，体育品牌知名度的建立需要长期的广告宣传来支持，因为消费者印象的加深是靠长期的累积实现的。即使某种产品或服务已经有了很高的知名度，但随着时间的推移，消费者对该体育品牌的印象也会逐渐减弱。防止体育品牌印象逐渐弱化唯一有效的方法就是进行持续的广告宣传，以保持对消费者持续的刺激。因此，在体育品牌的建立过程中，应该特别注重持续性广告对于体育品牌经营的重要作用。同样，体育品牌的创新也不是一朝一夕的事情，而是一个孜孜以求、锲而不舍的追求过程，要不断坚持才能产生效果。树立知名体育品牌，重在宣传，而且是长期性的体育品牌宣传，这样才能使体育品牌形象在消费者头脑中的位置不断巩固和强化，因此，在体育品牌的创新过程中，长期原则是至关重要的。体育营销也是一个连续性的过程，它需要企业在策划整个营销活动时，要有长远战略的眼光，注重长期的收益效果。体育营销不是简单的电视广告、比赛现场广告，营销的整个过程关系到资金、人力、媒体、社会活动推广等资源的跟进，这些资源的整合效果直接影响到营销传播的成败。可口可乐是利用体育塑造品牌形象最为成功的世界顶级体育品牌，甚至有人笑言可口可乐就是体育的形象代言人——哪里有体育活动，哪里就有可口可乐。可口可乐这一青春、活力、运动的体育品牌形象正是通过持续不断而且是形象统一的广告以及长期以来对各大体育赛事活动的强力赞助，在全世界范围内培养了一批忠实的消费者，而且其人数仍然在不断增长的过程中。无论是运动项目，还是体育赛事或活动，可口可乐始终坚持长期、稳定的赞助和广告活动，不搞短期行为，绝不打一枪换一个地方。例如，可口可乐从1928年赞助奥运会开始，一直延续至今，从未间断过。再以可口可乐的第一赞助运动项目足球为例，可口可乐从1930年举办第1届世界杯足球赛开始就一直是从不间断的热心赞助者。此外，可口可乐还长期赞助各种足球赛。所以，营造强势的体育品牌，始终需要把握长期原则，注重于长期效益，避免短期炒作。

（六）一致原则

通过广告的宣传活动来实现体育品牌的营销目标，是体育品牌建设过程中促使目标顾客认可体育品牌不可或缺的重要环节，它承担着将目标消费者对体育品牌的认知升华到对特定体育品牌忠诚的重要作用。如前所述，将体育品牌的认知度提升到体育品牌的忠诚度是一个漫长的过程，所以在保持体育品牌营销与时俱进以外，更重要的是坚持在不同的时期保持广告宣传的主题一致性的原则。倘若随意更换体育品牌的主题，缺乏统一的体育品牌策略就会使体育品牌形象与概念先后混乱，体育营销活动分散凌乱，缺乏统一的体育品牌主张；更为严重的是，如果企业发送冲突的、不和谐的信息，就会让消费者茫然和无所适从，不利于消费者加深特定体育品牌的印象。倍受全球青少年和体育爱好者所追捧的体育品牌耐克，它的形象代言人不论是超级体育明星乔丹、伍兹，还是生活中再普通不过的群众；无论是 Just do it 的广告活动，还是 Airsport Soccer 的耐克品牌体验，耐克始终坚持其"挑战极限"和"勇敢无畏"的体育品牌主旋律。也正是这始终如一的体育品牌价值，在目标顾客的心目中留下了深刻的品牌烙印，吸引着一代又一代的年轻人不断地购买耐克产品，成为耐克品牌光环下最忠实的消费者。

在体育品牌的创新过程中，以上六条重要原则是相互作用的。针对构筑不同类型体

育品牌的内在特质,既要有所侧重,又要系统综合考虑,形成发挥不同效用的体育品牌战略模式。

三、体育品牌创新要素

(一) 赋予体育品牌个性特点

一个体育品牌,担负的使命是使这种体育产品在与同类产品竞争中独树一帜。体育品牌在众多竞争者中能拥有更大的市场占有率,必须以特殊的、专有的、不同于其他体育品牌的个性去吸引消费者。凡是体育品牌创新和管理成功的企业,都擅长规划并建立与目标顾客群个性相匹配的体育品牌个性,如2002年李宁倡导"一切皆有可能"的运动观念,彻底放弃了以往的体育品牌形象,以"魅力、亲和、时尚"的崭新体育品牌个性出现在大众面前,满足了目标群体个性需求,建立了与消费者之间的联系纽带,赢得消费者广泛注意,使消费者接受并喜爱上了李宁新的体育品牌形象。培育体育品牌,要有情感诉求点,要有高远定位,不仅要表达产品功能,而且能帮助消费者表达自己的情感。纵观中外体育品牌,其生命力都在于打动人心上。心理学研究认为,人对环境性质的认识往往有"成见效应",不加分析地用最初期的印象来判断、推论其品质,呈现出一种成见:如果第一印象好,则所有与此有关的事都好。因此,确立体育品牌的起点要高,标准要高,愿景与诉求必须贴近人的心理需求,其最终目标是塑造体育品牌。管理大师简·杜克认为,检验一个公司是否真正理解品牌,就是看其所树的品牌是否具有人性化特征,是否具有特定的用户群体以及象征物。全球领先的运动型饮料佳得乐(Gatorade),"解口渴,更解体渴"正是佳得乐的个性特点。

(二) 考虑体育品牌的需求潜力

在市场上,从一个产品推出到获得消费者的认同,并逐步建立一定的品牌地位,少不了对一个体育品牌的精心打造。像耐克与篮球运动、阿迪达斯与足球运动,都是细分市场,找准定位,由一点切入,树立专业性后再延伸至其他领域非常成功的例子。耐克从篮球鞋,到慢跑鞋、足球鞋、网球鞋以及多功能鞋等,然后又延伸到运动服装以及所有的专业运动相关产品。而且,耐克公司还善于进行系列化产品的特色化决策,创造附属体育品牌来重新界定体育品牌的利益,带动整条产品线的推广。体育品牌要找到进入市场的切入点,从消费者的角度这个点就是体育品牌优势,从企业的角度这个点就是细分市场空间。运用市场聚集策略,扬长避短,把有限的资源、资金、力量集中到能够形成自身体育品牌优势的领域和目标上来,在形成相对的体育品牌竞争优势之后,要乘势而行,使企业在该目标区域内形成鼎立之态,形成核心竞争力。例如,鸿星尔克主攻跳绳鞋市场,避免将企业资源分散,集中优势于跳绳鞋的研发。还与国民智能科技品牌小度合作,借着全民居家健身的热潮,将线下门店打造成为科技属性拉满的"智能健身房"。让更多消费者感受到了"科技+运动"的魅力所在,在广大体育用品消费者心目中树立了专业跳绳鞋生产企业形象和"黑"科技体育品牌形象。

（三）深化体育品牌拓展能力

体育品牌拓展是借助已有体育品牌的声誉和影响力向市场推出新产品，显然只有当体育品牌具有足够的影响力时，才能保证体育品牌拓展的成功，而体育品牌影响力与新产品开发能力又是建立在企业整体实力基础之上的，因此企业是否具备体育品牌拓展的条件，必须从企业与市场内外两方面对其体育品牌实力进行客观的评估。如果在没有多少品牌知名度和美誉度的情况下不断推出新产品，这些产品就很难获得品牌伞效应，因为这样与新上市体育品牌几乎没有多大区别；如果企业实力薄弱，消费者也很难信服企业具有开发新产品和拓展经营成功的能力。所以，企业及其品牌实力应成为体育品牌拓展决策的起点，即把具体的体育品牌规划放到大众的生活形态中进行整体考虑，而不只是单纯作为一种产品进行设计。这要求企业不宜将消费者单纯地视为某种商品的消费者，而应将其视为人类社会的一个组成部分，企业生产的产品不仅要考虑自己的特性，还要顾及消费者所在层面的生活形态。比如，当一位网球爱好者买了一副网球拍后，他就会想到买什么体育品牌的网球，穿什么样的运动服装去打球，甚至会想到在网球场上应享受到什么样的服务。今天的消费者显然已经是从整体的观念来选择商品的。体育品牌表达产品属性时要有拓展能力，因为固定的产品属性只能产生短期的、易于仿效的体育品牌优势。据统计，新体育品牌的失败率高达 80%，在 2019 年美国开发一个新体育品牌需要 3500 万至 5000 万美元，而体育品牌拓展只需 50 万美元，不失为一条快速占领市场的"绿色通道"。具体而言，就是对消费者的分析不能仅停留在数据分析阶段，必须加强与消费者的共鸣性与互动性；对竞争对手的分析必须有"区隔观念"，即审视自己企业的优劣势，给自己体育品牌赋予独特的内涵。例如，世界著名的泳衣制造商 SPEEDO 公司是一家规模不大但以生产游泳衣见长的公司，签约顶级运动员和游泳队是其一贯的营销策略，它的代言人名单中包括菲尔普斯、哈克特和索普等泳坛巨星，可以称得上是全球最豪华的泳将阵容。LZR Racer 鲨鱼皮系列泳衣是该公司重点推出的单品，身穿鲨鱼皮泳衣的游泳队和运动员在国际大赛中屡屡问鼎冠军，单品正符合了速比涛（speedo）的目标市场定位，让所有人都知道速比涛是泳衣方面最专业、最好的体育品牌，因为速比涛的核心顾客主要是专业泳手、游泳俱乐部会员等。

（四）推进企业文化和情感诉求的融合

体育品牌创新不可能游离于企业与社会之外，体育品牌的延伸自然必须考虑多种因素的制约。就形象力出众的企业而言，消费者对其体育品牌的接受度也相对要高。企业应经常观察社会、市场的变化，以便确立新观念，与时代潮流合拍，在传统与现代的交融中，找到体育品牌新的诉求角度。一个体育品牌生存在社会中，文化背景是不容忽视的，所以还要善于借助文化资产，把握社会变革。"品牌的一半是文化"这已成为商界的共识。体育品牌能让消费者找到自身的利益，并用大众的语言表达出来，譬如帮助一个穿着某体育品牌的人找到"我年轻"或"我运动"的心理感觉；体育品牌要能够让消费者体现个性，帮助消费者找到"我时尚"或"他觉得我时尚"的社会意识；体育品牌要能够让消费者从认识体育品牌到接受体育品牌，再到偏爱体育品牌，最后到忠诚体育品牌。中国有一个社会团体"梦舟俱乐部"是由教练员和演艺界知名人士创立，一直以来坚持强调团结演艺界人士，强调树立演艺界人士的健康形象，强调体育精神，强调为社会慈善、公益事业多做贡献。"梦舟"的宗旨是"团结，积极，爱心"。在2006年德国世界杯期间，身穿Kappa（卡帕）运动服装的梦舟队在每场比赛结束后在中国全国性的电视节目中提供赛后评论，这一策略极大彰显Kappa产品组合的"运动"及"时尚"两项主要元素，取得较好的市场效应。理解体育品牌的内涵，首先要提高认知度。体育品牌要获得消费者认同，必先让自己的员工与合作者认同。如果公司内部对体育品牌的理解不统一，那就谈不上创新和塑造体育品牌，体育品牌发展与拓展也将成为空谈。世界上不少知名企业为了加强员工的认同度，不仅在战略及策略上进行缜密规划，而且还制订许多可操作的规章条例，以便企业内外参照与了解，如精心制作的体育品牌手册会涵盖有关品牌的所有问题，公司的职员若有疑问就可以在手册中找到答案。有些公司则采用定期对员工进行品牌内涵考试的方式，以促进员工转化思想、思维、观念和行为，提升员工的知识、技能、素质和境界。

四、体育品牌创新的步骤

我国在成功地加入世界贸易组织之后，国内体育品牌与世界知名体育品牌之间的竞争将更加趋于白热化，当耐克、阿迪达斯、锐步等国际知名体育用品企业挟资金、技术、管理、体育品牌等优势大举进入中国体育用品市场，通过合资、合作、兼并、收购等各种方式在全国各地逐个竖起国际品牌的旗帜时，我国的体育用品企业才刚刚走出资金困难、技术落后、体制不清、管理滞后的困境，开始经营自己的体育品牌。因此，推进体育品牌建设，从深层次上提高我国体育品牌竞争力，促使我国体育产业迅速由体育产业大国向体育品牌强国发展，以此来应对国际体育品牌的挑战，具有十分重要的现实意义。体育品牌建设是一个系统的工程，一个从战略高度出发，对体育品牌结构的构成环节进行统筹协调和综合考虑的体系。从体育企业增强赢利能力和长远的生存能力出发，体育品牌的建设主要包括体育品牌细分、体育品牌营销和体育品牌渗透巩固三个方面。这三个方面是一个互动循环的过程，在不断的循环中塑造和提高自身的体育品牌价值，使自己的体育品牌最大限度地赢得市场，从而达到加强中国体育品牌的国际竞争能力的发展目标。

（一）了解体育品牌受众的个性需求

在体育市场竞争日益复杂激烈的今天，加强与消费者的沟通是缔造体育品牌的前提。只有通过与产品潜在的消费者的良好沟通，才能完全而充分地了解体育品牌受众的个性化的需求，对体育市场进行正确的细分，实现体育品牌的专业化发展。市场调研是确立体育品牌细分的基础，是企业了解市场和品牌受众并与之充分沟通的必要阶段。众多研究表明，不同年龄、性别、种族、收入、教育程度、婚姻状况的消费群体对体育品牌的购买存在显著差异。通过市场调研，体育企业（组织）就可以了解一定时期内体育品牌消费者的基本情况，如体育运动者和体育爱好者的人口统计数、年龄结构、经济状况、消费偏好、需求变化，以及竞争对手的基本情况，并依据自身的资源能力选择体育品牌的目标市场。还可以利用消费者行为差异和对体育营销策略的差别性反应进行体育营销组合设计，及时制订或是改变体育品牌策略。只有通过市场调研才能正确认识消费者对体育品牌的消费行为，才能正确设计体育品牌个性和体育营销组合策略，提升体育品牌的竞争力。

消费行为受到微观的个人特性和宏观的社会文化双重影响。一方面，体育品牌战略要从社会层面考察消费者对体育的社会态度、认知和价值判断，另一方面要从个体层面考察影响体育品牌消费的人口统计变量以及其他决策变量，然后对上述变量进行综合分析，最终细分出在消费行为上可以相互区别的体育品牌的消费群体，体育品牌个性必须体现和满足特定消费群体的价值认知和价值追求。

在对体育市场进行了深入调查并与消费者进行有效沟通的基础上，对体育市场准确地分层，以顾客为核心精心筛选目标市场是体育品牌创新的基本前提，也是创新体育品牌的过程中一个十分重要的环节。甚至可以说体育品牌创新的成功与否，关键取决于对体育市场细分，因为任何一个体育品牌都不可能为全体消费者服务，消费者有不同类型、不同消费层次、不同消费习惯和偏好。在目前产品云集的情况下，就要细分体育市场空间。可以通过选择不同的运动项目，进行功能化的市场细分，走专业化发展的道路，锁定高中低档不同的消费阶层、不同的区域市场等找准体育品牌的定位，避免盲目的市场行为，及时准确地发现体育市场的发展机会。一方面为体育企业设计、为塑造出自己独特的体育产品或体育品牌提供客观依据；另一方面也为创立具有竞争优势的体育品牌打下坚实的基础。正如全球知名的体育品牌耐克就是专业篮球鞋的代表，而阿迪达斯则是专业足球鞋的代表，很明显二者正是依赖体育运动功能诉求的不同细分目标市场，才在日益白热化的体育品牌竞争中脱颖而出，打造出世界级的体育品牌。

（二）设计体育品牌标志和名称

体育品牌标志和名称的设计是创立体育品牌必不可少的第一道工序。一般来说，体育品牌的设计由一系列的环节构成，包括产品设计、外形包装设计、产品命名等，它体现了一个体育品牌的文化内涵。体育品牌的产品包括核心产品、形式产品和扩展产品。核心产品和形式产品体现了体育品牌的理念，主要强调产品的功能性和差别性，是体育品牌竞争的焦点。而扩展产品强调产品的亲和性，拉近体育品牌和消费者的距离。因此，体育品牌的设计既要从产品的特点出发，又要从消费者的角度考虑，体现出一个换位思考的思想。有资料表明，在人类所获取的信息中，83%以上来自视觉信息，因此体育品牌的外形和包装等设计一定要对消费者产生强烈的视觉冲击，在第一时间给消费者留下深刻的印象。例如，国内著名体育品牌李宁，它的标志就十分明显而且很有代表性：艺术化的大写字母"L"，将产品名称、产品意义、文化内涵恰当地融入图形中，给人以深刻的印象。再如，国际著名的体育品牌耐克生产的篮球气垫鞋，流线型的外形、独特的气垫设计将适用和美观很好地结合在一起，取得了巨大的成功。

图 5-1　始祖鸟商标

始祖鸟（ARC'TERYX）是加拿大的顶级户外体育品牌，和 Mountain Hardware 并称北美市场上最出色的户外服装厂家。ARC'TERYX 的名字和商标图案（见图 5-1）来自人类所知最早的鸟类生物 archaeopteryx，即始祖鸟，图案形象基于 1880 年前后于柏林发现的"HMN1880 柏林标本"，迄今最完整的始祖鸟化石，因此 ARC'TERYX 品牌中文一般称作"始祖鸟"，俗称"鸟""小鸟"或"加拿大鸟"，以区别于另一个使用鸟类图案商标的美国体育品牌 OSPREY，美国鸟。

世界领先的高山运动、登山和户外运动装备生产商猛犸象（MAMMUT）运动用品集团，其产品以可靠的质量和创新的设计领导着世界潮流。MAMMUT 体育品牌（见图 5-2）代表最高的安全性，其产品线几乎覆盖所有户外领域，包括内衣、中间层、冲锋衣、高山靴（可装冰抓）、睡袋、背包、登山绳索、快挂、保险带、头灯和防雪崩设备。

图 5-2　猛犸象商标

图 5-3　狼爪

狼爪（Jack Wolfskin）是德国户外第一体育品牌（见图 5-3），创立于 1981 年，以独特的设计、上乘的品质，享誉欧洲。Jack Wolfskin 相信户外运动是一种乐趣，户外爱好者使用装备时能时刻感到"At Home Outdoors"。2007 年 10 月，Jack Wolfskin 选择性地引进一些产品系列进入中国市场。

（三）刺激体育品牌受众的潜在需求

在与细分市场中目标顾客相互沟通的基础上，创新体育品牌的下一个环节就是要将体育品牌的细分与定位准确有效地传达给体育品牌的消费者，提高他们对体育品牌的认识，并在体育品牌受众的心目中树立起体育品牌的形象，使体育品牌与消费者之间建立起友谊，进而把他们培植成体育品牌的忠实拥护者，完成消费者从体育品牌认知，到接受体育品牌，到体育品牌偏爱，最后到体育品牌忠诚的过程。体育品牌营销与推广是缔造体育品牌的催化剂，只有它发挥作用才能使体育品牌的建设以稳定而强大的市场网络为依托，实现体育品牌的扩展，在消费者心目中形成积极正面的体育品牌联想，提高体育品牌的知名度和美誉度，最后形成消费者对体育品牌的忠诚度。近年来服装行业国潮崛起，需求端消费者更加认可本土品牌。国潮崛起背后的核心是供给端改善，消费者购买决策的前提是理性消费，需要国货产品逐步追赶甚至超过国际品牌。服装细分行业中运动鞋服消费者最注重功能性，近年来本土优质运动品牌产品端研发、设计、营销等方面竞争力不断提升，尤其产品研发方面在跑鞋、篮球鞋等品类不断升级，产品性能相对于国际品牌差距缩小，因此获得消费者认可，收入持续稳定增长。年轻群体正逐渐成为消费市场的中坚力量,他们成长于中国经济崛起的新时代,具有较强的自我意识,民族自信心和认可度较强,对本土品牌接受度较高。90/00后消费群体逐渐步入社会,为本土品牌提供较大的成长空间。年轻群体的需求观念也在改变,更加成熟理性,从以往的冲动消费、超前消费,到如今更看重产品品质。根据中国青年报统计,2021年有约75%的年轻群体在购物时更看重产品品质(见图5-4),近50%的年轻群体冲动消费减少。此外,年轻一代不再盲目崇拜国外品牌,民族自信心更强,国货在满足于其对于质价比需求的同时,也符合其日益增强的爱国情怀和民族自豪感。

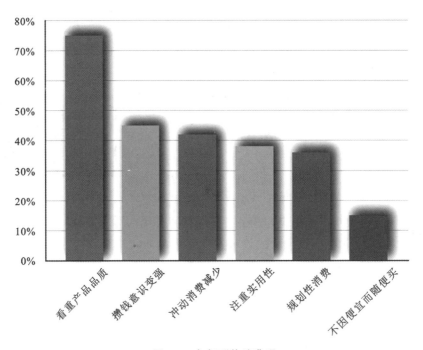

图 5-4 年轻群体消费观

(四)巩固体育品牌受众的消费忠诚

创新是产品永葆青春的源泉,体育产品的竞争能力与其技术的创新能力是成正比的,同时也在很大程度上支撑着企业产品的生命力及其在消费者中的感召力。随着科技发展和技术进步速度的不断加快,一方面加大了创新产品的速度和空间,另一方面也使得产品的生命周期日趋缩短。因此,拥有产品商标的企业只有不断利用最新科技成果进行技术创新,才能给企业增加活力,提高产品的技术含量和附加值,才能不断满足由于人们在消费心理上体现出求新、求奇、求异的特点而经常变化的更高层次的消费需求,避免品牌退化,并巩固其产品的市场地位,在竞争中立于不败之地。创新也是产品认同的重要组成部分。产品创新一方面是指企业针对市场变化,创造新的体育品牌、创造体育品牌新的应用、引进和转让品牌资产来实现品牌的管理活动;另一方面是指企业通过创造出竞争对手所不具备的先进技术和手段,提供比竞争对手更加全面的服务,满足顾客更新、更高的需求,来保持和发展产品的一种全新的经济活动。至于体育品牌，更加需要创新来不断增强其功能利益，保持品牌持久的优势。在体育市场竞争的强力推动下，新的体育产品层出不穷，体育产品的更新期也在相对缩短。一种体育产品只有通过挖掘体育品牌的创新潜力，不断增添新的内涵才能持续吸引消费者，才能延长体育品牌的生命周期。如果不注入新的内容，体育品牌就会在体育市场的竞争中失去优势。

在体育品牌创新细分市场阶段，重要的是进行深入调查，了解体育市场。而在体育品牌维持巩固阶段，重要的则是寻找新的细分市场，避免与同类体育品牌发生正面冲突，并通过不断改良产品质量、性能和创新产品来满足消费者的不同需求。此外，还可以通过具有时代感的外观设计、营销方式推陈出新来吸引消费者，起到引导和示范作用，保持体育品牌活力。耐克和阿迪达斯从一开始就形成了创新产品的传统，创造令人心动的产品，提供实在的功能性利益。先进的技术是每个体育品牌大力传播的有力支持，这不仅为专业运动员创造运动奇迹，而且还创造了体育品牌的领导地位。阿迪达斯拥有超过700项的专利，如世界上第一双冰鞋就诞生在阿迪达斯，其旋入型鞋钉是个非常革命性的概念。后来，阿迪达斯创新的高档体育品牌Equipment（简称EQT，男子精英装备），则是采用了Feet You Wear（天足概念）技术的产品。耐克"飞腾乔丹"绝不是形象上的简单制胜，而是耐克"空气技术"的全面展示。耐克的哲学是更好的技术带来更好的表现。耐克为了应对潜在的强烈市场冲击，更是加快新产品的更新换代步伐。

体育品牌的创新主要集中在开发更精确、更环保、更耐用、新材料，外形设计和功能利益更加人性化等体育用品。创新是品牌的"立身之本"，科技创新尤甚，其在某种程度上决定着品牌的核心竞争力。乔丹体育深谙于此，自2000年创立以来，"创新"一词便围绕企业发展始终，助推其步步逆袭成为行业内不容忽视的领先品牌，深受大众的广泛青睐与一致好评。依托于雄厚的研发实力与坚持不懈的创新精神，乔丹体育现已坐拥乔丹巽-回弹科技、乔丹咻-轻速科技、乔丹垒减震科技、束芯科技等多项自主研发的运动科技专利，具备强劲的核心竞争力。而乔丹体育不仅早已将这些科技应用于产品之上，更会依据使用反馈与受众需求，不断更新核心技术与产品设计，只为带来更优秀的使用感受。例如，乔丹体育推出的新款跑鞋——无境5.0，便实现了"材料＋结构"的双向升级，其搭载乔丹巽LIGHT回弹科技再次进行调校，历经一次次的试验与反馈，跑鞋在支撑、回弹、缓震、轻量等方面的性能表现得以全面提升，帮助使用者收获更优秀的跑步体验。此外，考虑到跑者对舒适性与安全性的严苛需求，乔丹体育无境5.0贴心使用了相关设计，助力跑者能够淋漓享受跑步乐趣。无境5.0帮面使用了轻盈透气的针织材质，再加上中腰拼接的鱼丝网布，有效提升了跑鞋的透气性与穿着舒适性。这样，就算夏季需要户外训练，穿上无境5.0后也不会有明显的不适感受。更有加大的鞋型面衬、多层次廓形、全掌橡胶等设计加持跑鞋的安全性，让跑者踏下的每一步都更为安心。独特设计思路与持续的创新精神促使乔丹体育拿下了多项创新与设计大奖。比如陕西历史博物馆联名系列产品"唐运会"，获得了2021"白玉兰杯"上海设计创新产品大赛最佳设计产品创新奖；"陕西历史博物馆联名套装""跑步发热马甲""可直接填埋降解式运动套装",成为 2022 年度十大类纺织创新产品。这些接连不断的荣誉与奖项,皆已说明乔丹体育的出色之处。

总而言之,对于体育品牌来说,体育品牌创新就是在于发现缝隙市场、开发独特产品和建立体育品牌形象与个性,以满足不断发展变化的消费需求,最终实现巩固体育品牌受众的消费忠诚的经营目标。

五、体育品牌创新的策略

体育品牌是质量、信誉、形象甚至是一种文化的象征,它能给消费者带来更高的满意度和更多的价值,甚至能带给消费者一种高于物质的精神享受。拥有了著名体育品牌,就等于拥有了进入市场的金钥匙。市场竞争已经进入体育品牌竞争时代,而消费者的消费也已经进入体育品牌消费时代。企业一旦拥有了强劲体育品牌,就能在市场竞争中具有强大的竞争优势。然而,体育品牌创新过程是一项复杂而又艰巨的系统工程,除了需要投入大量的人力、物力和财力以外,更需要智慧的谋略和技巧。体育品牌的建设亦是如此。缔造体育品牌虽是一项高难度、高挑战性的大工程,但从世界各大跨国公司如雷贯耳的体育品牌的创立发展实践中,又不难发现体育品牌的创新是有章可循的。

(一) 体育品牌的低成本创新策略

一个体育品牌的竞争优势可以分为两种类型:成本优势和差异化优势。体育用品生产企业可以通过低成本的战略途径来创新自主体育品牌。目前,我国体育经费有限、单一,主要依靠政府拨款,且绝大部分用于竞技体育;群众对体育用品的购买力不高,款式新颖、价廉物美的体育用品颇受青睐。普通收入水平的城市居民和农村居民没有足够的资金用于体育用品和服务的消费,价格依然是一个重要的制约因素,将价廉物美定位在群众体育用品方面具有很大的市场潜力。而且,随着中国农村生活水平的不断提高,农村对体育用品的需求将逐渐凸现起来。所以,对于一些需求弹性较大的大众体育消费用品,如饮料、服装、运动鞋等,它们与日常生活用品具有较大的替代性,生产企业可以考虑消费实用和实惠心理,开发体育品牌。另外,中国拥有较大的劳动力成本优势,为我国体育用品生产企业进军中低档产品市场奠定了基础。因此,生产成本较低、产品定型、技术成熟的体育用品生产企业尤其适用价廉物美的定位,应努力控制生产成本,实施总成本领先战略,采取较低的价格扩大市场占有率,提高体育品牌知名度。

市场经济竞争激烈,广告战、价格战等此起彼伏,要想在市场上占有一席之地,没有足够的市场投入是不行的,营销费用也是水涨船高,很多企业在市场推广中就和目标消费者相同的其他品类的厂家联合起来,共同分担庞大的市场开拓花销。2004 年 5 月,康师傅推出了补充性的运动饮料——康师傅劲跑 X,并声称要投入 1 亿元来推广它。随后康师傅在广州举行的"2004 穗港澳沙滩排球赛",通过拉高晋国际"入伙",解决了运动员损伤用药的部分支出,满足了女性运动员防晒的要求,连参赛者的服装费用也由合作者分担,极大降低了推广成本。康师傅付出的仅仅是在比赛场地两侧分出一小块场

地作为曼秀雷敦摩擦膏和新碧防晒系列的促销台，将高晋国际的标志印在运动员的服装上，把新碧作为"本次大赛指定防晒用品"，在活动现场零星地树几块这两种产品的广告立牌，以及在比赛过程中不断地用广播提醒在场的观众去购买曼秀雷敦摩擦膏和新碧防晒品，可谓划算。

（二）体育品牌的差异化创新策略

成本优势和差异化优势是体育品牌竞争优势的两类来源。体育品牌的建设既然可以以低成本战略途径来实现，同样也可以走差异化战略的途径。体育品牌只有采用独树一帜的差异化竞争策略，才能具有不同于其他体育品牌的个性化竞争优势，才能尽量避免同其他体育品牌的直接、正面的竞争，从而增加体育品牌的竞争力。营造体育品牌的差异化的竞争优势，重点在于用有效的方式树立体育品牌所表现出来的为体育品牌目标消费者所感知的特性、差异化的品牌形象，构筑与体育品牌受众之间独特的情感联系和价值观的共鸣，让消费者清晰地识别情感诉求点并记住体育品牌的利益效用与个性，驱动消费者认同、喜欢乃至爱上一个体育品牌，形成对特定体育品牌的忠诚度。比如可口可乐体育品牌表现出来的是经典、青春、活力和运动的体育品牌个性，以及耐克精心塑造的永远追求进步、挑战极限、勇敢无畏的体育品牌形象，正是这些独具魅力的体育品牌个性使众多消费者趋之若鹜。市场经济发展的历史证明，任何一个体育品牌都不可能为其所属市场的全体顾客服务。当前，消费者的构成越来越具有立体性、复合性、交叉性，受政治、经济、文化等诸多因素的影响，消费者的需求呈现多元化。通过分析找出体育市场不同目标消费层次的差异，讲究市场细分，进行体育品牌的差异化定位，寻找最适合体育产品营销的目标市场，找出市场"缝隙"，才能吸引消费者的注意力，从而占有尽可能大的体育市场份额。

著名的体育品牌耐克在创立之初，面对早在1920年就已创立的老牌体育用品公司阿迪达斯就是采用了差异化的体育品牌定位的策略，从而成就了其体育品牌的霸主地位，造就了世界瞩目的体育品牌。耐克从成立伊始就清楚地认识到阿迪达斯在足球鞋市场中不可撼动的地位，它便从体育市场的另外一个功能细分层次——篮球鞋市场切入，避免了与阿迪达斯正面的直接交锋，为耐克体育品牌的成长和发展赢得了宝贵的时间和空间。从体育市场的细分和差异化的体育品牌定位起步，耐克不断地发展壮大，超越了阿迪达斯，以别具一格的体育品牌个性吸引着更多消费者的忠实购买。

耐克体育品牌的成功说明了差异化的体育品牌创新途径是缔造体育品牌的有效途径之一。唯有明确的体育品牌定位，才会有明确的目标消费层，体育品牌的潜在受众才会感到本产品有别于同类产品的地方。也唯有定位明确的体育品牌，才会形成一定的品位，成为特定层次消费文化品位的象征，从而得到消费者的认可，让顾客得到情感和精神的满足。唯有满足消费者特定的精神需求，才能够形成稳固的体育品牌忠诚。

（三）体育品牌的技术创新策略

随着科技发展和技术进步速度的不断加快，一方面使产品的时间特征日趋明显，经济寿命日趋缩短，今天的体育品牌产品，明天就可能过时；另一方面也使产品的技术含量愈来愈高，加快了技术的研发和转让步伐。科学技术的日新月异已经深深地渗透和影响体育品牌的创新，反过来，企业也可以适时利用技术创新的契机来创新一个新的体育品牌去参与市场竞争，即走所谓的体育品牌技术创新的途径。对于体育品牌的创新来说，这是科学技术飞速发展和体育市场竞争日益激烈的情形之下，给体育品牌经营提出的客观要求。体育品牌的创新需要以新产品引导消费、刺激消费，创造市场，从而奠定体育品牌在市场竞争中占据主动的基础。同时，体育品牌的创新也需要善于发现体育市场细分中消费者尚未满足的需求或者是不断产生的新需求，并迅速将科学技术的创新成果转化为新产品，将其投放到市场，占领市场，打响自身体育品牌的知名度，为缔造一个全新的体育品牌迈出坚实的第一步。如同历届世界杯用球一样，阿迪达斯在技术上取得了很多突破，根据空气动力学原理，阿迪达斯全新研发了"Grip'n'Groove"球面。"Grip'n'Groove"球面在适当的位置嵌入清晰可见的空气动力凹槽（aero grooves），使得球体可以在任何天气条件下始终保持稳定的飞行线。据称这种球面的足球是阿迪达斯有史以来最稳定、最精准的足球。

成功的体育品牌总是注意把握最新的时代和技术特点，牢牢地把握住消费者，设身处地关心他们的需求，不断创新，制造出新的产品，借此造就体育品牌。就拿耐克体育品牌来说，耐克成功的因素固然是多方面的，而产品与技术创新的相伴而行，使耐克在同行业的竞争中抢尽风头。早在其成立之初，就是以创新的制鞋技术，在老牌体育用品公司阿迪达斯独占鳌头的体育市场中占得了一席之地，为耐克体育品牌的成功创新可谓是立下了汗马功劳。1975年，耐克的创始人之一，比尔·鲍尔曼用人造橡胶做鞋底材料，为耐克研制出一种新型运动鞋；同时，大胆地在鞋底加橡胶栓钉。和其他品种运动鞋相比，这种鞋具有良好的弹性和明显的抓地效果，能使专业运动员以更舒适的状态挑战人类极限，发挥运动水平，创造更好的体育成绩，同时也使一般的体育运动爱好者更能享受运动的乐趣。这款运动鞋的开创性结构设计和款式使其深受市场的欢迎，为耐克公司带来了丰厚的利润，更重要的是使耐克体育品牌在全球一举声名大振，为将来成就耐克体育品牌的辉煌并在市场竞争中超越阿迪达斯成为全球著名的第一体育品牌奠定了坚实的基础。

（四）体育品牌的创新时机策略

全球著名体育品牌的成功主要归功于在其品牌发展的全过程中持续不断的创新。市场环境的变化，尤其是消费者喜好的变化，促使品牌必须抓住时机做出反应，只有这样才能不断地适应消费者的心理需求。譬如，在疫情催生的居家健身的大背景下，2022年3月鸿星尔克推出了一款直击消费者跳绳的痛点的高弹跳绳鞋。希望通过全民健身和居家健身热潮将此前累积的声量转化为产品势能，以此实现对不同圈层、不同运动需求的消费者的精准覆盖，助力品牌在内卷严重的运动行业中站得更稳、走得更远。

1. 品牌初创期

每个品牌必须由这个时期开始，此时品牌传播由零开始，这时的品牌创新强调的是创造出不同于竞争对手的鲜明的个性化品牌。品牌个性是界定品牌的重要因素。此时，应用战略的眼光将创意放入整个市场中去，理智地看待市场和竞争，依靠细致的分析找到准确的出击点，寻求不同于竞争对手的立足点，同时发扬自己所具备的独特的优势，实事求是，量力而行。在品牌初创时期，传播中的创意取向应从产品的优势入手，挑选出市场空当，不惜精力细致地通过相应媒体策略做介绍性工作，以求到消费者的认同，并区别于其他竞争对手。也就是说，品牌在这一个状态时的创意，首要的是对产品、市场、消费者要有明确的定位，整体上运用各种有效的手段和方法：一是快速提升品牌的知名度，力争在较短的时间和目标区域内，将广告信息送达品牌目标群；二是要快速提高品牌认知度，并适当建立和引导联想。

2. 品牌的成长期

品牌的成长也是分阶段的，应根据实际发展阶段状况有计划地进行科学的审核，确立每个环节的创新策略，从一个整体的角度上创新品牌，推动这个品牌的提升。步步跟进才能够平衡发展。在品牌成长阶段，创新策略应从进一步提升品牌知名度、加强品质认知、逐步完整明晰品牌联想上下功夫，并从整体上进行把握，平衡区域市场之间的认识差别，谋求扩大重复购买消费人群，加强与消费者的当面沟通，检视各项方案及品牌状态，不断做出调整，灵活运用创新策略推动品牌更好更快地发展。

3. 品牌的成熟期

到了这一时期的品牌已容不得半点歇息，因为它正处于一个历史的分界线上，稍微放松就会前功尽弃，加把劲就会柳暗花明，成为同行业的佼佼者。成熟期的品牌创新应在不失原有风格的基础上进行大胆突破，体现其气势，展现其实力，瞄准其既定品牌目标，坚定地走下去。当然，创新策略也要注意整体统一，否则，稍不注意就会对品牌造成不良的影响，对品牌发展不利。要在不断探索的过程中，分析品牌在消费者心目中的地位及其存在的问题，进而调整创新策略。在品牌的成熟期，产品的改进和更新必不可少，创新策略也应随之做相应调整，巩固消费者的品牌忠诚度，让越来越多的消费者认同品牌，从根本上认同购买和再购买的理由，甚至形成先导意识或习惯，创造生成转移成本及转移惰性。一个品牌有生长、壮大、成熟的过程，但完全不同于产品的生命周期，原因在于，品牌的生命与产品的生命并非完全合二为一的。品牌可以持续提升与发展，产品却必须不断地更新和改进乃至死亡。当原有产品因为不合时宜而被新的产品所代替时，品牌却可以延续。

品牌的长久不衰也依赖于其下一个产品或几个产品的良好销售，好的产品对品牌建设提供强有力的支持。如果产品不好，品牌就成了无处可依的空壳。产品可以更迭交替，而品牌则是永恒的，这个创新过程的持久效应也是品牌的意义、目的、内容和特点。品牌创新的目的最终在于使消费者形成对品牌的忠诚度，产生重复购买，从而使品牌得以长生不老，为企业带来持续不断的销售和利润。借助大数据和互联网在各行业的快速渗透作用，品牌可顺势运营，数字化、网络化的智能产品层出不穷，在此过程中，消费者的参与程度大幅提升。以用户和产品为中心，推动效率提升、渠道创新和服务创新应成为推动品牌创新升级的核心动力所在。

第二节　体育品牌老化

一、体育品牌的老化

何谓品牌老化？由于某种原因，品牌在市场竞争中的知名度、美誉度下降以及品牌销售量、市场占有率和覆盖率降低等，这些品牌"受冷落"的现象，称为品牌老化。品牌是一个企业商品和服务的个性，是用来和其他商品或服务区别的标志，是企业产品质量和企业信誉的保证书。品牌发展的高级阶段是强势品牌，它具有高知名度、高美誉度和很强的市场号召力，这些特性是由企业的产品质量、管理水平、技术水准和营销策略等多种因素合力打造的，同时这些特性也是巩固品牌地位、推动品牌进一步提升的不可或缺的力量。逆水行舟，不进则退，如果这些因素的某个环节出现重大差错或缺陷，就会使品牌止步不前，黯然失色，甚至导致品牌崩溃。品牌老化现象非常普遍，即使世界顶级品牌也要不断抗老防衰。在当今知识经济高速发展的信息社会里，像可口可乐、麦当劳等国际名牌也加快了新产品开发的步伐，并且大力引进信息技术，提高管理效率，不断提高企业的竞争力，使企业永远保持旺盛的生命力。品牌老化不仅使企业自身效益滑坡，而且影响国家整体经济实力的提高，这是关系到中华民族崛起、强盛的大事，应该引起高度重视。

二、体育品牌老化的原因

品牌老化的原因多种多样：既有宏观方面的原因，又有微观方面的原因；既有主观原因，又有客观原因。这里根据它们的来源从内外两方面加以分析。

（一）内因

1. 企业经营管理落后

我国市场经济体制建立的时间不长，现代企业制度还没有真正建立，企业经营机制不灵活，效率低下，因而不能完全适应市场经济背景下的经营环境。不少企业的管理还停留在商品经营甚至产品经营阶段，难以从市场的角度、企业发展战略的高度来确定企业的发展目标。企业品牌管理还处于初级阶段，在品牌营运方面，莽撞蛮干、缺乏现代品牌理念的指导，导致品牌受伤老化的现象屡见不鲜。在这样的背景下，体育企业凭暂时的冲劲，也许能创立自己的牌子，但创业容易，守业难；创品牌容易，保品牌难，提升品牌更难。没有一套科学、系统的企业管理方法，创出来的品牌也不会长久。

2. 品牌缺乏创新

品牌陈旧老化主要体现在产品质量和性能上。创新是品牌的灵魂，质量影响着品牌

产品的生命,影响着品牌的竞争力。由于缺乏创新,产品的质量和性能下降,损害品牌的情形很多。品牌形成以后,企业过于注重生产规模的扩大,忽视了产品创新或者产品创新跟不上市场变化的步伐,与此同时,竞争者的新产品不断出现并且其质量在竞争中相对提高,这使得企业产品相对显得陈旧老化,品牌缺乏活力,在竞争中逐渐失去优势。

在品牌创立阶段,企业一般很注重产品的质量。当品牌迅速扩张并取得一定的市场地位以后,企业对产品的质量要求开始放松。同时,随着企业规模的扩大,不可避免地显现出"大企业病"的症状:机构臃肿,管理漏洞百出,导致产品质量下降。

3. 营销策略不当

许多曾经响当当的品牌在市场竞争中显出疲态,消费者逐渐对它们失去兴趣。造成这种局面的原因,除了产品质量下降、名气不大外,还有企业缺乏现代营销观念、营销策略不当。营销力是品牌形象的核心竞争力之一,名牌产品若没有强大营销力的支撑,就会在市场中失去光芒。中国品牌营销的最大问题是分散,表现为品牌营销的短视和投机行为。企业在塑造品牌时,往往急于扩大产品的知名度,要么在广告投入方面不遗余力,要么通过降价促销,扩大销量,殊不知,这种单一的行销行为的效果不会长久。做广告,简单、见效快,但在提高品牌知名度的同时,品牌的美誉度没有跟上来,品牌的根基不稳而且广告的号召力呈下降的趋势。在短缺的经济时代,消费市场不成熟,消费者缺乏理性,容易受到广告和促销的诱导,再加上中国消费人群的基数大,这些为商家单纯依靠广告和不务实的品牌投机提供了温床。随着中国经济的日益成熟,市场步入正轨,消费趋于理性,品牌投机必定失去往日的威风,依靠投机炒作所形成的品牌泡沫会很快破灭。降价销售可以暂时提高销售,但会给品牌带来负面影响,致使品牌贬值。随着生活水平的提高,产品品质的完美始终是消费者选择品牌的终极目标。品牌市场竞争是企业整体实力的竞争,企业只有制订科学、系统的营销计划,协调各个职能部门的行为,整合营销的各个因素,形成一致面向市场的合力,才能为消费者提供优质的产品和服务。并且,与消费者进行真诚的沟通,使品牌得到他们的认同,获得他们的好感,从而建立较高的美誉度,获得消费者对品牌的忠诚度,如此才能防止品牌早衰。

4. 企业家素质有待提升

众所周知,企业家对名牌的发展很重要。世界上有很多知名品牌是和著名的企业家相联系的。在品牌的发展过程中,企业家无疑是最重要的角色。但目前,中国企业家的素质参差不齐,一些企业家自身素质不高,在市场经济发展初期还能应付,但在市场运作日益规范、国际竞争加剧后,这些企业家就显得力不从心,这不利于品牌的塑造。

(二) 外因

1. 科技进步和社会发展要淘汰旧产品

科学技术是第一生产力。科学技术物化为劳动工具和劳动产品,成为推动社会发展的重要力量。随着科技进步和社会的不断发展,原有产品的技术含金量会大为贬值。同时,伴随着经济的日益繁荣和人民生活水平的提高,消费观念的变化也加快了。相应

地，一些品牌黯然失色，显得陈旧，逐渐被消费者淡忘，甚至被迫退出市场。随着科技革命的加快，产品市场周期有缩短的趋势。

2. 激烈的市场环境和不正当竞争使品牌未老先衰

随着我国经济形态从卖方市场变为买方市场以及中国加入WTO，市场竞争更加激烈，产品的差异性逐渐缩小，可替代性增强。一种新产品刚刚问世，马上会出现类似的产品，因而要想成为市场竞争中的佼佼者实在不易。国际品牌在中国市场的抢滩登陆更激化了这种竞争态势。国际品牌无论是在资金、技术和管理等方面都具有国内品牌无法比拟的优势，在与国产产品竞争中显然占上风。在存在国产品牌和外资品牌的双重竞争的压力下，品牌自由生长的空间被空前挤压，导致容易早衰。经过多年市场整顿和法制建设，虽然市场秩序日益走向成熟和有序，但市场管理不规范和不正当竞争现象仍然大量存在，这不仅威胁品牌的生存环境，而且对品牌的生机构成重创。

1) 假冒伪劣产品的冲击

尽管中国入世以来，加大了对假冒名牌的打击力度，仿货、假冒伪劣名牌产品仍不时冲击市场。大量的假冒产品既严重干扰了企业正常的经营活动，也严重扰乱了社会主义市场经济秩序。它侵害了名牌商标形象，使消费者真假难辨，对真正的名牌也望而生畏。甚至有些名牌产品就这样被挤出了市场，使企业面临停产，甚至陷入破产的窘境。

2) 同行业竞争不规范

同行业企业间竞争行为不规范，恶意竞争，相互诋毁，损害名牌形象。如降价大战，很多体育品牌企业都不顾一切地卷了进去，无限度的降价虽然使销售额上升，但是利润普遍下降，各方利益都受损，形象也大打折扣。价格大战的确能让消费者得到实惠，但也有少数商家"浑水摸鱼"，采用"假打折"等伎俩。久而久之，这样的降价竞争会让商家失去消费者的信任，从而失去市场。

3) 地方保护主义的干预

狭隘的地方保护是妨碍品牌发展的阻力，这已经为实践所证明。在我国，有些地方为保护地方利益，制定了种种政策，对本地的产品大加推荐，进入市场不受限制，而对外地的名牌产品则百般刁难，不准进入本地市场。这种画地为牢的行为，不利于交流，与品牌本身的发展规律也格格不入。本地产品企图通过保护来达到占领市场的目的，最终是大浪淘沙，注定要落伍。

三、品牌老化的防范措施

品牌老化对企业的危害是很大的，因为重振和提升老化的品牌，企业要付出很大的成本，并且会非常吃力。建立品牌老化的预警机制，可以随时掌握品牌的成长和营运状况，及时发现品牌老化的苗头，并且采取相应的对策，扭转品牌老化的势头。对品牌老化的监控有以下几种方法。

（一）市场营销的监控

品牌的根基是产品，品牌老化的许多迹象可以从产品中显现出来。市场营销旨在满足消费者的需要，实现企业目标的商务活动过程，其实质是通过商品交换实现企业效益的最大化。市场营销过程以商品流通过程为中心，对产品营销过程的重要环节进行监测，可以掌握商品的总体情况，从而把握品牌的运行状况。

1. 销售额分析

销售额是判断产品处于生命周期哪一阶段的重要参考指标。对产品年度间销售额的比较，可以看出产品销售的变动，从而了解产品的市场行情。如果产品销售额呈下降趋势，就应该引起高度警觉，企业应认真分析原因，搞清楚销售额下降是暂时的现象，还是背后有深层的原因。一定要追根求源，要求相关部门立即整改，防微杜渐，避免影响品牌的稳固地位。

2. 市场占有率分析

单纯的销售额并不能完全说明产品的市场地位状况。产品销售额上升，企业的经营不一定成功，因为这可能是一个正在迅速成长的市场。只有企业的市场占有率上升时，才能说明它的竞争力在上升，才能说明企业品牌处于良好的发展阶段。市场占有率分析有三种指标。一是总体市场占有率，用本企业产品销售额占全行业同类产品销售额中所占比例表示。这一指标能体现企业产品在全行业中的地位。二是有限地区市场占有率，是指企业产品在某一地区域内的销售额占同类产品在该地区市场销售额的比例。这一指标对大多数仅在局部地区市场上从事经营活动的企业十分有用，也是衡量企业在局部地区市场上取得成功的尺度。毕竟大多数企业，总是努力先在局部地区市场上取得大的占有率，再进入新的地区市场。三是相对市场占有率，即企业的市场占有率与行业内领先的竞争对手的市场占有率进行比较。如果相对市场占有率不断下降，表示本企业正不断远离领先的竞争对手。

3. 销售额/营销费用比分析

销售额的大小和市场占有率的高低，只是判断企业效益的一个方面，还需要把市场营销费用和销售额进行对比分析，得出市场营销的实际效益。如果两者的比率总是在一定的合理范围内波动，说明是正常的。

4. 顾客态度跟踪

顾客态度跟踪主要包括顾客投诉和建议制度、典型用户调查、定期用户随机调查。这三种方式主要以财务和量化分析为特征。为了更真实、形象地了解产品在市场上的状况，企业还要建立跟踪顾客、中间商、市场营销有关人员态度的制度。通过设置意见簿、建议卡等，企业记录分析和答复来自顾客的信函和口头抱怨，以此来了解产品、服务在顾客心目中的地位及其存在的问题，以便及时改进和提高。典型用户调查是由那些同意定期通过电话和信函向企业反映他们的意见和建议的顾客，组成典型用户小组，这类用户反映的意见比前期投诉系统反馈的意见更完整、更全面。定期用户随机调查是定期通过随机抽样了解顾客对企业服务质量满意程度的调查，以评价公司工作人员的服务态度和质量等。三种方式直接面向市场终端，是市场对产品和品牌最直接的反映。深入了解顾客的意见和需求是监测品牌竞争力和生命力的重要手段。

（二）品牌价值的监控

品牌资产是一种无形资产，是企业资产的重要组成部分。品牌资产是企业营销业绩的主要衡量指标，品牌资产的大小是综合营销的结果。通过对品牌资产的评估，可以给企业品牌营运以警示，鞭策企业品牌营运活动，为企业科学化、规范化决策提供依据。品牌评估的是企业和产品。品牌价值是品牌拥有市场占有能力、市场份额、消费者群体等的表征。品牌价值评估虽然不是十分精确的品牌价值认定，但能充分反映品牌的竞争力，如品牌拓展市场的能力、超值创利的能力、决定品牌强度的生存力和品牌的辐射力等。适时对品牌价值进行评估，可以了解企业品牌在品牌排行榜上的地位和变动情况，从而可能及时发现品牌老化的迹象。

（三）建立品牌监测信息系统和品牌研究机构

很多企业注意树立品牌老化的危机意识，但是没有建立在危机意识基础上可供操作的机制。建立高度灵敏的品牌监测信息系统，可以及时收集相关信息并加以分析处理，根据捕捉到的品牌老化征兆，制订对策，把老化危机隐患消灭在萌芽之中。品牌监测信息系统要内通外达，便于对外交流，适于内部沟通。其信息内容要突出、准确、全面和真实，信息的传递速度要快捷。

品牌研究机构可以作为一个品牌综合研究部门，它关注品牌，研究品牌，密切注视品牌营运状况，规避产品老化的可能。如361°坚持"专业化、年轻化、国际化"的品牌定位，用品牌和产品价值链接用户需求，在为消费者提供优质运动产品的同时，围绕跑步、篮球、运动潮流等核心品类持续深耕，以创新驱动产品升级，点燃了大众运动热情。2021年签约国际篮球巨星斯宾瑟·丁威迪，再次加码篮球市场，并为阿隆·戈登、可兰白克·马坎、徐灿、李子成等运动员提供专业运动装备。同时发力运动潮流市场，先后签约龚俊、王安宇等娱乐明星，以"我是东方未来"的品牌态度对话年轻族群，持续推动品牌升级。除此之外，361°积极把握新兴消费趋势，持续探索IP营销新玩法，先后与高达、百事、三体、KAKAO FRIENDS及FATKO等知名IP进行合作。这种可行的策略是通过收集各种信息和资料，经过科学的分析，找出品牌有可能老化的症结，采取行之有效的策略。

品牌研究机构和品牌监测信息系统要紧密联系，互相配合，及时分析形成结论上报给主管领导，以便企业及时采取对策。

第三节　体育品牌的拓展

品牌拓展是指将某一著名品牌或某一具有市场影响力的成功品牌使用到与成名产品或原产品完全不同的产品上，凭借现有品牌产生的辐射力事半功倍地形成系列名牌产品的一种名牌创立策略，有人形象地将其称为"搭乘名牌列车"策略。

在激烈的体育市场竞争中，一方面体育企业必须不断推出新产品，赢得竞争优势；另一方面，还要不断提升体育品牌资产的价值。体育品牌拓展可以促使两者完美结合，品牌拓展策略也越来越被全球品牌企业重视，甚至成为发展战略的核心之一。正如艾·里斯指出："若是撰写美国过去十年的营销史，最具有意义的趋势就是拓展品牌线。"当一个品牌不断地维持了几年，曾经再好的销售创意也会变得让消费者腻烦。成功的公司很可能会制造各种事件变成头条新闻，重新定位品牌，并会积极扩充该品牌的内涵。体育品牌拓展是大势所趋，越来越多的体育企业需要拓宽市场，也不断有其他类型企业希望通过品牌拓展进入体育市场。不论是哪一种，都必须依靠利用现有品牌，而不是开创新品牌。耐克公司出品的运动手表和运动随身听都属于品牌拓展的范畴。如何利用已有体育品牌的市场影响力，通过品牌拓展推广新的产品，已成为我国体育用品制造企业亟待解决的问题。体育企业采取品牌拓展策略，通过体育品牌在产品或服务上的扩张使产品放大、强势和增值，实现以产品或服务创体育品牌、以体育品牌促产品或服务的良性循环。例如：耐克运动鞋类有慢跑鞋、篮球鞋、足球鞋、网球鞋以及多功能鞋等，然后又拓展到运动服装以及所有的专业运动相关产品；耐克公司还善于系列化产品的特色化决策，创造附属品牌来重新界定其品牌的利益，带动整条产品线的推广。

一、体育品牌拓展的原因

沿着经济学视角来看，品牌资源稀缺，只有根据内外部情况合理地实施品牌资源配置，才能充分发挥品牌的资源效用。品牌作为体育企业一种重要的无形资源，应该发挥它的最大经济效益。体育企业或者其特定款式、特定功能的产品成为品牌，意味着企业品牌资源的迅速增加，但是当企业资源中的有形要素与无形要素之间的比例被打破，总有一些体育品牌资源被闲置。而体育品牌拓展可以增加企业的有形资源，允分利用体育品牌资源，促进体育企业的可持续发展。从行为科学的角度来看，消费者往往对熟悉的体育品牌情有独钟，对陌生的体育品牌则持有戒备和观望的态度。品牌拓展可以为新的体育产品上市扫清消费者心理上的障碍，使新产品迅速打开局面。品牌拓展是体育企业发展的重要手段。具体来说，体育品牌拓展的原因如下。

（一）体育品牌拓展有消费者的消费心理基础

从消费者行为学的角度来看，品牌拓展符合消费者的消费心理。消费者接受和使用某个品牌的产品或服务，如果获得满意的效果，就会对这种品牌形成良好的印象，会形成一种品牌的"晕轮效应"，从而影响其消费行为，接受这种品牌的其他产品。在2007年的时候，时尚奢侈品牌香奈儿（CHANEL）推出过网球拍，上面还镶有闪闪发亮的山茶花装饰。而到了2012年CHANEL春夏运动系列，为迎合伦敦奥运会，将经典的双C logo加入网球拍、乒乓球拍，还推出了全黑设计的桌球杆并配皮革收藏套以及专为网球收纳而设计的迷你网球包。这些产品销量都很好，很受消费者欢迎。

(二)体育品牌拓展是企业综合实力推动的结果

要提高体育企业的综合实力,必须形成规模优势。一般来说,企业规模优势可以通过自身积累、负债经营和资本运营等途径来实现。在企业生产经营初期,规模相对较小,利润水平较低,利润积累需要的时间较长,很难依靠自身积累来实现;在企业发展到一定阶段,积累了一定资金、技术、人才等优势,为资本运营尤其是品牌运营提供一定基础。在企业实力推动下,企业主动利用品牌进行拓展,如扩大产品线、控制上游企业或向下游发展等,以充分利用企业的资源。

(三)品牌拓展是产品生命周期的结果

如果产品步入成熟期或衰退期,企业就要考虑如何推出新产品或者进入新的领域。同时,随着科技的发展和信息全球化的到来,产品生命周期变短,企业面临的品牌培育风险大大增加,很可能品牌刚刚树立产品就进入了衰退期。品牌拓展可以解决这个问题。2012年,李宁、安踏、361°、匹克、特步、中国动向六大赴港上市的本土体育品牌业绩一片惨淡。安踏上市五年以来业绩首次下滑,净利下滑21.5%至13.58亿元;一直以稳健经营著称的361°,净利也下滑约40%;匹克净利下滑幅度则高达60.1%,至3.1亿元。困则思变,在严峻的市场环境面前,体育运动品牌开始另辟蹊径,期待能够实现"弯道超车",在惨淡的市场当中寻找到另外一条出路。于是,以户外运动为品牌拓展主题成为很多体育运动品牌的首选自救途径。2012年10月底,国内运动产品巨头李宁开设了第一家户外用品旗舰店——李宁探索。这个隶属于李宁集团的业务模块就是专门经营户外用品的,包括户外服装、户外鞋、户外配件等产品。而在此之前,全球运动巨头阿迪达斯也瞄准了户外用品这一市场,还专门成立了户外用品部门。全球第三大运动品牌彪马认准户外运动用品市场极具潜力,2013年将重心放在户外运动产品上。

(四)品牌拓展是规避经营风险的需要

企业在经营过程中会遇到各种风险,尤其是专业化经营的企业,经营业务的失败可能会影响整个企业的发展,所以很多企业往往采取品牌拓展的策路,进行多元化经营,以规避经营风险。在一些国家,品牌拓展甚至成为企业发展战略的核心之一。如果新的产品冠以消费者熟知的老品牌,可以诱导消费者将其对老产品的好感转移到新的产品上,产生爱屋及乌的效果。耐克公司为了占领世界市场,利用耐克品牌丰富的资源,根据不同国家的国情与民族习俗,量身定做一些特殊的鞋型。在拉丁美洲,许多人是在沙滩上或岩石路上而不是草地球场上享受足球带来的快乐,于是,耐克公司就为他们专门设计了更加耐磨的产品;为了占领女性市场,耐克公司推出了女性运动专用鞋。所以,可利用老品牌的美誉度和知名度,利用消费者对老品牌的信任和忠诚心理,推广新的体育用品,占领新的市场,提高新体育用品开发上市的速度和成功率,有效降低新体育用品的市场风险。

（五）品牌拓展有利于品牌保护

品牌拓展能够提高整个品牌家族的投资效应，即当一个品牌整体的有效投资达到一定经济规模时，则每个产品线都会从整体的投资经济中受益，从而提高品牌家族的经济效益。当一种品牌只包含一种产品时，品牌越成功、越强大，越有可能形成以品牌名称取代产品类别名称的趋势，这是品牌名称的死亡陷阱。因为一旦品牌名称变成产品类别名称，就不再具有保护性，任何人都可以用它来作为产品的通用名称，而这必将导致品牌原先具有的市场竞争力减弱甚至消亡。品牌拓展能使消费者认识到品牌与产品的联系与区别，充分发挥品牌的强势作用，并保护品牌不被竞争者利用或钻空子。

二、体育品牌拓展的主要策略

由于不同企业所处的市场环境和产品现状各不相同，企业品牌资源和总体品牌发展策略思路各存差异，这样就使得企业能够选择多元化的品牌拓展策略。

（一）同行业与跨行业体育品牌拓展策略

根据主品牌所涵盖商品是否处于同一行业来看，体育品牌拓展策略可分为同行业体育品牌拓展策略与跨行业体育品牌拓展策略两类。其中同行业品牌拓展策略是常见的拓展策略形式，跨行业品牌拓展策略则比较少见。

1. 同行业体育品牌拓展策略

同行业品牌拓展策略按照主品牌所涵盖商品满足顾客需求的种类是否相同，又分为满足共同需求的品牌拓展与满足不同需求的品牌拓展两种模式。

1）满足共同需求的品牌拓展

原产品和拓展产品处于同一行业，满足的是相同的需求。这种拓展方式十分常见，它是指主品牌所涵盖的商品是配套商品或者是关联度非常高的商品，拓展产品与原产品处于同一行业，满足的是相同的需求。企业在发展过程中，往往首先通过某种产品在市场上取得知名度和竞争优势，当体育企业拥有一定品牌积累以后，多元化发展可以充分利用原有的技术和市场经验以及相同的销售渠道，其体育品牌多元化发展容易在与原产品关系密切的产品上取得成功。例如，威尔逊公司生产的同品牌网球拍、网球鞋、网球线都是为了满足消费者网球运动的需求，属于典型的同行业体育品牌拓展策略。这种策略优势明显，由于体育企业诸多产品具有相同的市场需求特征，有利于形成良好的企业形象。产品之间的相关性使品牌拓展策略很容易实施，同时又可以减少相当一部分推广成本。但这种策略也存在一定缺点，由于多种满足同类需求的产品使用同一品牌，会使原体育品牌形象进一步加强，从而使品牌向更广的领域或其他行业拓展变得困难。

2）满足不同要求的品牌拓展

主品牌涵盖同一行业不同种类的产品，满足不同种类需求。这种策略比较常见，是指体育主品牌下的子产品处于同一个行业，并且这些产品满足的是同一大类的需求，但不同产品满足的具体需求种类有差别。只有当体育企业已经具有相当的规模和实力时，这些企业才会思考是否采用该类体育品牌拓展策略。为了进一步拓展发展空间，他们充分利用已有的资源，在实行多元化发展的过程中，业务单位逐渐增多，但依然使用同一主品牌。例如，耐克公司通过其市场影响力，不断地借助品牌优势，向同一行业但不同需求的市场进行品牌拓展，其制造的运动型手表、运动随身听都是为了满足体育运动人群运动时的休闲娱乐需求而设计的新产品。

这种策略优点在于采用同一品牌名称，能够在一定程度上避免体育品牌的盲目扩张，体育企业塑造的是企业独特而统一的品牌形象。利用统一的品牌形象可以很容易地推出新产品，促销成本可以相应降低，营销渠道也能够比较容易地与主品牌分享。但是，该体育品牌拓展策略存在产品定位的不确定性。由于多个体育产品共用同一体育品牌，很难让消费者相信每个产品都很优秀，而且每个产品的特征也难以突出。所以采用这种策略的体育企业应当注意结合其他类型的体育品牌拓展策略，加强子品牌个性化的定位。

2. 跨行业体育品牌拓展策略

这种体育品牌策略是指体育企业主品牌覆盖不同行业的不同种类产品，满足多种市场需求。往往这种策略较为少见，通常是一些体育大企业的做法。一贯在香水与服饰界的CHANEL，如今已经开始进军体育界了，设计了多款的体育运动用品，就属于跨行业体育品牌拓展策略。阿迪达斯关于肌肤护理等产品品牌的拓展就非常典型，如阿迪达斯男士活力沐浴露、阿迪达斯激情沐浴露、阿迪达斯男士须后水、阿迪达斯个人鞋类除臭雾等。

（二）水平拓展与垂直拓展策略

按照品牌拓展的方向不同，可以分为水平品牌拓展和垂直品牌拓展。

1. 水平品牌拓展

水平品牌拓展即原体育产品与新体育产品处于同一档次，这是最容易成功并且容易实施的体育品牌拓展方式。由于体育产品处于同一档次，体育品牌形象和个性定位容易统一，原产品影响力很容易泛化到新产品上，体育产品的信息传播容易整合。

当企业营销能力比较强时，运用这种拓展策略可充分利用品牌拓展的好处，使企业的发展速度加快。当然，即使是水平拓展，在同一行业取得成功的可能性大一些，向不同行业拓展时应注意行业之间的兼容性。

2. 垂直品牌拓展

垂直品牌拓展即原产品与新产品处于不同的档次。垂直品牌拓展又可具体分为高档品牌向下拓展、低档品牌向上拓展两种方式。

1) 高档品牌向下拓展

许多企业的品牌最初定位于目标市场的高端，随后为了反击对手或者向下扩展以占据整个目标市场，会将品牌线向下拓展，在市场低端增加新产品。这种策略有利于公司适时发展中低档产品，可以填补自身中低档产品的空缺，吸引更多消费者，提高市场占有率。随着我国一线城市体育用品品牌影响力逐步饱和，耐克、阿迪达斯等国际知名体育用品逐步将品牌聚焦视野投向中国的二、三线城市。品牌管理专家指出体育品牌向下拓展可能严重损耗品牌资产，所以品牌经营者在采取向下拓展的策略时，会存在较大风险。新的低端品牌可能会使高端品牌受到冲击，可能会导致对手趁机占据高端市场。同时，低端品牌的价格低、利润少，经销商可能不愿意经营市场低端品牌。

2）低档品牌向上拓展

通常定位于市场低端的经营者经营一段时间之后，由于受到高端市场高利润的吸引，或者为了了解消费者更完整的品牌选择，可能会以新产品进入高端市场，这样可以获得较高的销售增长率和边际贡献率，逐渐提升企业产品的形象。

经营者采取向上品牌拓展的策略同样存在一些风险。经营者从低端市场进军高端市场时，要投入大量的资金。对于原处于低端市场的品牌进入高端市场，消费者会对其是否有良好的质量产生怀疑。同时，处于高端市场的品牌不会轻易让别人进入，因此会有所反击。

（三）内涵不变式与内涵渐变式拓展策略

按照体育品牌拓展前、后品牌的内涵是否发生变化，品牌拓展策略有内涵不变式拓展策略与内涵渐变式拓展策略两种。

体育品牌内涵是指消费者所能记住的体育品牌代表产品的主要特征，具体来说是消费者针对体育品牌所能联想到的体育产品属性，该品牌下产品的主要优点、技术特点、市场形象等。在体育品牌拓展过程中，通常提到"体育品牌核心价值""体育品牌核心优势"等概念。之所以提出品牌内涵主成分概念，是因为在品牌拓展过程中，有时原品牌对新产品的支持要素不一定是老产品核心优势。有时老产品核心优势以外的其他一些因素也能支持新产品，这些因素也都包含在品牌内涵中，是支撑品牌形象的相关因素。当这些因素被发掘出来并有效地与新产品的特点相结合时，往往也能较好地支持新产品。

品牌拓展后，新产品和原产品共同支持主品牌。按品牌拓展前后主品牌内涵是否有显著的变化，可将品牌拓展策略分为以下两种。

1. 体育品牌内涵基本不变

这种模式一般出现在同行业同档次品牌拓展或是企业发展相对成熟平稳、发展跨度不大的时候。在内涵不变式体育品牌拓展中，新老产品的主要产品属性基本相同，体育品牌拓展前、后主次品牌的内涵主成分基本保持不变。这种品牌拓展模式是大多数人赞同的，因为其负面影响发生的风险相对较小。

2. 体育品牌内涵逐渐变化

这种模式一般在跨行业、跨档次的品牌拓展或是企业发展速度较快、发展跨度很大的情况下容易出现。这种品牌拓展策略变数大、风险高，拓展不当是很容易出问题的。例如，"小度"作为国民智能科技品牌，其与鸿星尔克的合作不仅给"科技如何为运动赋能"打造了新的IP范本，也让更多消费者感受到了科技运动的独特魅力，改变了人们对于传统运动场景和运动方式的固有认知，更有助于快乐运动、全民健身理念的普及。2022年，鸿星尔克研发了高弹跳绳鞋，通过小度创建了"AI跳绳健身课"，打造了内含力量塑形、体能训练、有氧舞、搏击、广场舞等十二大类、上百节热门健身课程，基本满足全年龄段家庭用户的多样健身需求。同时，小度添添智能健身镜还可捕捉人体19个关键骨骼点，精准识别用户肢体动作，快速、准确并且全面地进行反馈和纠错运动动作，检测精度高达99.7%，让用户在家即可体验专业、正确的运动锻炼姿势。除此之外，小度添添智能健身镜独创了"火柴人投影"技术，借助AI技术能力，当用户在添添智能健身镜前锻炼时，镜面即可生成AI火柴人动效，一比一还原用户肢体动作并实时动态呈现，方便用户在做蹲起、端坐、俯身等姿势时直接观看AI火柴人以判断自己动作是否标准。在消费者越来越关注品牌个性主张与情感联结的当下，围绕着"智能健身房"定位打造的小度添添智能健身镜更是为用户提供了更丰富的选择和多元化的运动项目。体育品牌并不是自诞生之日起，其定位就是固定不变的，每个体育品牌的定位都是在一定历史条件和环境条件下的产物。随着企业内外部环境的不断发生和变化，品牌内涵逐渐发生变化是完全正常、合理的。

（四）直接冠名、间接冠名与副品牌式体育品牌拓展策略

按体育新产品直接使用原品牌称谓还是间接或部分使用原品牌称谓，体育品牌拓展有直接冠名、间接冠名与副品牌式拓展策略三种。品牌称谓是品牌的一部分，是构成体育品牌的重要物质基础，但品牌称谓并不代表体育品牌的全部。体育品牌实际是由其品牌的称谓、品牌标志设计和口号所代表的体育企业形象以及体育产品性质所能带给消费者的总体印象组成的。所以，不管新产品是继续采用原体育品牌称谓，还是部分地、间接地使用原品牌名称，都可以看成是品牌拓展。

1. 直接对新产品冠以原品牌名

直接对企业推出的新技术、新产品、新服务冠以原品牌名是最常见的品牌拓展方式，这种方式也被称为统一品牌策略。在一般情况下，这种策略需要在原体育品牌内涵与新产品的特性、消费者需求标准关联度较高的情况下实行。例如，佳得乐、脉动等运动饮料品牌所属公司在开发新口味、包装的新款饮料时，都是按照统一的品牌加以冠名的。

2. 间接或部分使用原品牌名

该品牌拓展方式在企业进行垂直品牌拓展时使用的频率最高，在烟酒行业也非常常见。一般来说，这种方式拓展了品牌延伸的幅度和空间，对原品牌和产品的负面影响较小。当然，原品牌对新产品的市场支持力度就相对弱一些。例如，1983年，阿迪达斯推出的复古产品系列adicolor就属于间接或者部分使用原品牌名的品牌拓展策略。

3. 副品牌策略

副品牌策略是目前世界范围内日趋热门的重要品牌管理模式之一，其市场推广能力以及市场调整能力得到了较高的评价。副品牌策略是指新产品的品牌名称由原品牌加上一个副品牌组成。副品牌最大优势在于利用原品牌影响力，突出新产品的独特优势，它实质上是一个发展式的拓展方式，缓冲了品牌定位理论和品牌拓展理论的关键矛盾。同

时，在产品更新换代极快的今天，副品牌策略给予体育企业极大的品牌回旋余地。例如，耐克旗下品牌有 Cole Haan、Canstar Sports、Air Jordan、Hurley、CONVERSE、Exeter Brands、umbro 等。

三、影响品牌拓展策略的因素

对于体育企业而言，在设计并实施体育品牌拓展策略时，往往会受到体育企业多元化发展策略的方向、体育企业品牌的现状和品牌发展策略等因素的制约和影响。

（一）体育企业多元化发展策略的方向

一般来说，实行多元化发展策略的体育企业，必须有一定数量的忠诚消费者，才会考虑体育品牌拓展策略的必要。体育品牌拓展策略是企业营销策略的重要组成部分，是为企业宏观发展战略服务的。当下以及未来产品的种类和销量，是实行多元化品牌拓展策略的体育企业选择拓展策略方向的基本依据。多元化品牌拓展策略往往会根据新拓展品牌覆盖的业务范畴与原业务范畴联系的紧密程度来评价，主要包括相关多元化和不相关多元化两种。而相关多元化策略又分为两种：一种是同心多元化增长策略，是指利用体育企业原品牌内涵中的核心技术，发展外延的多维度发展方式；另一种称为水平多元化发展策略，是指品牌拓展中核心技术的相关性并不大，而与市场属性相关性强、存在较大关联的多元化发展方式。对于同心多元化的体育品牌拓展策略，新旧体育产品之间存在着相同的或相似的核心技术属性，所以该类品牌拓展策略容易实施，品牌策略实施一般都是基于同一市场。品牌水平拓展与垂直拓展都有被选择的可能。在体育品牌领域内，品牌的垂直拓展出现概率较大。以李宁弓或者耐克运动鞋气垫技术来说，一种新技术研发必然使品牌的两层分化，即融入新技术的产品代表着新的产品品牌类型，而未融入新技术的产品会成为旧的品牌类型。从价位来看，新技术运动鞋价位往往较高，而未融入新技术的运动鞋则价位相对较低。对于体育品牌的水平多元化拓展策略，因为体育产品在技术上相关程度不显著，而在市场属性的维度上存在较强的相关性，所以当体育企业计划进行品牌转型时，对原产品相关体育消费市场采用水平多元化体育品牌拓展最为合适。对于不相关的多元化市场，企业的新业务与原业务关联性较小，如果运用体育品牌拓展策略就属于跨行业品牌拓展，由于品牌拓展风险较大，需要企业仔细研究这种品牌拓展策略的必要性和对新产品的支持力度。

（二）体育企业品牌基础与发展战略

企业品牌基础是选择制约品牌拓展策略的第二个影响因素。首先，体育企业品牌的知名度和品牌实力是企业决定是否采用品牌拓展策略的重要前提；其次，在具体的体育品牌拓展策略方向选择上，品牌基础对相关策略的选择有制约作用。

（1）体育企业品牌覆盖的行业范围影响该体育企业在同行业拓展策略以及跨行业拓展策略之间的决策。

（2）体育品牌的档次和市场形象影响相应的体育品牌拓展模式的选择，如当企业现有品牌是高档品牌时，既可以选择水平拓展，也可以选择垂直拓展中的向下拓展。一般来说，品牌档次越高，则选择品牌拓展模式的可能性越大，例如耐克、阿迪达斯等国际知名的体育品牌在冠名方式的选择上，既可以选择垂直拓展，也可以选择间接冠名方式。

（3）体育品牌主要的内涵诉求在拓展策略实施后是否发生了巨大的改变，这一因素决定了体育品牌拓展是内涵不变式还是内涵渐变式。

（4）现有品牌名称是否适合直接用于新产品，决定了体育企业在进行品牌拓展时是采用直接冠名、间接冠名，还是采用副品牌等拓展模式。

第四节 体育品牌拓展的风险及规避

一、体育品牌拓展的风险

品牌拓展给许多企业带来了成功，但并非完美无缺，一旦出现失误，或者拓展不当，后果会不堪设想，甚至置企业于破产境地。所以，美国著名营销专家艾·里斯和杰克·特劳特不无遗憾地认为：品牌拓展不是错误，而是一个可能置企业于死地的充满诱惑的陷阱。体育品牌的拓展应以体育品牌与产品的相关性为依据。所谓产品的相关性是指产品线在最终用途、生产条件、分配渠道或其他方面相关联的程度。具体到体育品牌的拓展，则应以体育品牌和体育产品的相关性为依据，以体育运动为中心进行体育品牌的合理有效的拓展，适当地扩大体育品牌的能力范围。

在体育品牌的拓展方面，耐克公司做得相当出色。耐克公司是在树立专业性以后再拓展到其他领域的。耐克不断发展原有的主打产品，从篮球鞋，到慢跑鞋、足球鞋、网球鞋以及多功能鞋等，然后逐步拓展到运动服装、休闲装、泳装及滑雪板、足球、冰球棍等体育器材，以及所有的专业运动相关产品。耐克公司全面扩展生产经营范围，全方位地开拓产品门类，逐渐成为世界范围内的体育用品生产的"帝国"。然而，我们可以清楚地看到，无论耐克公司怎样拓展其体育品牌，却始终保持着耐克一贯的与体育运动的紧密联系。因此，耐克体育品牌拓展始终是以品牌和体育运动产品的相关联为基本出发点，由此也就获得了体育品牌扩展的成功。

（一）损害原品牌形象

品牌是属于消费者的，这是把握品牌拓展的精髓。企业收集许多资料来描述、定义它们的品牌，但消费者却以不同的观点对品牌进行区别。一般来讲，消费者的购买心理常常具有"喜新厌旧"的特点，较少有消费者对某一品牌忠诚到对其他品牌不想试一试

的程度。面对一成不变的品牌，许多消费者可能会出现转移消费的现象。对此有些体育企业的解决方法就是进行品牌拓展，增加品牌旗下的产品种类，保持品牌的新鲜感，让消费者感受到品牌的丰富和创新，感受到品牌有挖掘不尽的内涵，能为他们提供统一品牌下的多种消费选择，但这反而使他们忽略了原品牌的形象。如果延伸的产品质量不好，更会损害原品牌的好声誉。

（二）品牌个性淡化

品牌具有三大特征：独特性、单一性和持续性。品牌只有个性独特，才能顺利进入消费者的意识。当拓展品牌概念时，可能会摧毁消费者对核心产品、核心利益以及核心概念的支持；当品牌过度拓展时，品牌在消费者心中的印象会越来越模糊，从而失去了原来的焦点，导致竞争对手乘虚而入。品牌有如橡皮筋，越拓展就可能变得越疲软，致使品牌个性淡化。一些产品之所以为消费者选购，关键在于其独特而明晰的品牌个性。如果盲目地拓展此品牌，由拓展而产生的品牌联系往往将这一种原有的品牌个性模糊化。一旦这一品牌个性被弱化，也就失去了吸引消费者的基础。因此，若拓展会弱化品牌，企业最好不要盲目地延伸。

（三）产生不好的心理联想

有些企业在进行跨行业的品牌拓展过程中，不顾核心品牌的定位和"兼容性"，把同一品牌用在两种不同行业的产品中，当两种产品在用途上存在矛盾时，消费者通过联想就会产生心理冲突。如果企业没有审慎地选择适合拓展的产品，而是胡乱地、随意地将已成功的品牌拓展在不适合的产品上，那么，品牌拓展将成为一种最快捷的自我摧毁品牌的做法。

（四）跷跷板效应

一个名称代表两种甚至两种以上的有较大差异的商品时，必然会导致消费者认知的游离和模糊化。当品牌拓展的产品在其市场上处于绝对竞争优势时，消费者就会把对原有成功品牌的心理定位转移到品牌拓展产品上。这样，随新产品的崛起，它和原有品牌的联想逐渐加强，而原有产品在消费者心目中逐渐失去了原有的位置。这就是艾·里斯所说的"跷跷板效应"：一个名称不能同时代表两个完全不同的产品，当一种产品的市场地位上来后，另一种的市场地位就要下去。

（五）株连效应

当扩展品牌经营不善时，会影响核心品牌在消费者心目中的形象，也即影响整个品牌的声誉，这就是所谓的"株连效应"。许多产品使用同一品牌或同一系列品牌，其品牌关联度大，一旦某种产品或一个领域的经营出现危机，将引起连锁反应，危及其他产品或其他领域，而这些往往是名牌拓展的决策者始料未及的。

因此，企业在进行品牌拓展时，要抓住拓展时机，正确应用拓展的步骤和方法。

二、品牌拓展风险规避策略

在有些消费市场上,已建立起来的品牌名称的运用能相当可观地降低投资。成功的品牌拓展能够使品牌放大,进而使品牌资产得到充分利用,并在利用中增值。但品牌拓展实施中有很多陷阱,存在潜在的风险,企业必须从长远发展的战略高度审视品牌拓展,要了解品牌拓展的陷阱,认清品牌拓展的负面影响,理智权衡利弊得失,采取一些措施降低甚至避免品牌拓展的风险,以确保品牌拓展成功。

评估品牌拓展是否达到目的性和正负效应有两项标准可供参考。第一个标准是考察原产品与拓展产品在加工、制造工艺、所用材料、功能、用途、使用场合、销售管道等方面是否有一致或类似的地方,或者说两种产品之间是否存在关联性,关联程度如何。如原产品与拓展产品之间的关联性越强,消费者对原品牌的好感越容易转移到拓展产品上;否则,这种转移将会受到阻碍。选择拓展产品的第二个标准是,消费者是否会因为新产品使用某一著名品牌而觉得有更大的成就感和满意感。如果答案是肯定的,则该产品作为拓展产品可能是适宜的;否则,应做进一步的筛选。企业长期单纯依靠一个产品将是危险的,在品牌形成之时,调动企业所有资源做另外某种产品,体现了体育品牌价值。如果企业的体育品牌拓展战线过长,体育品牌间的组织结构不清晰,不仅会分散企业的资金和精力,造成资源浪费,对于体育品牌形象和体育品牌的美誉度而言,也是一种风险。利用体育品牌效应进行体育品牌的多元化和产品的系列化是体育企业发展壮大的必由之路,但是同时也要规避体育品牌传播发生混乱,使消费者难以形成准确的体育品牌认知,误导客户群,最终引致原有体育品牌价值的稀释。

(一) 正确评估原品牌实力

在品牌拓展之前,评估品牌实力,正确认识现有品牌,是确保品牌拓展成功必要的基础性工作。既然品牌拓展的目的是要借助已有品牌的声誉及市场影响,向市场推出新产品,那么拟拓展的品牌必须是具有较高知名度和美誉度,在消费者心目中有很高地位的品牌。如果拟拓展的品牌尚无拓展优势而强行将品牌拉长、拉宽,结果必然适得其反。所以,这需要企业在做活品牌时,一方面要重视品牌外部形象的设计和塑造,另一方面要练好支撑品牌形象的内功。只有品牌的内功足、外部形象佳、品牌知名度和美誉度高,才能使品牌为拓展的产品提供一种附加价值,也才有可能使拓展富有成效。品牌拓展决策要考虑的因素有品牌核心价值、企业财力与品牌推广能力、产品的市场容量等。而上述众多因素中,品牌核心价值是最重要的因素。

(二) 考虑现有品牌的定位及其适用范围

产品定位准确往往会起到事半功倍的效果。产品要定位,企业首先要进行市场调查研究。按现代市场学的要求,要做好这样几方面的工作:运用定量分析和定性判断的方法分析消费者的心理需求;周密研究有关国家和地区的政治、经济、市场和流通渠道等情况；深入调查同行业和相似的产品等。同时，除了一个国家或地区的文化传统和生活习惯外，民族心理也是必须考虑的一个重要因素。因此，企业在研制开发新产品之前，就要确定好自己产品的市场定位，选准所开发新产品的目标市场，而后有的放矢将新产品推向市场，占领市场。这样既可避免竞争对手的竞争，又能起到"投资少，见效快"的效果。

（三）谨慎拓展个性强的品牌

如果一个品牌个性极强，即已成为某一种（或某一类）产品的代名词时，最好放弃品牌拓展策略。如果将这一品牌用到另一类产品上去，那么品牌拓展将是一种最快捷地自我销毁品牌的做法。为不使品牌拓展落入陷阱，确保拓展成功，对个性较强的品牌更要注意形象的统一，使新拓展的品牌与原品牌具有一致的形象。例如，lululemon是一个中高端运动休闲品牌，被誉为"加拿大第一专业运动品牌"，已成为时尚瑜伽运动的代名词。产品除了瑜伽服、瑜伽垫之外，还包括各类运动服装、配件等，它的核心品牌特性使得消费者很容易理解它是专门为女性服务的，如果将品牌拓展至男性时尚服饰，是非常难让消费者理解的。品牌拓展的目的就是要借助已有品牌的声誉及市场影响，向市场推出新产品，那么，拟拓展的品牌必须是具有较高知名度和美誉度，并且在消费者心目中有很高地位的品牌。为了避免品牌拓展的风险，减缓对原品牌的消极影响，通常的做法是在保持原品牌名称不变的情况下，再为新产品起个名字——小品牌（又称副品牌）。这样不仅可以引导消费者突破原有观念接受和认可新产品，而且能迅速地将对主品牌的信赖、忠诚转移到新产品上来，从而有效地减少"株连"的危险性。

（四）牢记市场生命周期

产品的市场生命周期理论揭示了产品更新换代是市场竞争的必然结果。随着科技水平的提高、消费者需求的改变以及市场竞争的加剧，产品市场生命周期大有缩短之势。如果新拓展产品已进入产品市场生命周期的成熟期甚至是衰退期，就会加大品牌拓展的风险。因此，进行品牌拓展时，要考虑新拓展产品的市场生命周期。不仅如此，市场生命周期理论还告诉我们，应该通过采用新材料、新工艺、新管理方式等创新活动来提高原产品的质量和服务水平；或者通过实施产品地域转移战略，放弃市场需求趋向饱和的市场，而向其他新市场进行拓展，从而使同种产品的品牌拓展获益。过分倚重于品牌拓展战略会影响企业开创新品牌的进度，因此必须以企业长远规划为中心，及时分析企业内部资源和外部营销环境的变化，结合新品牌的开发，全面发展企业的品牌战略。品牌核心价值是品牌的核心诉求、价值主张。品牌核心价值能包容表面上看上去相去甚远的系列产品。一个成功的品牌有其独特的核心价值，若这一核心价值能包容拓展产品，就可以大胆地进行品牌拓展。

（五）建立体育品牌战略联盟

合作式竞争已成为信息时代企业发展的一种重要手段，作为一种新的竞争方式，我国体育品牌恰逢北京奥运这一发展契机,战略联盟正是我国体育品牌发展的有效途径。国外体育产业的发展离不开战略联盟,如体育用品企业耐克、阿迪达斯,足球俱乐部皇家马德里、曼联等已经开始向中国渗透并探寻联盟。

2002年10月,在中国有着强大号召力的英超劲旅曼联推出了它的中文官方网站,喜爱曼联的中国球迷可以通过网络与"红魔"亲密接触。中国球迷可在线参与竞赛、聊天、观赏精彩片段,甚至虚拟前往曼联主场老特拉福德球场参观。

曼联俱乐部集团首席运营官吉尔先生透露,曼联中文网站建立的最终目的,是希望在中国建立网上足球社团,同时他也表达了借此在今后几年增加俱乐部直接收益的希望。在曼联中文网站的开通过程中,曼联俱乐部将依靠LYCOS亚洲对于中国市场的了解和其众多的用户来推介自己的服务、产品并借助互联网手段推广它的体育品牌。作为中国最大的国际门户网站的LYCOS亚洲此次与曼联俱乐部合作,建立战略联盟旨在将网络经济的精华引入中国市场。同时在中国国家足球队首次获得世界杯入场券、中国人对足球兴趣大增的时刻推出该中文网站,其用意自然相当明显。

全球运动产品市场占有率最高的耐克公司与中国大陆流量最大的门户网站新浪联合推出的NIKE-SINA竞技风暴体育频道于2002年12月19日正式开通。从此,中国喜爱体育的网络爱好者们可以通过互联网了解更多优秀的世界体育文化和最新的体育动态,并有可能免费获得全球著名体育用品公司的产品。新浪对这次合作更是充满了信心,并相信在耐克强大的体育品牌影响与新浪成熟的网络营销方案结合下,NIKE-SINA竞技风暴体育频道必将成为让体育爱好者享受精彩体育比赛和积极参与体育运动的最佳体育社区。耐克和新浪的这次战略联盟属于异业间的联盟,这是一种双赢的策略,结盟双方均获得了新的优势,增强了其竞争力。

1. 战略联盟的含义

所谓战略联盟是指两个或两个以上的企业之间为了实现一定的战略目标,自愿结成的合作关系,是一种优势互补、风险共担、要素双向流动的松散型网络组织。一般来讲,战略联盟成因的现实因素是企业经营所需面对的内、外环境发生了重大的变化。这体现在世界经济全球化、地区化优势凸现、科学技术高速发展的外部动因,以及实现规模经济效益、提高企业的研发能力、降低经营风险的内部动因。

2. 战略联盟的特征

通过合作,联盟伙伴间优势得到互补或互相加强,劣势得到弥补以提高组合的竞争优势。

1) 双赢性

企业通过战略联盟可克服自有资源和能力的缺口,形成独具特色的核心竞争力,同时可避免企业之间为争夺资源和占领市场的过度竞争而两败俱伤。战略联盟可以很好地解决新产品从寻求创意、形成产品概念、制订市场营销战略、进行市场试验到商业化各阶段可能出现的难题,在短期内成功地将新产品打入市场,使每一个企业都能尽快收回投资,取得良好的经济效益。

2）自发性

战略联盟各方保持本企业经营管理的独立性和自主经营权，在平等自愿、自发的基础上依靠相互间达成的协议结成松散的整体。

3）独立性

参与企业战略联盟的企业之间关系完全是平等的，这种关系不受经济实力的影响。联盟具有明确的战略目标，目的是为国际市场或区域性市场服务，充分发挥企业的各自优势。

4）灵活性

企业战略联盟协议一般是具有特定意义的某种协议，仅仅是企业的意向书。只是强调参与战略联盟的企业各方进行合作的重要意义及目的，以及在市场营销活动中怎样进行有效的合作，并不涉及违约的责任。企业还可与联盟以外的其他企业再组成一个新的企业战略联盟。

5）资源共享性

企业通过战略联盟可实现生产要素、信息、人才等资源的共享，从而提高企业的竞争能力。

3. 战略联盟的伙伴选择

选择联盟伙伴是一个十分关键的问题。选择一个好的盟友，就是企业战略联盟成功的一半。企业选择盟友时要慎重分析双方的兼容性（compatibility）、能力（capability）与投入（commitment）。

兼容并不意味着没有任何摩擦，只要合作双方有合作的基础并且互相尊重就能解决分歧。中国的体育企业在市场上属相对实力较弱的企业，往往愿意寻求强大的合作伙伴，以增强自己的技能。但是，麦肯锡公司的研究表明，强弱联盟的成功率一般只有30%左右，而弱弱联盟的成功率接近40%，强强联盟的成功率则高达67%。麦肯锡公司据此得出结论：实力相当、业务互补是战略联盟成功的必要保障。因此，中国体育企业在选择战略联盟的伙伴时，并不一定非要寻求与国际一流跨国公司合作，实力相当的国内战略联盟伙伴亦是一种较佳的选择，关键在于联盟能否产生优势互补或优势相长的效应。

4. 战略联盟的方式

战略联盟的组织形式有很多，我国的体育企业可以根据企业的实际情况和不同目的，从各种不同的战略联盟形式中做出选择。根据我国体育产业现阶段发展状况，可采取以下四种方式的联盟。

1）开发战略联盟

这种联盟有利于集结各种资源和各方优势，节省研究成本，缩短研究周期。例如，美国的18家电脑厂商及半导体制造商共同实施一项称之为MCC的计划，他们联合起来研究包括新结构、软件和人工智能的第五代电脑，而研究成果由各合作单位专利使用3年。我国的体育产业中明显存在技术问题，与国外同行业相比，不管是在体育产品的设计，还是在体育设施的修建以及休闲体育的发展方面都存在不小的差距。尽管国内有些厂家在努力提高自身的产品设计能力，例如，李宁公司拥有亚洲最大、中国唯一的运动服和运动鞋的技术开发中心，但这是远远不够的，发展的也仅仅是个别企业，且发展速度及产品的科技含量都没有达到国际先进水平。为此，我国体育企业可以与国内其他企业结成研究开发战略联盟，依靠双方的联合力量来研究开发新产品、新技术。当然，也可以与国际知名体育品牌联盟，借机积累学习能力，通过各种途径学习国外先进的技术、成功的管理和营销经验。

2）制造生产战略联盟

在制造生产战略联盟中，常见的是体育产品的联盟。中国现在是世界体育用品的生产基地，而不是体育品牌基地。我国目前很多企业是借用耐克、阿迪达斯、锐步、美津浓这些体育品牌，很难说是这些体育品牌借用我国的生产制造能力还是我国企业借助了这些国际体育品牌来求得发展，但这也是一种战略联盟。尽管我国企业求得了发展，但毕竟是为他人作嫁衣裳。为此，我国体育企业在与国外企业结成制造生产战略联盟的同时，应学习国外体育品牌的先进技术，尽可能地凭借自己的制造优势与国际知名体育品牌结成技术战略联盟。此外，国内企业也可结成同类型的战略联盟，研发实力强的企业专攻研究，而制造能力强的企业则专事生产，以此来发展壮大我国的体育产业。

3）规模效应战略联盟

自从在第28届中国国际体育用品博览会上，安踏携手新浪，强强联合，这样标志着国内体育品牌纷纷开始走上规模效应战略联盟的营销之路，安踏、新浪双方将在市场营销推广、体育赛事合作等方面展开全方位的合作，打造中国体育营销最强联盟。新浪与安踏的合作，双方不仅可以在资源上实现互补，而且新浪还可以向安踏学习在体育赛事推广方面的经验。在频道当中，新浪将为安踏实现最具价值的营销植入，比如通过新浪微博、冠军访谈、互动板块、产品板块，等等。我国的体育产业也可成立这样的规模效应战略联盟，以期能够产生专业化的分工协作，达到大批量专业化生产的目的，最终形成规模经济，降低成本，提高效益。

4）市场开拓与发展战略联盟

这种联盟也可说是体育品牌营销联盟。借助这一形式，联盟中的企业可以互用对方的营销渠道、网络。联盟中的企业拓展至更多领域，创新不同场景下的新玩法，为消费者带来更加智能、便捷的人工智能新体验，为自己的体育产品赋能。鸿星尔克推出了一款高弹跳绳鞋，顾客在门店购买试穿时，还可以直接在店中摆放的小度添添智能健身镜前体验"AI跳绳健身课"，感受产品性能的同时纠正健身动作，从而达到更加健康高效的健身燃脂效果。小度为鸿星尔克的产品赋予更多科技属性，让更多消费者感受到了科技运动的独特魅力，改变了人们对传统运动场景和运动方式的固有认知，更有助于快乐运动、全民健身理念的普及。这种营销联盟，不仅打破了消费者对于传统运动场景和运动方式的认知，还共同打造了一种全新的零售模式。消费者既能在购买前充分感受不同产品的优势，挑选到更心仪、更合适的产品，也能通过小度添添智能健身镜体验到健身乐趣，塑造更加健康、快乐的生活方式。消费者在使用健身镜的同时体验到"无处不在的人工智能"的健身乐趣。科技与运动之间的灵感碰撞也更为容易吸引到时下对新鲜事

物更感兴趣的年轻一代消费者，引导他们来到线下门店体验，让更多消费者看到了鸿星尔克的品牌底蕴以及强大的产品力，强化其在消费者心中的品牌认知度，让品牌焕发出新的生命力。

总的来说，品牌要立足于不败之地，发展是硬道理。要把品牌拓展作为产品向新领域和新市场拓展的手段，唯有如此，企业的影响力才会不断上升，品牌才会保持永久的吸引力。

— 第六章 —
体育品牌营销与推广

体育品牌营销是以各类活动为载体来推广产品和品牌的一种市场营销活动。常见的方式是通过体育赞助、冠名、产品代言人、公共关系活动以及广告等多种形式来进行整合传播。体育品牌营销最基本的功能就是把企业的资源进行重新整合,将活动中体现的文化融入企业产品中去,实现体育文化、品牌文化与企业文化三者的融合,从而引起消费者与体育产品的共鸣,在消费者心目中形成长期的特殊偏好,最终成为企业的一种竞争优势。随着 2008 北京奥运会的成功举办及大众对体育热情的不断高涨,体育品牌营销成为众多企业进行市场推广和树立品牌形象的战略。

第一节 体育品牌营销概述

体育营销的目的是提升体育品牌价值,塑造体育品牌的强势地位,从而依靠体育品牌开拓市场、扩大销售,这些都是体育品牌战略本身的要求,因此,体育营销要服务于体育品牌战略。阿迪达斯擅长运作体育品牌营销,使自己的体育品牌形象更加深入人心。阿迪达斯独创的街头挑战赛,是体育品牌营销的代表作。它不仅推动了大众健身运动的发展,也加强了阿迪达斯体育品牌与大众的沟通,让更多的人参与体育运动,塑造了一个很有感染力的体验阿迪达斯的情境。街头挑战赛成为阿迪达斯的体育品牌庆典活动,所有参赛队伍穿戴着五颜六色的阿迪达斯的运动短裤、夹克、鞋子,创造了阿迪达斯的时尚氛围。阿迪达斯的球星们前来助威,表演绝活,给人们签名,与大家聊天。"重在参与"是阿迪达斯街头挑战赛的精神之一,阿迪达斯为体育爱好者提供参与体验的场地。在此项活动中,阿迪达斯还采取了合作营销方式,引入了像索尼、可口可乐、汉莎航空、西门子、MTV、电视台和杂志的赞助和支持,增添了许多新颖的节目,使赛事更加精彩。1992 年在德国柏林别出心裁地想出了这种玩法,5 年间,50 多万人参加了阿迪达斯的街头挑战赛。后来,阿迪达斯拓展了街头挑战赛,开创了阿迪达斯足球争霸赛,1998 年这项赛事吸引了 500 多支队伍,到场观众超过了 30 万人,阿迪达斯也随之创造了可观的经济效益。更为重要的是阿迪达斯通过街头挑战赛的体育品牌体验营

销,一方面以更为直接的方式将自己的体育品牌理念和体育品牌个性有效地传递给消费者,拓展了体育品牌的消费群体;另一方面也搭建了一个与体育品牌目标顾客群体面对面沟通的平台,及时了解并满足消费者不断产生的新需求,在消费者心目中树立了良好的体育品牌形象,提升了体育品牌价值,实现体育品牌对忠诚度的目标追求。

一、体育品牌营销的作用

(一)为消费者提供体育品牌体验

让消费者在体育活动中,不仅感受到乐趣,还可以使消费者感受到体育品牌的价值,培养体育品牌与消费者之间的感情,使体育品牌成为情感体育品牌。譬如体育赛事具有很强的宣传潜力,能跨越国界、摆脱地理限制,在短时间内吸引众多眼球。直观性强,受众群体数量巨大,媒体曝光率高。通过体育赛事营销可以使产品恰到好处地站在公众注意力焦点的边缘,既不喧宾夺主,又巧妙地借助了公众视线的余光,有效地达到品牌营销的目的。据统计,转播一场足球赛,赛场附近广告牌的上镜时间平均累计长达7分37秒,在无形中将信息传达给观众,反而达到了更好的宣传效果。

(二)有助于提升品牌知名度与品牌形象

体育是全人类共同关注的事业。赛场上紧张、激动的场面及其现场表现出的拼搏、进取、平等的精神极易得到人们的普遍认同。可以利用体育活动关注、生动、鲜明的特点加深消费者对体育品牌的印象,丰富体育品牌联想。体育品牌营销将这些人类共有的情感与企业产品或体育品牌的理念和文化元素进行有效的融合,使消费者能感受到企业体育品牌内涵中一些全新的或更多的元素,可以使赞助商的公众形象和体育品牌都得到更大范围的传播和认同,有助于企业树立良好的社会形象及体育品牌形象。

(三)是打造全球强势品牌的有效手段

全球性品牌必须由全球性的传播平台来支撑。世界杯、奥运会等国际性体育活动往往全球瞩目,成为最具全球性的市场推广平台,许多跨国品牌由于赞助此类活动成为了全球性品牌。一家国际赞助调查机构的问卷调查显示:奥运会的五环标志比任何一家企业标志都更能给人留下深刻的印象,被选为奥运会指定赞助商就意味着该产品是世界知名的产品,这无疑会提升企业和体育品牌的国际形象。安踏是北京 2022 年冬奥会和冬残奥会官方体育服装合作伙伴,并为冬奥会的运动员、工作人员和志愿者提供了高品质的服装和装备。借助冬奥会的巨大影响力,安踏的品牌知名度和市场份额得到显著提升。

二、体育品牌营销的原则

(一)与体育品牌定位的一致性

体育活动有其特定的参与者及观众,只有在企业的目标市场与体育活动的参与者及观众相一致时，才可以起到应有的效果。体育品牌需要定位，定位是在目标市场中的定位，企业开展体育营销就是要在目标消费者心中留下特殊的偏好。如果体育活动的参与者及观众并不是体育品牌的目标客户，那么体育营销的效果就不明显。阿迪达斯就把自己的重点目标定位于青少年，并围绕这一群体展开了一系列的营销活动，因为这一年龄段的人是体育用品的最大消费者，是市场的主流。充满活力的青少年可以感染周围所有的人，这是最好的宣传。百事可乐的成功策略在于利用明星和消费者对话沟通，同时运作一些青少年亲身参与的赛事，把体育品牌影响力深刻植根到消费群体中。

（二）与体育品牌属性的关联性

从体育品牌属性上讲，要在不同体育品牌和不同体育项目之间在个性上找到互通之处。某些体育赛事或项目能够更好地展示体育产品的特点和优势。运动鞋品牌可能会赞助长跑赛事，以展示其鞋子的舒适性和耐久性。运动服装品牌可能会赞助时尚感较强的体育项目，突出其设计和款式。例如，彪马通过赞助众多足球俱乐部和国家队，在足球赛事中获得了高度曝光。意大利国家队、曼城队等都曾穿着彪马的球衣征战赛场，提升了彪马在足球领域的影响力和产品销量。尤尼克斯在羽毛球领域具有重要地位，在各类羽毛球国际赛事中，众多顶尖选手使用尤尼克斯的球拍、球线等产品，其出色的产品性能通过赛事得到了充分展示，从而吸引了众多羽毛球爱好者购买尤尼克斯的产品。

（三）与体育品牌传播战略的连贯性

任何体育营销传播都应该是体育品牌整合传播战略的一个部分。阶段地看，体育营销是一个短期行为，无论哪种体育赛事或者一个代言的明星终将成为历史。重要的是企业把体育营销看成是一个价值链的珍珠，要有一个长期考量的线把它们串起来，让一次短期促销行为为一个长期目标不断累加。在这个过程中，必须有整合营销的观念。围绕某一赛事除了投入赞助费外，还要采取一系列相关的营销活动，运用公共关系、广告等沟通手段，达到整合传播的功效。耐克作为全球知名的运动品牌，长期与奥运会合作。在奥运会期间，通过运动员的穿着展示以及赛事期间的广告宣传，强化了品牌的专业形象，吸引了大量消费者。

体育品牌营销目的是提升产品的品牌价值，塑造品牌的强势地位，从而依靠产品开拓市场、扩大销售，而这些是品牌战略本身的要求。体育不仅提供给消费者一个娱乐的平台，而且可以令企业借此开展有计划的品牌营销活动，把自己的产品品牌与体育精神在这个平台上完美融合，从而达到促进销售的目的，形成一个双赢局面。安利纽崔莱与中国体育代表团和中国体育健儿是20年的"老朋友"了，作为体育和奥运营销老手，自2000年开始，安利纽崔莱就成为了中国体育代表团官方营养保健食品。北京冬奥会期间，安利纽崔莱持续引领品牌营销新玩法，以"冬奥＋健康"的内容营销为核心，实现了品牌与平台的最大乘数效应，获超225亿次总曝光，超405万次总互动量。安利纽崔莱借势冬奥营销，将品牌理念和健康生活方式融入奥运这一"顶流IP"，通过"软硬兼施"的全链路品牌营销方式，触达更多人群，占领客户心智的同时，也实现了品牌曝光与口碑双升。

第二节　体育赛事营销

随着人们经济收入和生活水平的提高,体育逐渐形成了一个庞大的产业。如同大众传播产业所具有的传播效果一样,当体育比赛,尤其是体育竞技比赛进入市场之后,对企业来说体育竞技表演就成为一种特殊的广告载体,具备独特而且强大的传播和促销功能,利用体育竞技比赛活动来宣传体育品牌的做法逐渐形成了一种新的营销手段——体育赛事营销。这种提法最早出现在 20 世纪 90 年代初期的美国,目前体育赛事营销已被广泛地认同并且越来越受到国内外企业的重视。有评论认为,体育赛事营销以其独有的魅力成为缔造强势体育品牌的最有效的途径之一。

一、体育赛事营销的界定

体育赛事营销是一种战略,是依托于体育竞技表演比赛活动,将品牌与体育相结合、把体育文化与品牌文化相融合,以形成独树一帜的品牌文化的系统工程。

体育赛事营销实际上包含以下两个方面的内在含义。

(一) 以体育竞技表演比赛活动为主体的体育赛事自身的营销

体育竞技表演比赛市场是体育消费市场的重要组成部分,体育项目的参与者和观众是体育产品链的现实和潜在的消费者,以体育竞技比赛为主体的体育营销就是发现体育项目的参与者和观众的兴趣并为他们开发出相应的产品或服务,让目标消费者接纳,实现体育赛事的品牌价值,建立消费者的忠诚度。

(二) 以企业为主体的借助体育赛事所进行的推广企业自身产品的营销活动

企业借助体育赛事去营销产品或服务,让企业与消费者通过体育赛事的活力和刺激产生共同的焦点,形成共鸣,带动企业品牌以及品牌形象的提升,使产品和服务能够更好地满足现实和潜在消费者的需求。

二、体育赛事营销的特征

传统上认为体育赛事营销可有可无,或者简单地将体育赛事的营销与经济获利联系在一起,这些认识都是错误的。营销是体育赛事必不可少的成分,因为体育赛事创造的是服务,是无形产品,具有很强的无形性特征,给包括观众在内的消费者提供服务消费的本质就决定了市场营销是体育赛事必然的内容和任务。而体育赛事营销作为传统营销的拓展，既具有一般市场营销的共性特征，同时又具有自己的特殊性。体育赛事营销的基本特征表现为以下几个方面。

（一）长期性

所谓长期性，亦称长远发展的观点，就是要处理好品牌眼前利益和长远利益的关系，并着眼于品牌的可持续发展。毋庸置疑，对于一个品牌来说，只通过支持一两次大规模的体育赛事是无法进行品牌核心价值传递的，必须是在与品牌自身相对应的体育赛事中，找到该项体育赛事与企业的体育品牌的内在结合点，长期持续地投放下去，通过相当时间的合作，才有可能形成效果。这主要是因为无论是哪种途径建立目标客户对体育品牌认知、接受和最终的体育品牌忠诚是一个长期坚持的过程，依托体育赛事的营销活动必然也会遵循这一规律，否则单凭一次或几次的体育赛事的赞助或是其他形式的体育赛事营销活动的炒作，只是普通的"事件营销"，获得的只是短期效果，很难将目标品牌的核心文化传递给消费者，并让他们接受或认可。蒙牛从2018年俄罗斯世界杯的大放异彩，到卡塔尔世界杯再次脱颖而出，连续两次参与世界杯，形成受众更加清晰的认知、深刻的记忆，为品牌形象塑造带来积极影响，这也是对品牌塑造长远布局的结果。借助体育赛事营销来树立品牌形象是当前最为有效的方式之一，主要出于以下四个方面的原因。

第一，体育赛事营销具有公益性和被接受性。体育赛事营销最大的特点是公益性，因而易于被接受，其作用是普通广告所不能达到的，其效果更是任何宣传所难以企及的。

第二，体育赛事营销具有极大的感召力。体育赛事营销实质上是一种软广告，但是由于广告并不单独出现，因而商业性及功利性不像硬广告那么明显，往往能巧借体育赛事来制造新闻，产生持久感人的轰动效应，对体育品牌建设起到潜移默化的积极影响。

第三，体育赛事营销沟通对象面广量大、有针对性。在重大比赛现场，观众动辄成千上万，媒体受众更是不计其数，其集中、全面、强烈的营销优越性是任何营销手段都无法比拟的。即使是一些地方性的赛事，只要组织得好，观众也会十分踊跃，因此非常有利于品牌与目标对象进行有效的沟通，达到事半功倍的效果。

第四，体育赛事营销有利于建立或改善品牌和消费者之间的关系。品牌和消费者借体育赛事的竞技运动产生共同的焦点，并由此形成共鸣，这有别于品牌所有者为博取消费者的好感而采取的厂商主导式的传播。在体育赛事营销中，品牌与消费者都不是主角，但双方为心爱的体育竞技运动而有钱出钱、有力出力，不知不觉中，这份共鸣便转化为对品牌的好感，这份感觉通常来自心理上真正的认同。因此，由此塑造出来的品牌形象当然更能深入人心，不易动摇，并进而带动品牌的不断扩展与壮大。可以说，体育比赛中胜者获得荣耀，而体育赛事营销中的赢家则获得消费者的心。

全球性的体育赛事，尤其是顶级体育赛事蕴藏着无限商机。一项来自美国本土针对奥运会赞助商形象的调查显示，64%的受访者比较愿意购买赞助厂商的产品。精明的商家早已认识到体育赛事背后蕴藏的无限商机，借助体育赛事开展的营销活动不仅能吸引消费者的目光，达到提高销售额和利润的目标，更重要的是体育运动所推崇的公正、公平更能使厂商的宣传效果和品牌价值提升到较高的水平。虽然利用体育营销的好处和效果是显而易见的，但是通过体育赛事营销推广品牌仍然需要长远的规划和战略部署，并长期坚持，才能在消费者心目中树立良好的品牌形象，牢固地建立品牌忠诚度，实现品牌的拓展。

世界上很多知名企业都是在长期赞助体育赛事的过程中树立了其全球品牌的形象，培养了大量的忠诚顾客，较好地实现了"品牌价值的持续传递"。其中，最成功的品牌莫过于当今品牌价值排名世界第一的可口可乐了。可口可乐在品牌建设方面获得的成功与它坚持不懈的体育赞助密不可分。可口可乐赞助体育是从1907年美国棒球比赛开始的。1928年，可口可乐赞助1000箱可口可乐给第9届奥运会。从1985年国际奥委会实施第一轮4年一度的常年合作伙伴赞助计划起，可口可乐一直是这一计划的核心成员。从1930年的第一届世界杯足球赛起，可口可乐一直热心地赞助该项赛事，它是国际足联的长期合作伙伴。同时，可口可乐还是其他许多国际、美国体育组织和赛事的热心赞助者。可以毫不夸张地说，哪里有体育运动，哪里就有可口可乐。正是可口可乐持之以恒地将体育赛事营销作为其品牌发展战略的重要组成部分，并跟随时代发展潮流，不断进行体育赛事营销的创新，才使可口可乐品牌声名显赫，在全球范围内畅行无阻。

（二）系统性

系统性是体育赛事营销的一个主要特征，体育赛事营销是由协同运作、相互支撑的众多要素组成的一个结构复杂且又不断变化的商务活动组合，是营销主体内部和外部要素，是体育品牌、消费者和社会等诸要素的集成。

体育赛事营销的作用不仅仅体现在取得赞助商的地位后，利用体育活动中那几块场内广告牌或者运动员身上的几个logo，也不局限与主办方开发的几项专门为赞助商举办的营销活动，体育赛事营销是全方位的立体营销。企业花费了巨额的资金争取到赞助运动队或赛事的协议以后，还要投入更多的赞助权开发、商业推广等费用，因为高额的赞助费只是开发产品市场的入场券。例如，国际奥委会对奥运会赞助设置了种种规定，禁止奥运会赛场上有任何广告行为，禁止直接冠名赞助，这使得TOP赞助商只能通过其他途径，举行大量的广告、公关、促销以及和奥运会有关的公益活动，以此实现赞助计划。因此，要想真正提升体育品牌形象，还要有更多资金的投入。形象地说，赞助费只相当于金字塔的塔尖，而构成金字塔塔身、塔基的费用，更全面地考验企业品牌的发展策略与执行能力。

美国学者劳朋特在传统市场营销的产品（product）、价格（price）、渠道（place）、促销（promotion）的"4P"概念基础上提出了整合营销的"4C"理论，即消费者

(consumer)、成本（cost）、便利（convenience）、沟通（communication）。这使得我们对体育赛事营销有了更进一步的理解，因为体育赛事营销是将体育品牌核心文化以体育赛事为平台进行再次提升与超越，这是一个系统工程，是一项持之以恒的过程。从体育赛事营销活动过程看，从传统 4P 到 4C 构成一个纵向系统和价值链；从体育赛事营销的绩效看，涉及体育品牌、消费者和竞争者等多种主体的利益，从个体效用到社会福利构成了一个横向系统和价值链。

体育赛事营销系统具有动态性、层次性和复杂性等，不仅其内部子系统之间相互影响，同时它还受外部各种环境因素的影响和制约。所以企业在实施体育赛事营销的过程中，对体育赛事营销绩效的评价与控制必须充分考虑体育营销的系统性，必须确立整合营销的观念，除了产品竞争、品牌竞争等关键因素，更重要的是建立与企业品牌可持续发展相关联的营销战略和顾客关系等非传统组合策略，以谋求企业与外部环境之间的协调与动态平衡、企业营销部门与其他部门之间的协调运转和营销诸要素之间的组合化运转。

企业实施体育赛事营销不仅是围绕某一赛事投入赞助费，还要采取一系列相关营销活动，从公益、文化、热点等各个角度，运用广告、促销、活动等多种手段，与顾客建立一种更有意义的关系，从而达到整合的功效，力争在一定的时间和空间内形成一个体育品牌的沟通高潮，获取相应的成功。总而言之，系统性是体育赛事营销贯彻实施及实现低投入、高效率的核心和保证，否则必然导致营销的无序、紊乱与低效率。

在体育赛事营销方面，跨国企业的体育赛事营销已经形成了一种较成熟的营销模式。1996 年可口可乐赞助了当年的夏季奥运会，它花的赞助费是 4000 万美元，但是为此付出的其他营销费用是 4.5 亿美元。可口可乐每花 1 美元的赞助费就同时在市场上投入 11 美元来巩固和加强宣传效果。可口可乐专门制定了一项与消费者密切相关的战略计划，营销策略的主题确定为"一切为了观众，运动迷至上"，提倡"饮用可口可乐，振奋奥运精神""欢呼令人口渴，来一杯可口可乐吧！"围绕战略计划，可口可乐采取了发放奥运会门票申请表、推出"家庭促销装"、开展了包括赞助奥运圣火传递并选举传递手、建造可口可乐奥运模拟城、为合作伙伴制定特别接待活动、设计纪念章交换中心、免费赠饮、全球范围内各式各样的奥运抽奖活动、入场券促销、奥林匹克公园的建造以及奥运广告片的密集播放等一系列营销措施和促销活动。这些活动在 132 个国家同时展开，活动耗资高达 6 亿美元，但取得了卓有成效的战果和巨大的回报，奥运会期间，可口可乐的销量增加了 18%。1998 年的世界杯足球赛，可口可乐通过全球各地近 200 家的装瓶厂家，开展了一系列威力强大的体育赛事营销活动，如法国之旅大奖、选拔球童和护旗手、设"红色地毯"向球迷提供看球聚会场所等。可口可乐公司投下巨资 2.5 亿美元，其销量相应地增加了 26%，品牌形象和品牌价值也得到了大幅度的提升。

在体育赛事自身的营销方面，美国国家篮球联盟（简称 NBA）比较注重营销的系统性。NBA 十分注重球迷的参与，特别组织了像电影节、服装节那样的全明星周末聚会和全明星赛，一系列活动的成功筹划和举办是 NBA 作为知名体育赛事持续发展的重要保证。另外，NBA 除了常规赛之外，每年还组织选秀大会、季前赛、全明星赛以及

组建梦之队,以此来为 NBA 注入新的元素,实现体育赛事全方位立体的系统性发展。在消费者主权的时代,品牌的核心竞争力就是品牌文化和认知。而面对世界杯的重大赛事节点,蒙牛也创造了一条以世界杯场域作为认知入口,以产品和球星为传播纽带,并创造质感内容传递完整体育价值,连接品牌文化、产品价值与消费者,打造了一条清晰而完整的传播链路。

(三) 文化性

体育赛事营销是依托于体育竞技比赛表演活动,将品牌与体育赛事结合,把文化与品牌相融合并形成个性化的体育、品牌、文化的系统工程。文化性是体育赛事营销的主要内容和更高层次的表达,是体育赛事营销的灵魂。其主要原因就在于体育赛事产品的核心利益是社交互动、消遣娱乐、追求刺激、审美和放松身心等,因此体育赛事产品所能提供的核心功能利益具有无形性、动态性、消费者感受的经验性和主观性。而体育赛事营销只有体现出与众不同的精神文化内涵,创造和进行适合各种文化层次、各种审美情趣、各个年龄阶段的消费群体需要的体育赛事,才能吸引人们参与。体育赛事营销其实质主要是为人们提供一种文化精神生活的体验和情感宣泄的通道。

体育赛事产品与其他一般产品的主要区别就在于体育赛事产品所蕴含的精神文化信息多和主要发挥精神文化功能这两点上。所以,体育赛事营销就是企业品牌以体育服务为舞台,以体育赛事产品为道具,围绕着消费者,创造出值得消费者回忆的体育赛事过程中情感体验和享受的情景。从某种意义上来讲,体育赛事营销不是推销实物,而是营销一种回忆、一种联想、一种生活方式、娱乐方式、审美情趣。就像超级碗(Super Bowl)的决赛,它不仅仅只是一场比赛,更是一种生活方式的表现。可见,与其说体育赛事营销产生的是效益,不如说是一种文化,体育赛事本身蕴藏着与生俱来的文化情结;而对于真正执行品牌营销的企业来说,它销售的也不是产品,而是一种与消费者针对体育赛事产生的情感共鸣。体育赛事营销加深了品牌与消费者之间的关系,使消费者与品牌之间产生情感的共振,从而使品牌转化为最具有忠诚度的情感品牌。被人们称为品牌代言人的世界饮料业霸主可口可乐的品牌营销的成功经验,除了在于前面提到的坚持体育赛事营销战略,从 1928 年阿姆斯特丹奥运会起连续赞助奥运会长达 77 年之久(2005 年 8 月 1 日,可口可乐与国际奥委会宣布双方的全球合作伙伴关系延长 12 年,双方的新协议从 2009 年延至 2020 年),在消费者心目中形成不可动摇的品牌地位等原因以外,更为深层次的原因是可口可乐实际上将体育赛事营销转变成其品牌发展不可或缺的一部分,以奥运会为典型代表的体育品牌赛事"更快、更高、更强"的精神与可口可乐"乐观奔放、积极向上、勇于面对困难"的体育精神有机融合在一起,在全球范围内完美地演绎着独一无二的可口可乐文化,因此可口可乐也得以风靡世界。

三、体育赛事营销的功能

体育赛事从体育竞技运动本身的属性来看就是高水平的体育赛事;可如果从体育市

场营销的角度来看，它又是能提供给品牌巨大的营销效应的强有力的载体，是体育的最大资本。不管我们从哪个角度来探究体育品牌赛事，我们都不得不承认的是体育赛事也是有其自身的经济功能和传播功能的。

（一）经济功能

竞技体育的内涵主要界定为竞技和比赛，体育是显示和较量体力和技巧的领域，是称之为"运动员"的人的活动。现代社会将体育扩大为大众化的活动，从少数人的体育变成大众的体育。美国韦氏字典把运动定义为：以愉悦为目的而从事的一种消遣或一种身体活动。体育赛事提供的产品是比赛，产品质量要求是精彩。体育赛事主要有两种形式：一是纯商业性比赛，即赛事举办者以营利为目的、满足社会体育竞技观赏需求而举办的比赛，如各种职业联赛、各种商业比赛、大奖赛、巡回赛等，欧美经济发达国家的职业体育比赛首开先河，并在20世纪70年代已经形成比较成熟的市场化运作方式，然后逐渐扩展到其他各种类型的比赛；二是以提高运动技术水平、发展体育文化为目的并采用市场运作方式的比赛，如奥运会、亚运会和各种杯赛、锦标赛等，这些比赛的举办者为弥补竞赛资金的不足，提高竞赛的活力，逐渐采用前一类比赛的运作方式，走上了市场化的道路。目前，有学者将体育定位在具有第三产业性质的商业活动，激发大众的体育消费，从而带动一个产业的发展。体育赛事的商业动机增强，与经济的关系也从最初不为人们认可发展到研究者和"实践派"的重要课题。1984年的洛杉矶奥运会由于实施了美国企业家尤伯罗斯的"456计划"，一举扭转了奥运会的赔本局面，获得了盈利。从此，体育赛事的商业运作进入了人们关注的视野，各国竞相争办各类大型体育赛事，不断从中挖掘商业潜能。

（二）传播功能

体育赛事就其本身的媒介意义来讲，传递着各类信息，尤其是有关赛事主办方的经济信息日益丰富，例如所在国或所在城市的投资环境，不仅是基础设施、资源状况等硬环境，也包括该地区的企业管理模式和人文风情等软环境，通过体育赛事媒介本身正面或侧面展示出来。对于美国城市亚特兰大，人们很难相信这座曾被称为全美第一大毒城的城市，却在1996年成功地承办了百年奥运会。前国际奥委会主席萨玛兰奇虽不曾把此次奥运会评为最好的，但却是"最例外"的。当地政府和市民以承办奥运会为契机进行了城市转型，发展成为美国第二大网络城市。还有许多奥运会主办城市如日本东京、韩国汉城、西班牙巴塞罗那等都因成功举办奥运会而一跃成为本国和世界著名的城市，并带动了本国经济的发展，这些长远影响正在逐渐由隐性趋向显性。

体育赛事的这些发展与转变既基于人们收入的提高和闲暇时间的增多，人们对体育需求的日益增长和体育消费市场的不断扩大，也有赖于各国政府和国际、国内体育组织为推动体育社会化和产业化所采取的积极政策的不断深入，体育产业规模迅速扩大，并拉动一系列相关产业的发展，成为新的投资热点。

四、体育赛事的整体营销

体育赛事的整体营销是把广告、人员推销、销售推广以及公共关系有机地结合起来，形成整体的促销策略。体育经营企业应在必要的信息告知的基础上把促销的重点放在销售推广和公共关系上。由于体育比赛产品消费的过程性特点，消费者本身的反应也是该比赛产品的一部分，因此应吸引更多的消费者，使尽可能多的消费者成为比赛的一部分，并改变既有消费者评价过程。NBA在这一点上就做得特别好，它们经常通过慈善活动等一些公关活动来提升联盟中体育明星的形象，从而吸引更多的体育迷；在营销推广上，许多球队的主场都会向观众赠送气球等小玩具，便于球迷更好地为主队鼓气；与此同时，它们还经常在比赛的间隙搞一些小规模观众参与的有奖竞赛。这些营销推广活动大大提高了观众的参与度和主动性，传递完整体育价值的同时，使得观众享受到了更多的乐趣，这时候企业的促销目标也就更容易实现。

在消费者主权的时代，品牌的核心竞争力就是消费者对品牌价值的认知。面对世界杯的重大赛事节点，蒙牛打造了一条借助体育赛事的传播链路，以世界杯场域作为认知入口，以产品和球星为传播纽带，连接体育赛事文化、产品价值与消费者。2022年，蒙牛作为卡塔尔世界杯全球官方赞助商把"体育赛事整体营销"运用到极致，通过360°全方位整合世界杯的核心要素：球星、观众和品牌。通过在纵向时间维度和横向内容宽度上双向发力，将球星、观众和品牌融为一体，为品牌的传播注入了强大的动力。首先，蒙牛依托消费者记忆力曲线打造第22届世界杯倒计时100天、40天、10天传播内容勾画了一条层层递进的品牌记忆曲线（见图6-1），从而在消费者心智中预埋蒙牛与世界杯价值衔接点。其次，蒙牛以"要强精神"为统领，从世界杯记忆、球星等多个维度刻画出时代坐标之下一系列生动而鲜活的以"营养世界的每一份要强"为主题的系列海报（见图6-2），以此达成与全世界消费者的价值认同，借助体育的"要强精神"将产品、线下活动等具体载体落实到消费者的现实生活环境。

图6-1 蒙牛2022年世界杯系列海报（一）

图6-2 蒙牛2022年世界杯系列海报（二）

蒙牛围绕世界杯打造的多点、多线、汇聚成面的立体传播网络，360°全方位整合营销既可以依赖比赛动态及时调整传播动作并保证传播节奏的完整性与最终的传播闭环，又可以通过与世界杯的深度结合，让体育文化的"要强精神"在一系列内容的深挖中超脱了单纯的营销范畴，寻找到了符合体育精神的时代面貌。蒙牛借助世界杯整体传播，让消费者对品牌产生新鲜感。其一，以产品为载体，让世界杯的记忆与情感有了具象的落点。对许多人而言，世界杯是宏大且抽象的，宏大在它有近百年的历史，抽象在它有无数精彩时刻构成，而每个人有每个人的记忆。蒙牛找了一个更为细小且合理的切口——借助产品包装让世界杯记忆符号化。比如在倒计时100天时，蒙牛通过一款大力神杯限量包装唤醒所有人对世界杯的记忆；而后蒙牛又通过摘录自各届世界杯最让人印象深刻的场景，以色彩复刻年代，以写实画面重现经典，通过12款"情怀"主题包装致敬世界杯每一个沸腾瞬间。其二，以球星为触点，撬动品牌要强精神与体育精神、足球文化的融合。在世界杯产品包装深度关联世界杯的同时，蒙牛还以梅西、姆巴佩、贝肯鲍尔、阿尔贝托、马拉多纳等享誉世界的球星为触点，让品牌的要强精神有了生动而鲜活的呈现。从中我们既能感受到贝肯鲍尔、阿尔贝托、马拉多纳、卡西利亚斯等这些"天生要强"的队长独特而鲜明的人格魅力，以一个精神领袖的群体姿态承载世界杯热血与拼搏精神的传承；也能看到姆巴佩以一个新星姿态在众多巨星的光芒之下，创造了属于自己的要强故事；更能看到梅西的传奇球王之路，"请不要相信梅西能创造奇迹，但一定要相信他无畏逆境，要强不息"既是梅西要强精神的真实写照，更有着与现实生活万象相呼应的底色，映照着当下的时代语境，将蕴含世界杯中的共同记忆与蒙牛的要强精神内核，延展成当下鼓舞人心的精神力量，并形成受众更加清晰的认知、深刻的记忆，为品牌形象塑造带来积极影响。碎片化时代，在整合性传播带来体育品牌全面关注的同时，也要为品牌带来"高光"时刻，即通过营销记忆点的打造，创造品牌的耀眼时刻。正如营销大师菲利普·科特勒所说："在注意力稀缺和信息碎片化的时代，品牌需要为消费者创造Wow Moment（惊叹时刻）"。品牌营销的高度，一定程度上代表了品牌视野的高度。蒙牛对"要强精神"的扩容与升维，通过框定世界杯这一全球性的体育盛事，让品牌"要强精神"以更加普世的价值指向激活全世界每个人身上都流淌的"要强精神"，从而勾画出一条宏大的品牌弧线，让"要强精神"传递得更广阔，也更深远。

赛事营销最终是以满足消费者的各种需求为目的，加之赛事产品的特殊性，即提供服务是赛事产品的主要特征，所以赛事营销实质上是一种提供服务来满足消费者的营销。体育赛事中的消费者是使用体育赛事服务的成员，具体表现为观众对竞赛产品的直接消费和包括运动员在内的全体参与观众对赛事支撑服务的消费。由于消费者有选择和面对不同服务做出改变消费模式的决策权利，那么增强消费者消费行为的意识和理由，影响消费者参与服务的消费经历就必然成为有效营销的核心，所以，赛事营销在强调消费者经历质量上就必然对建立赛事产品服务理念提出要求。在利用体育赛事开发其无形资产以创造经济收益方面，国外一些体育赛事营销已走在我们的前面。通过组织体育赛事，将品牌文化通过体育赛事活动融入消费者心中。耐克在篮球运动发展的黄金时期，利用"飞人乔丹"，将篮球与耐克成功地结合起来，通过主办"耐克夏令营""耐克高中生联赛""耐克三打三",让更多的年轻人接触篮球,接触耐克,体验篮球运动的快乐,把体育品牌通过篮球注入年轻人的思想当中。而阿迪达斯自2003年在北京、上海等大城市推出街头篮球赛之后,2004年将赛场继续扩大,西部的成都街头也赫然可见阿迪达斯的影子,这与耐克的体育品牌推广方式如出一辙。它不仅推动了大众健身运动的发展,也加强了阿迪达斯体育品牌与大众的沟通,让更多的人参与体育运动,塑造了一个很有感染力的体验阿迪达斯的情境。耐克和阿迪达斯从诞生起,就一直是体育明星、体育队伍、体育赛事的伙伴,更是最积极的赞助商,他们通过体育品牌战略的有效整合,创造了一个又一个成功案例。

对于借助体育赛事营销来经营产品品牌的企业来说,从事体育赛事营销的产品策略的侧重点主要有以下几点。

首先,要明确自己目前所处的位置。进行体育赛事营销的企业品牌往往已经不是处于做产品阶段,而是需要树立企业形象的时候,就是说不是利用体育赛事卖产品,而是树立品牌形象。

其次,要弄清体育赛事类别及参与对象,在什么地方举行。如果你的产品价值很低,就要去参与大众类赛事,就不要考虑诸如高尔夫赛事作为营销的载体;而一些价值很高的高端产品,参与大众类赛事的意义就不大。总之,一定要把参与的人群和产品品牌的广度紧紧地联系起来。另外,要重视媒体关注的程度,比如媒体对赞助赛事的关注程度。这项赛事媒体是否关心,有多少媒体采访转播,甚至赛事有多少新闻和趣闻可报,都要逐一研究。媒体不关注,参与的意义就不大。

再次,赛事播放覆盖的群体越多,赛事品牌营销效果越好。2024年澳大利亚网球公开赛郑钦文获得亚军,用谷歌新闻搜索,能搜到9000多条郑钦文的英文媒体报道,比谷爱凌、孙颖莎、全红婵、朱婷、张雨霏、张伟丽等中国优秀女运动员的新闻总数(基本都是200~300条)还要多,郑钦文的海外影响力是其他现役中国顶级运动员没办法比拟的。体育是人类最好的交流方式之一,只有在大家都关注的国际主流赛事上,才能达到最好的沟通、了解的目的。从这个角度上来说,国际主流赛事因为关注的人多,价值已经超出了体育范畴。

最后,对体育赛事营销投入的有效管理,要严格考核使用组织的运营能力。如火如荼的安踏全国极限精英赛,正是在安踏的大力支持下于1999年开创。安踏成功地将极限运动的形象、精神和文化融入企业体育品牌,塑造出广受青少年喜爱的个性鲜明的体育品牌形象,成为中国极限运动的倡导者与推动者。1999年精英赛的选手不足200人,地域分布不外乎北京、华北一线。到了2001年参赛选手已拓展到东北和华南。2002年更将原有的赛会制发展为北京、上海、广州三个分战场的系列赛。2003年又增加成都站,形成东西南北四大区域的全国辐射,参赛选手已达到700人,已成为国内规模最大、水平最高、影响最为广泛的极限运动赛事。在这个"没有明星,只有挑战"的领域里,任何人只要有胆量,就可以成功,就可以超越,就可以张扬个性,就可以重塑自我,而这一点和安踏"我选择,我喜欢"的体育品牌发展思路一脉相承。借助这个平台,广大年轻人纵情挑战极限,释放无限激情。同时,专业极限运动装备市场应运而生，以满足广大极限运动一族的消费需求。安踏推动极限运动产业化进程，结束了国外体育品牌在该市场的垄断局面。

体育赛事营销的主要平台是品牌赛事，而其发生的场所则是体育竞赛表演市场。体育竞赛表演市场的产品就是体育赛事中高水平运动员的竞技表演及相关组织管理人员的劳务，称之为劳务产品或非实物产品，其实质即为市场营销学中的服务产品。它满足顾客精神上的需求，具有服务产品的四个基本特征：无形性，差异性，不可分离性，不可储存性。另外，体育赛事还具有其他服务产品所不具备的特征：它既可以作为商品，也可以作为其他商品推销的媒介和载体，由此产生的经济价值可能远远大于其商品本身的价值，使体育品牌赛事蕴藏着巨大的无形资产。体育赛事营销究其实质就是一个社会管理过程，在这个过程中，个人或组织通过创造，提供可以用来同他人交换的有价值的产品或服务来满足自身的需求和欲望。在体育赛事营销的过程中，赛事的经营者通过对体育有形资产和无形资产的创造性加工，包装成具有一定附加值的信息传播载体，并面向社会寻求等同的价值交换，以期满足体育赛事承办所必须支出的经费。

体育赛事其生命周期也要经历导入期、成长期、成熟期、衰退期。体育赛事作为一种无国界的公益性传播载体，其独特的双重传播渠道以及直观性、亲和性和有效性，为其他传统媒体所无法比拟，深为众多厂商所推崇。如何利用好体育赛事这一特性聚财、生财，最根本的就是要不断根据消费者对体育赛事的需求变化，充分挖掘体育赛事的无形资产，并结合其有形资产加以整合出售，以期获得最大的经济效益和社会效益，这就要求体育赛事承办者必须用现代营销的观念来经营。

第三节　奥林匹克运动会营销

奥林匹克运动会的市场开发并不是新生事物。纵观奥运会发展的历史，早在古代奥运会就已经存在富人帮助运动员训练、为运动员提供包括马匹在内的必需物资的先例。在公元前 525 年，奥林匹克纪念奖章已经问世。1894 年，当顾拜旦开创现代奥林匹克运动时，就已经认识到如何吸引人们资助现代奥运会是一件重要的事情。世人也逐渐明白这是人类共同的盛会，而不应只是依靠主办国的自愿和慷慨来支撑，奥林匹克运动会组织者应寻求更多的支持方式，在 1896 年奥运会上出现了邮票、门票、纪念奖章、项目广告等资助方式。

可见，现代奥运会诞生的一个世纪前，市场开发就以各种各样的形式对奥运会的发展起着重要的经济支持作用。经过百余年的发展，现代奥运会已经形成了一个非常独立的领域，并树立起自己的体育品牌。奥林匹克组织一直在寻求更多的支持方式，以获得经济上的独立，促进奥林匹克运动的全球化发展。现代奥运会已不仅仅是一项体育赛事，奥林匹克运动的影响力远远超出了竞技体育本身，奥运会已经成为一种具有巨大社会价值和经济价值的体育品牌。

一、奥林匹克运动会概述

(一) 现代奥运会的由来

奥林匹亚位于希腊首都雅典西南 300 公里的丘陵地区,自 18 世纪开始,一批又一批的学者接连不断地来到奥林匹亚考察和寻找古代奥运会遗址。1766 年,英国人钱德勒首次发现了宙斯神庙的遗址。此后,经大批德国、法国、英国的考古学家、历史学家们对奥林匹亚遗址进行大规模的系统勘查、发掘,到 1881 年取得了大量有关古代奥运会的珍贵文物和史料。宙斯神庙是奥林匹克竞技会即现在所说的古代奥林匹克运动会的发源地,是世界现存的最古老的运动场旧址。古代奥运会于公元前 776 年首次举行,最后一届奥运会结束于公元 393 年,历时 1169 年,每 4 年举行一届,共举行了 293 届。古代奥运会一千多年来持续不断的运动竞技传统以及奥林匹克理想和精神,为人类社会留下了丰富的文化遗产。

法国教育家顾拜旦,于 1883 年提出举办类似古奥运会的竞技比赛的构想,并将该比赛扩大到世界范围。1892 年,他遍访欧洲,宣传奥林匹克思想,呼吁复兴奥林匹克运动。同年,在巴黎运动联合会成立 10 周年会议上,倡议恢复"奥林匹克运动会"。1894 年 1 月,他致函各国的奥林匹克组织,建议于当年在巴黎召开国际体育会议。同年 6 月 16 日—24 日,在巴黎举行的国际体育大会上,15 国代表决议每 4 年举行一次奥林匹克运动会。为了筹办奥运会,6 月 23 日成立了国际奥林匹克委员会,希腊人维凯拉斯出任主席,顾拜旦任秘书长。顾拜旦还亲自设计了奥运会的会徽、会旗。1896 年 4 月 6 日—15 日在希腊的雅典举办了第一届现代奥运会,共有 13 个国家的 311 名运动员参加了雅典大会。现代奥运会沿用古代奥运会的名称;继承了古代奥运会 4 年一度的周期;借用和发展了古代奥运会的仪式,如点燃奥林匹克圣火,奥林匹克火炬传递,运动员、裁判员宣誓,颁奖,举行开幕、闭幕仪式及运动员入场仪式,升降旗和交接会旗仪式;吸收和发展古代奥运会的传统思想,即公平竞争、拼搏意识和身心和谐发展。现代奥运会的圣火均在奥林匹克点燃,它是奥林匹克运动的象征之一。顾拜旦认为近代体育的发展正在走向国际化,应该借助古希腊体育赛事的经验和传统来推进国际体育的发展。这使得现代奥运会从一开始便冲破了民族和国家的界限,具有鲜明的国际性,增加了奥林匹克体育品牌的国际知名度。

(二) 奥林匹克体育品牌构成

奥运会是企业提升体育品牌价值的绝佳时机,企业通过把奥林匹克文化融入产品文化中,使消费者对体育品牌产生认同,这种营销方式有别于传统的厂商主导式传播,由此塑造出来的企业形象和体育品牌核心文化更深入人心,且有不易模仿的特性。

奥运会缘何成为国际知名体育品牌,国际奥委会行销主席迈克·佩恩对此有精辟的解释,他认为:奥运会不仅是体育盛事,也是体育品牌盛会。"体育品牌"既指"奥运会"这一独一无二的体育品牌本身,也包括云集于此的众多全球名牌。

奥运会为何能成为影响广泛、历久不衰的经典体育品牌？最主要的原因在于它象征着人类追求和平与发展的这一理念。人们对奥运会的认知可以概括为"希望""理想""友谊"和"公平"以及"成功的喜悦"，而这些正是人类千百年来不变的追求。国际奥委会充分认识到奥林匹克体育品牌的商业价值，视其为一切奥林匹克营销项目的基石。正如佩恩所说："树立奥林匹克的形象就是树立它的'体育品牌'。我们必须维护和加强它非商业性的价值，因为正是这种对于一般消费者来说非商业的奥林匹克体育品牌，恰恰是赞助商需要的商业价值之所在。"奥林匹克体育品牌是公益体育品牌，它会平衡经济利益和社会责任，也会协调体育品牌精神和人文精神。奥林匹克精神避免狭隘和偏颇，淡化追名逐利的商业气息，更关心建立良好的人际关系和和谐社会。正因为如此，奥林匹克体育品牌更易被消费者所接受，也成为各商家追逐的目标。奥林匹克体育品牌是一个完整的体系，由以下几个部分组成。

1. 核心资产

奥林匹克的核心资产是五环标志，这是一个全球性的标志。五环的颜色规定为蓝、黄、黑、绿、红。环从左到右相互套接，蓝、黑、红环在上，黄、绿环在下。整体大致形成一个倒置的梯形，较短的平行边构成基底。奥林匹克标志是第一届现代奥运会上由顾拜旦提议设计的。起初设计理念是它能够概括会员国的国旗的颜色，但之后对这五种颜色又有了其他的解释。1979年国际奥委会出版的《奥林匹克评论》（第四十期）强调，"奥林匹克标志代表五大洲的团结和全世界的运动员公正、坦率的比赛和友好的精神，在奥运会上相见"。奥林匹克旗为白底，无边，中间是五色环的奥林匹克标志。其图样和比例与1914年巴黎大会上顾拜旦赠送的旗相同。"五种颜色代表世界所有国家旗帜的颜色，五个环象征五大洲通过奥林匹克理想紧密地联结在一起"，这是现代奥运之父顾拜旦对五环标志的说明。国际奥委会正是通过运用知识产权对五环标志这一核心资产的控制和使用，来确立全球合作伙伴的标准，以满足全球性企业对体育品牌扩张的需求，并构建一个稳定的财务体系。

2. 核心理念

奥林匹克运动不仅仅是一个全球性的盛会，它实际上是传播人类文明的一场伟大的教育运动。顾拜旦说："在我看来，现时文明的未来既不依赖于政治基础，又不依赖于经济基础。它完全取决于教育的方向。"在1908年伦敦奥运会，国际奥委会提出了奥林匹克主义的概念，即通过现代竞技运动的教育作用，使全世界青年友好相处、身心均衡发展，从而增进国际间的相互了解；提出了体育运动和文化艺术相结合，以达到身心均衡发展的重要思想；提出了奥林匹克宣言"重要的不是取胜，而是参与"。在1920年安特卫普奥运会，出现了奥林匹克格言"更快、更高、更强"。奥林匹克格言是国际奥委会对一切热衷奥林匹克运动的人们的号召，鼓励他们向奥林匹克精神前进。

北京2008年奥运会有三个很重要的理念，就是"绿色奥运""科技奥运"和"人文奥运"。其实这三个理念蕴涵了很多层面的知识和观念，是符合世界奥运精神的，这也是北京能够成功申办2008年奥运会的一个重要力量。"绿色奥运"强调的是用保护环境、保护资源、保护生态平衡的可持续发展思想筹办奥运会，广泛开展环境保护的宣传教育活动，促进北京和中国环保基础设施的建设和生态环境的改善，倡导绿色健康的生活方式和消费方式。在举办奥运会时，把环境保护作为奥运设施规划和建设的首要条件。在奥运会筹办和举办过程中，制定严格的生态环境标准和系统的保障制度。"科技奥运"是紧密结合国内外科技最新进展，集成全国科技创新成果，举办一届高科技含量的体育盛会；提高北京科技创新能力，推进高新技术成果产业化和在人民生活中的广泛应用，使北京奥运会成为展示新技术成果和创新实力的窗口。"人文奥运"主旨是传播现代奥林匹克思想，展示中华民族的灿烂文化，展现北京历史文化名城风貌和市民的良好精神风貌，推动中外文化的交流，加深各国人民之间的了解与友谊；促进人与自然、个人与社会、人的精神与体魄之间的和谐发展；突出以人为本的思想，以运动员为中心，提供优质服务，努力建设使奥运会参与者满意的自然和人文环境。

3. 核心利益

奥林匹克主义是将身、心和精神方面的各种品质均衡地结合起来，并使之得到提高的人生哲学，它将体育运动与文化和教育融为一体。奥林匹克主义所要建立的生活方式是以奋斗中所体验到的乐趣、优秀榜样的教育价值和对一般伦理基本原则的推崇为基础的。奥运会作为世界上规模和影响最大的体育赛事，它能够提供多种体育和文化展示机会并强调参与的普遍价值。奥运会同时又不只是一个体育赛会，奥运会的重要意义在于被当作世界上一股社会的、文化的和教育的力量，人们认为奥运会创造了和谐与和平的感觉。奥林匹克体育品牌拥有与人类成熟和无私的理想结合的价值，是具有共同的奥林匹克体育品牌信念的人创造的。

奥运会也是体育品牌国际化的传播平台。电视的普及和传播技术的进步，打破了奥运会比赛的时空局限性，大大地增强了奥运会对社会的影响力。精明的商家早已认识到体育背后蕴藏的无限商机，借助体育赛事开展的营销活动不仅能吸引消费者的目光，达到提高销售额和利润的目标，更重要的是体育运动所推崇的公正、公平的理念，更能使厂商的宣传效果和体育品牌价值提升到较高的水平。在 1996 年亚特兰大奥运会期间，作为全球赞助商的可口可乐公司当年在第三季度赢利就增加了 21%。从 1896 年第一届奥运会起柯达公司就开始了与奥运会一个多世纪的情缘，奥运会已经成为柯达公司自身形象密不可分的一部分。与可口可乐、柯达、VISA 等奥运会"老牌"赞助商相比，从 1994 年开始赞助奥运会的三星公司，充分依托自身强大的全球平台，通过赞助奥运会等国际顶级体育赛事，成为借奥运会实现快速腾飞的成功典范。

抓住了奥运会赞助的商机，把自己的体育品牌推向全球，我国最著名的就是李宁公司。李宁公司从 1990 年创业起，就把奥运体育品牌营销作为企业的发展战略。2002 年李宁成功地获得了中国的第一运动体育品牌，同时成为国际运动体育品牌的主流。1999 年，联想作为北京申奥的最大赞助商曾捐赠了 1200 万元，并被授予"北京 2008 年奥运会申办委员会合作伙伴"称号。2006 年 3 月份，"联想集团"也以 8000 万美元的高价拿到了 2008 年北京奥运会的 TOP 会员证。

4. 组织体系

组织体系包括：① 组织者，如国际奥委会、国家奥委会、国际单项体育联合会；

② 赛事（产品和服务），如夏季和冬季奥运会所展开的各项体育竞赛项目；③ 观众，如全球各国家、各民族、各年龄的数十亿观众；④ 政府，如夏季、冬季奥运会承办国家。

5. 媒体

媒体包括全球性的、地方性的电视、广播、报刊、网络等。

6. 赞助商

奥运会赞助商分为三个级别，分别是奥林匹克合作伙伴项目（TOP 赞助商）、当届奥运会赞助商和各国国家奥运会赞助商。不同级别的赞助商对奥运会会徽及奥林匹克标志的使用权和宣传权不同。

二、奥林匹克营销组织结构

国际体育营销的产生和发展与 20 世纪 80 年代奥林匹克运动的蓬勃发展是并行的。各大公司都愿意付出极大的代价来和奥运会五环建立联系，这就是奥林匹克体育品牌的魅力。奥林匹克各组织间的关系主要依靠《奥林匹克宪章》规定的规章制度实施调控，在这种高层次的管理与调控方法之下，形成一个相对稳定的结构。系统内部的各子系统互相配合，各司其职，协调有序。在这样一个巨大的系统中，奥林匹克体育品牌营销的组织分别是国际奥委会、奥运会组委会和国家奥委会，三者形成了如图 6-3 所示的结构。

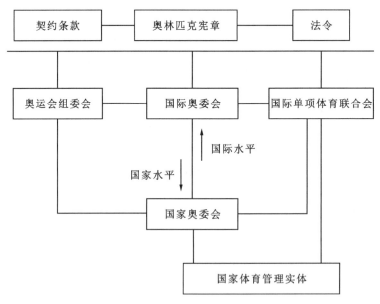

图 6-3 奥林匹克营销内部结构

（一）国际奥委会

作为奥运会和奥林匹克市场开发权的所有人，国际奥委会负责对奥林匹克营销活动进行全面指导和管理。全员必须遵守奥林匹克主义的基本原则；监督国际奥委会市场营

销和相关计划的执行，并且随时向国际奥委会执行委员会汇报；国际奥委会营销部负责实施国际奥委会营销委员会推荐的提议，请专业机构帮助管理和增强奥林匹克营销活动；国际奥委会执行委员会监督和批准已制定的营销计划，并由国际奥委会营销委员会在国际奥委会会议上提出建议。国际奥委会直接组织实施的奥林匹克营销计划包括奥运会电视转播计划、TOP（奥林匹克合作伙伴）计划、全球赞助商计划、国际奥委会特许计划、国际奥委会供应商计划。其营销收入的大约92%分给了国家奥委会、国际单项体育联合会和奥运会组委会，以支持奥运会的举办和推动全世界体育运动的发展。剩下大约8%的营销收入用于管理奥林匹克运动的运转和行政开支。

（二）奥运会组委会

奥运会组委会从成立之时就在国际奥委会的指导下，管理奥运会的市场开发活动，包括：奥运会赞助和在举办国进行的供应商计划、奥运会门票计划、奥运会特许计划。奥运会组委会营销收入的5%分配给国际奥委会，作为使用奥林匹克知识产权和在奥运会组委会营销活动的管理上得到国际奥委会支持的回报，其余95%留做奥运会组委会和举办国国家奥委会举办奥运使用。国际奥委会则将TOP计划收入的50%，奥林匹克电视转播收入的49%（2004年之前为60%）提供给奥运会组委会，用以支持奥运会的举办。奥林匹克无形资产的社会意义和它所能产生的经济效益随社会的发展和进步在不断增大，奥林匹克无形资产整体价值的增值使得奥林匹克营销潜力越来越大。

（三）国家奥委会

依照《奥林匹克宪章》，在奥运会和受国际奥委会赞助的地区、洲际或世界综合性体育竞赛中，国家奥委会唯一有权代表各国家。此外，各国奥委会有义务选派运动员参加奥林匹克运动会。国家奥委会为各自代表团成员提供装备、交通和食宿。各国奥委会有全权和专门的权利选择决定本国体育代表团成员在奥运会所有比赛、仪式有关的着装和使用的器材。国家奥委会进行的奥林匹克市场开发活动包括国家奥委会在本国进行的国家奥林匹克赞助和供应商计划及国家奥林匹克特许计划。国家奥委会100%地保留其市场开发收入，用来支持奥林匹克代表团和体育发展计划。各国奥林匹克运动的组织管理体制，建立在各国社会政治、经济体制及体育管理体制基础之上，并在组织体系上与国际体育组织相衔接。尽管世界奥林匹克组织与管理有一套相对稳定的基本模式，并且在奥林匹克理想的指导下，不断地自我更新完善，但由于各个国家的发展状况不同，政治、经济、历史传统各异，各国奥委会具体的组织与管理方式各具特色。

三、奥林匹克体育品牌营销

（一）奥林匹克营销发展过程

1896年雅典奥运会，首届现代奥运会组委会面临严重的经济困难，希腊慈善家阿维罗夫无偿提供重资修建体育场。1912年斯德哥尔摩奥运会，约10家公司获得在奥运会上摄影和出售纪念物的营销权,一家公司获准用地秤为观众称体重以获利,这届奥运会还发售了彩票;这届奥运会全部开支为68万美元,没有出现赤字。1928年阿姆斯特丹奥运会,接受国内外的捐赠、出售门票和出售与奥运会有关的各种商品营销权的收入占到开支的60%。由于赞助商过多,组委会做出前所未有的决定,对奥运会的标志和相关标志进行注册并获得版权。特许营销权扩大到餐饮业,允许在运动场开餐点。可口可乐公司开始其长达70多年的奥运营销。1952年赫尔辛基奥运会,首次试图制订一个国际营销计划:由11国的18个商家提供物资和服务,包括从运动员的食物到获奖者的鲜花。1968年奥运会,墨西哥城,除电视转播外,组委会从各种渠道进行了集资。许可证、专营权、物资、服务,占其收入的60%。组委会49%的运行经费来自商业开发(约2000万美元),占奥运会全部开支的11%。1980年,莫斯科奥运会组委会与在40国营销的19家公司签了合同。4年间共发放6972张奥林匹克产品生产证,生产了17500种物品。此外,还有17国的商家的1633种奥林匹克商品获准在此出售,仅以吉祥物"米莎"为标志的,就有14个商家250种产品,总收入达1090万美元。

1984年洛杉矶是奥林匹克营销的转折点,首次完全由私人企业组织,以完全商业化的方式组织这届奥运会,获得前所未有的经济效益,盈利2.122亿美元。1985年,国际奥委会开始实施第1期(1985—1988年)奥林匹克营销计划,167个国家和地区奥委会有154个(92%)参与实施,该计划获9500万美元。1989年,国际奥委会开始实施第2期(1989—1992年)奥林匹克营销计划,该计划结束时获1.75亿美元,172个国家奥委会中有169个(98%)参与。1993年,国际奥委会开始实施第3期(1993—1996年)奥林匹克营销计划,进一步明确了国际奥委会、奥运会组委会和各国奥委会各自在营销中的权利,对广告的条件做了具体规定,开始更为复杂的营销组合,全球范围的营销伙伴由12家降为11家,每家的赞助范围为2500万~4000万美元。1997年国际奥委会开始实施第4期(1997—2000年)奥林匹克营销计划。同年12月2日,国际奥委会与世界体育用品联合会就采用奥林匹克经销规则签署了协议,以加强两个组织间的密切合作。该规则包括针对世界体育用品联合会及其会员在涉及与奥林匹克有关的活动时的详细指标。1998年12月15日国际奥委会和国际体育与休闲设备协会签订协议,决定成立双方的联合工作组,开发合作计划。

(二) 奥运会电视转播权的销售

体育赛事电视转播作为一项权利的确立最早来自国际奥委会。奥运会的电视技术转播始于1936年的柏林奥运会,共播出138个小时,有16万观众。1948年伦敦奥运会确立了电视转播付费的原则(当年BBC广播公司同意支付大约3000美元的电视转播费)。1958年,《奥林匹克宪章》(第49条)首次确立了奥运会的电视转播权归属国际奥委会,并规定:媒体(电视或电影)引用奥运会有关内容每日不得超过3个小时;电视台或电影在24小时内可以在新闻节目中插播不超过3秒的奥运会内容3段,并且至少相隔4秒。1960年罗马奥运会首次对欧洲18国实况转播,1964年东京奥运会开始了卫星全球实况转播,从此改变了人们观看奥运会的方式,同时也大大增加了出售电视版权的

重要性。奥运会电视转播为奥林匹克运动提供了前所未有的财政基础，也确保了奥运会在将来的可行性。自20世纪80年代以来，奥运会电视转播权收入扶摇直上。

国际奥委会对奥运会拥有全权，负责与各转播公司或广播联盟直接谈判。通过国际奥委会和各转播机构的努力，1996年亚特兰大奥运会的转播已覆盖214个国家和地区，极大地推动了奥林匹克运动在全球的发展。自1995年6月以来，国际奥委会已与美国、澳大利亚、日本以及中美和南美、中东、欧洲地区签署了至2008年的51亿美元的电视转播合同。而TOP赞助商和国内赞助商与转播公司的关系又密不可分，前者向后者购买大量的广告时段，后者必须向前者提供最佳的广告时机。

（三）奥林匹克分层营销

1. 奥林匹克赞助计划

奥林匹克运动会为赞助商提供了强有力的营销平台，赞助商可以由此体验奥林匹克形象的力量。奥林匹克运动已经超出了体育的范畴，它弘扬了全人类的美好理想并传承其在文化、教育、环境的理念，这为赞助商接触、打动并影响消费者提供了多种营销机会。

奥林匹克赞助计划由国际奥委会全球赞助计划（以TOP计划为主）、国家奥委会赞助计划、奥运会组委会赞助计划等几部分构成。

1）奥运会全球赞助计划

TOP计划即国际奥委会的全球赞助计划，对整个奥林匹克运动提供支持。TOP合作伙伴在全球范围内享有奥林匹克营销权利，并且是奥运会、国际奥委会以及200多个国家（地区）奥委会和奥运会代表团的官方赞助商。

国际奥委会于1985年2月通过了"国际奥林匹克营销计划"的实施目标与原则。1985年3月28日国际奥委会与设在瑞士的国际体育、文化和余暇营销公司签订协议，开始实施著名的"奥林匹克伙伴"计划，即TOP计划。TOP计划以4年的奥林匹克周期为界。国际奥委会供应商计划是属于国际奥委会赞助计划中的一小部分，只是为了向国际奥委会提供其运转所需的关键性支持和产品而设计的。国际奥委会的供应商获得有限的营销权，通常不包括对于举办奥运会的直接支持，而且对其供应商的数量控制非常严格，并仅限于国际奥委会日常工作需要的服务和产品类别上。

2）国家奥委会赞助计划

除TOP计划外，各个国家奥委会在本辖区内实施赞助计划，其目的是为本国奥林匹克运动员的训练和比赛提供支持。各个国家奥委会赞助商仅在本国或地区奥委会辖区范围内享有奥林匹克营销权。

3）奥运会组委会赞助计划

奥运会赞助的目的是直接支持奥运会的举办。奥运会的赞助商将在主办国地域范围内，在规定的产品类别享有排他性的营销权利。一个城市获得奥运会的举办权后，所在国的国家奥委会的赞助计划与奥运会计划合二为一，成为联合营销计划，由奥运会组委会负责实施。奥运会赞助商向奥运会、奥运会组委会、主办国奥委会以及主办国的奥运会体育代表团提供支持。

2. 奥林匹克特许计划

奥林匹克特许计划由奥运会组委会在国际奥委会的指导下进行管理。特许计划是一种在可操控的商业环境中，推广奥林匹克形象和宣传主办国地区文化的体育品牌推广活动。特许商为获得奥林匹克标志、形象和主题的使用权，向奥林匹克组织机构支付版税。奥林匹克特许计划可细分为奥林匹克特许商品销售计划、奥林匹克纪念币计划和奥林匹克集邮计划。

1) 奥林匹克特许商品销售计划

特许经营与纪念品销售是指奥运会组委会通过使用奥林匹克体育品牌和知识产权等途径，在本国以及任何可能的国际市场销售官方特许商品使奥运会组委会收入最大化的行为。奥林匹克特许商品销售计划旨在推广奥林匹克理念和奥运体育品牌，为公众提供接触奥运的机会，激发奥运热情。如今的特许计划已发展成为一个完整的设计统一、体育品牌丰富、品质优秀的商品计划，更好地宣传和推广奥运会的整体形象。

2) 奥林匹克纪念币计划

现代奥运会进程的前55年一直未发行纪念币，从1952年赫尔辛基奥运会开始，为历届夏季和冬季奥运会发行纪念币已成为主办国政府的惯例延续至今。纪念币计划为夏季奥运会和冬季奥运会提供了财政支持。发行奥林匹克纪念币的政府通常贡献一部分利润或全部利润，作为举办奥运会或支付本国奥运会代表队的开销。纪念币的发行一度成为奥运会筹资的主要渠道。不过随着奥林匹克市场的逐步开发，纪念币筹资功能逐步淡化，宣传奥林匹克和国家形象成了其主要目的。

3) 奥林匹克集邮计划

1920年安特卫普奥运会开始，奥运邮票发行成为惯例。1992年有137个国家发行了印有奥运会五环标志的123万枚邮票。各国发行的奥林匹克纪念邮票数千种。奥林匹克纪念邮票在设计上强调举办国的风俗人情、文化特色以及本国优秀运动员的动作造型，注重奥运会知识介绍，常见的有会旗、会标、吉祥物、火炬、比赛场馆、运动项目等的图案。从第一届现代奥运会开始，各国发行了超过5000万套奥林匹克邮票。到2000年悉尼奥运会，奥林匹克邮票和邮册的代理商已遍及全球，发行邮票的国家和地区达到100个以上，发行总数在300种以上。

3. 奥林匹克门票计划

奥运会门票计划，是经国际奥委会执行委员会批准后，由奥运会组委会负责管理。奥运会门票计划的基本目标，是为了使尽可能多的人能够亲身体验奥运会的仪式和比赛。奥运会门票计划的第二个目标，是为支持奥运会的举办创造必要的财政收入。奥运会门票是主办奥运会重要收入之一，其在奥运会总收入中所占比例越来越小，但奥运会门票的收入还是不可小视。门票一般由组委会的销售公司负责，多以预售为主，外销一般通过各国国际旅行社进行，采取套票和单项票两种销售形式。套票有两种：一是"大套票"，即开幕式、闭幕式及所有比赛完整的一套票；二是"小套票"，即某一项目全部比赛场次的门票，或若干项比赛组合的套票。

经过百年发展，现代奥运会有着良好的经久不衰的社会形象，已经树立了其独特的体育品牌。公众对奥运会、奥林匹克选手和奥林匹克理想评价很高。奥运会在人们心目中的位置高于世界顶尖的商业公司。奥林匹克作为一种人道主义的体育品牌，已与红十字会、联合国教科文组织等一样得到人们同样的尊敬。

　　国际奥委会清楚地认识到，奥林匹克体育品牌是奥林匹克营销的基石，因此不断强调不要单纯为开发经济来源而营销，每一个营销项目都要考虑对奥林匹克形象的影响，要有助于完善奥林匹克形象，而不能使这种形象平庸。营销计划在确保奥林匹克大家庭经济独立的同时，要有助于唤起人们对奥运会的注意，要确保奥林匹克运动的基本原则。考虑到商业化和文化价值的平衡，为了保护这个品牌，奥林匹克组织提供了营销活动指南，为赞助商设置了一些要求，规定了其营销活动不应逾越的界限。

第四节　体育品牌推广的方式

　　体育品牌铸造是一个负责而又艰巨的过程，既可以采取单一的体育品牌培育途径，也可以根据不同的体育产品的内在属性以及企业的发展阶段和发展潜力，有所侧重地选择若干体育品牌建设的有效途径，合力营造体育品牌。但是无论如何都要具体问题具体分析，针对体育品牌受众，研究其消费心理和消费习惯，甚至消费的地域、民族、文化习俗等特点，审慎做出决策。伴随着体育产业的数字化进程，年轻一代体育消费者普遍是科技产品和应用的主要受众人群，在广泛的体育市场，科技可以彰显企业实力，还能拉近与消费者的距离。例如，商汤科技是一家人工智能软件公司，在体育领域的应用，主要集中在赛事转播、训练辅助和智能化体验等方面，通过 AI 技术为体育产业带来了新的服务和创新空间：与上海东方传媒技术有限公司（SMT）合作，打造了"智慧体育-AI 赛事转播升级解决方案"，通过三维动作捕捉技术与 AR 特效渲染引擎，实现了乒乓球赛事数据采集与可视化转播升级，为观众提供了更丰富的观赛体验；与江苏省体育科学研究所、汇通达网络股份有限公司共建了"体育＋AI 联合实验室"，利用视频实时捕捉运动员训练动作的实时辅助系统，共同推动体育专家知识与自动化、智能化手段相融合，为社会、行业创造价值；商汤科技生产的元萝卜 AI 下棋机器人，可以与使用者进行对弈，并提供实时分析和判断，帮助运动员提高训练竞技水平，此外，该机器人还可以走入家庭，为用户提供个性化的下棋教学；早在 2022 年，商汤科技就已经进入了 F1 的赛场，与周冠宇所在车队——索伯车队达成技术合作，他们共同探索人工智能技术在赛车领域的应用，为赛车运动带来了更加智能化的体验，助力车队成绩提升。对于一家致力于体育科技发展的公司，创新是核心动力，必须持续向社会输出品牌最新的价值理念。

一、体育赞助

　　体育赞助是指体育系统与体育赞助者之间，以赞助者提供资金、实物或技术的支持和被赞助者回报以冠名、专利、广告等一系列权利为平等交换的手段，以满足双方不同需求为目的的、最终促进双方事业共同发展的一系列商务活动整体。通过体育赞助，赞助商的品牌或产品能够与目标受众进行一种心灵上的互动和沟通。体育赞助，给商家创造了一个可以在情感上与体育迷们交流的平台。而且，通过长期赞助某项赛事或联赛，商家的体育品牌或产品会被认为同样代表了所赞助赛事传递的体育竞赛精神，这可以说是商家与目标受众沟通的一种升华。所以，一般来说，体育赞助会比广告更易创建一种与目标受众的纽带联系。体育品牌营销的一个主要方式就是借助赞助、冠名等手段，通过所赞助的体育赛事或者是体育活动来推广自己的产品品牌。体育赞助是体育社会化、企业（形象）公众化的有效途径，是经济效益和社会效益的统一。体育赞助虽然不直接刺激产品的销售，但由于它通过赞助体育比赛，无形当中使特定产品品牌具有强大的感召力，产生持久感人的轰动效应，对产品销售起到潜移默化的影响。同时，可塑造良好的社会公益形象，还可巧借体育赛事制造新闻，扩展体育产品的知名度，创造出知名体育品牌。众所皆知，阿迪达斯对NBA的支持，使它的名声遍布全世界。1998年阿迪达斯公司赞助体育的金额是4.98亿马克，而当年该公司通过赞助世界杯足球赛等一系列活动，推广、促销获得全年销售额则达到38.3亿马克，这不仅提高了体育品牌知名度，成就了世界一流的体育品牌，而且获得了巨大的经济效益，可谓是名利双收。

（一）体育赞助的方式

根据赞助对象的不同，体育赞助可分为以下几种。

1. 体育媒体赞助

体育媒体赞助可以通过以下两种方式进行：① 赞助媒体或购买媒体广告时段，企业通过赞助体育赛事的电视直播或转播，或在这些媒体购买广告时段，可以取得良好曝光率，也可获取连带利益；② 冠名赞助媒体的体育节目。

2. 体育赛事赞助

与体育赛事有关的赞助方式和回报权益有体育赛事冠名、体育赛事赞助商、与赛事相关的广告权与公关活动权、赛事会徽和吉祥物的使用权等。

3. 体育组织赞助

各种层次和类别的体育组织在体育行业中代表着行业地位和权威性，通过赞助体育组织，赞助商能获得时效长、影响大的回报。

（二）体育赞助的过程

为了更好地实施赞助项目，越来越多的企业开始实施一种系统化、程序化的赞助过程。赞助过程主要包括明确赞助目标、确定赞助预算、赞助的获得和赞助的实施与评估几个方面。

在设计赞助计划时，首先要确定赞助的目标和赞助的预算，这两个因素要结合起来考虑。当企业考虑一项赞助计划时，首先要考虑的就是通过赞助所能达到的营销目标。

企业介入赞助是为了创造意识和提高体育品牌的知名度，提高公司产品和企业的形象。考虑到各种赞助目标之间的相关的重要性，企业必须认真衡量赞助如何帮助其达成自身独特的营销目标。在检查赞助目标的同时，应寻找出适合现有的促销预算的赞助模式。没有资金，再有意义的目标也无法实现；但是，也不能完全只依据资金来考虑适合的目标。如果目标合理，那么高层管理者就会想办法提供资金。

赞助预算的制定主要取决于公司的规模和发展历史，或过去的赞助经验。赞助商不应该把赞助费当作最后的承诺，或把赛事当作一次性投资，而应充分利用赞助活动，实现最佳效果。预算至少应该是原始赞助费用的 1~3 倍，用于宣传、广告、接待，并拿出赞助费用的 3%~5% 作为市场调查费用，因为只有 10~50 次的形象展示才能使消费者获得印象。

明确了赞助的目标和预算之后，就要从众多可利用的赞助机会中选择出我们所要利用的。百事公司声称他们每年都会收到近 500 个赞助提案，一些大公司几乎每年都会收到 100 多个赞助提案。不管确切的数字如何，这都是一大笔可供潜在的赞助商利用的赞助机会。当我们面对众多可供选择的机会时，有三个方面必须考虑：第一，我们赞助的是何种规模的赛事，地方还是区域的？全国的还是全球的？第二，必须选择一个运动的平台，决定是赞助运动员、运动队、联盟还是运动场？第三，一旦选择好明确的运动平台，就要决定所要赞助的具体的体育实体。例如，企业可以选择是赞助足球联赛、篮球联赛还是其他系列赛事。

赞助过程的最后步骤包括赞助的实施与评估。企业都希望确定他们的赞助目标会实现。衡量赞助对目标受众意识水平的影响，是一项相对比较容易的营销研究工作，但评估赞助的经济利益仍然是一项非常困难的工作。此外，企业还希望能确定赞助对销售产生的具体影响。

（三）体育赞助评估

国外经济学家的研究表明：通常情况下，投入 1 亿美元，品牌知名度可以提高 1%；而赞助奥运，投入 1 亿美元，可使品牌知名度有 3% 的提升。企业并不是普通的体育迷，它的宗旨是要盈利，每一块钱的投入都要经过严格的论证，如果不能为企业带来盈利，就不可能投入。企业赞助体育有利可图，具体地讲这是由于体育赞助与传统广告媒体相比所具备的投入低、效益高的优势所决定的。由于社会的发展，传统的广告媒体早已分化为报刊文字、电台广播、有线电视与网络等几个主要分支，而每个分支又有其相对固定数量的对象，因而导致了传统广告"受体"的分流。而体育则不然，由于它的激情、活力、精彩与刺激，受到了全球不同肤色、种族、性别及年龄观众的普遍理解与欢迎。所以，有人把体育比喻为"类媒体"，这个称呼十分恰当，因为体育尽管不是传统意义上的媒体，但它确实具有一定的传播功能，它的传播效果甚至比传统媒体还要好。

体育比赛，运动队及运动员积极向上、勇于进取的自身形象对企业及其产品的形象起了"增值"的效应，这种宣传效应是传统广告所不及的。更有说服力的是，广大赞助商都能从赞助体育中得到丰厚的回报。对于大众消费品牌而言，品牌知名度和直接的销售影响力必然是考核赞助的关键指标。但是IT市场更依赖于长期服务和可持续投资，相关企业更看重长期增长以及商业和技术遗产方面的成绩。因此，在科技公司的体育营销投资往往更注重长期性。虽然联想与国际奥委会的合作只经历了都灵冬奥会和北京奥运会，但是这短短四年多的牵手让联想实现了从效益到品牌的双丰收。在那个时期，联想体育营销实践贯彻"以奥运为主线，以特定赛事为补充"的方针，采取赞助、合作等多种方式，通过整合传播，力求在相当长的时间内使全球受众对联想的注意力持续、平滑的上升，从而推动联想品牌的稳步发展。联想在奥运会上的成功奠定了其真正国际品牌的地位。第三方机构的调查显示，联想奥运营销的表现在2008年奥运会众多全球合作伙伴中居于领先地位。美国《商业周刊》的调查也显示，全球有53%的受访者认为联想是新兴国际品牌中的佼佼者。此后，体育营销作为联想国际品牌战略的核心，成为联想全球品牌推广的重要途径。后北京奥运时代，联想的体育营销战略也走向多元化。从跑步、赛车、篮球到足球，联想一方面通过创新体育营销手段建立品牌与消费者之间的情感纽带，同时也借助国际顶级体育IP深入海外焦点市场。联想在欧洲和北美制定了两条体育营销路线：在欧洲，联想涉足对科技能力要求极高的F1，率先赞助了F1威廉姆斯车队；在北美，联想则选择了NBA，直接挑战戴尔和惠普的市场地位。从近几年来看，联想的体育营销重点主要分布在赛车、足球和电子竞技领域。2019年，联想成为国际米兰全球技术合作伙伴，为俱乐部提供联想服务器、存储、自定义软件等智能技术解决方案以及笔记本电脑和平板电脑等产品，并对俱乐部数据进行管理，使其更好地与球迷互动。联想集团前总裁兼首席运营官蒋凡可·兰奇（Gianfranco Lanci）表示："联想与国米（国际米兰）有着共同的核心价值观，即高性能、创新、多元化和包容性，因此两者自然而然地结成了伙伴关系。国际米兰百年的历史、辉煌的荣誉和胜利纪录，以及对共同价值观的重视，使俱乐部成为联想的理想合作伙伴。随着智能技术的广泛应用，我们可以帮助国米与忠实粉丝建立联系，并为他们提供更好的信息和娱乐体验。"由于赞助商可以获得赛事组织者在接待票证等诸多方面的照顾，同时赞助商还可获得利用体育比赛争取生意的机会，悉尼奥运会的12个国际赞助商在奥运会期间，都邀请了数以千计的客户及合作伙伴去参观奥运会，为赞助商提供了与合作伙伴及客户增进感情、交流、谈判、签订协议，以及争取新投资或客户的机会。回报都是企业所期望的，而这一切又都只有通过体育赞助才能得到，这就是企业不惜用重金赞助体育的"秘密"所在。

（四）体育赞助的优势

对于与体育运动和各大体育赛事直接相关的体育品牌，更是可以通过赞助、冠名等方法在展示体育运动的巨大魅力的同时，充分发挥其推广体育品牌的所有优越性。

1. 体育赞助的效果自然、易于被接受

我国国内的体育品牌李宁就是通过体育赞助树立起体育品牌地位的成功典范。李宁通过赞助中国体育代表团参加奥运会，成功地打响了李宁体育品牌的知名度，并在消费

者心目中形成了冠军、荣誉和民族自豪感的体育品牌联想，在更高层次的情感诉求上引导体育品牌的受众认同并接受李宁这一体育品牌所蕴含的深刻理念，直至最后形成牢固的体育品牌的忠诚度，实现体育品牌与目标顾客群体的亲密互动。

2. 体育赞助有针对性、容易激发情感共鸣

在重大比赛现场，观众动辄成千上万，媒体受众更是不计其数。至于赞助奥运会、世界杯等大型体育赛事，更是创新体育品牌过程中树立体育品牌知名度最为有效和便捷的途径，因此非常有利于体育企业与目标对象进行有效的沟通，达到事半功倍的效果。李宁公司从 1992 年起连续多次赞助中国奥运代表团，为中国体育健儿提供奥运领奖装备，使李宁体育品牌和祖国荣誉紧密地联系在一起。李宁体育品牌对体育运动包括奥运会的理解不仅仅是荣誉与骄傲，不仅仅是金牌，不仅仅是冠军，而是一种深深的爱国主义情结。2000 年悉尼奥运会中国运动健儿身穿"龙服"和"蝶鞋"走上赛场，获得了 28 枚金牌的赫赫战绩，而由李宁公司赞助的领奖装备更是完美地结合了现代体育和中国文化精髓，彰显了龙的传人的万丈豪情和对祖国的赤子之情。水到渠成地将消费者的情感诉求升华到了爱国主义的高度，在空间上最大限度地调动了全国的消费者；在情感上，在民族自豪感这一最高层次的情感基础上激发了消费者的需求，不可不谓是运用诉诸情感营造体育品牌模式的经典之作。

体育赞助是企业改善甚至重建品牌关系的重要传播工具，它依托于体育，但最终目的却指向自身品牌内涵的构建，从而借助体育所唤起的积极情感来影响消费者的品牌认知。体育运动承载着"健康与活力、激情与梦想、参与与坚持、拼搏与超越、竞争与公平、个体价值与团队意识"等精神内涵，体育赞助战略的精髓就在于品牌价值与体育文化的互动与结合，将适合自身品牌基因的体育文化融入品牌文化中，借此与消费者形成共鸣。在体育赞助中，只有所选择的体育运动与品牌的调性（品牌个性、品牌文化、使用者定位等）相匹配，才能最终实现品牌资产的强化。

二、体育明星代言

体育明星无疑是体育资本中最为耀眼、最令人狂热、最富吸引力的核心部分，正是有他们的存在，体育运动才会焕发出无穷魅力。不少体育迷之所以会爱上体育运动，实际上大多数是受到了体育明星的吸引。体育明星做形象代言人，越来越成为企业体育品牌营销策略的重要组成部分，为体育品牌形象提供鲜活的个性因素。可口可乐钟爱体育明星，喜欢用体育明星做广告代言人。如橄榄球运动员强·戈瑞尼在艰苦的比赛后把他的运动衫赠给一位给他一瓶可口可乐的小男孩；在东南亚运动员换成了泰国的足球明星尼瓦特；在南美洲广告主角改为阿根廷球王马拉多纳；在中国，则选用了跳水皇后伏明霞。尽管在人物、广告语、情节上都有很大的变化，但可口可乐的任何一个广告都会体现出"运动、奔放、向上"的体育品牌核心价值。2004 年的奥运之年，麦当劳先后同姚明和郭晶晶这两位年轻的中国奥运选手，进行了体育品牌宣传上的合作。姚明作为全球麦当劳"我就喜欢"体育品牌活动的代言人，他真诚、热情的个性和高大的形象充分地体现出巨无霸的独特魅力,并诠释出巨无霸带来的"生命充满活力"的含义。郭晶晶,是麦当劳在中国市场推出的首个体育方面的形象代言人,她身上体现出麦当劳体育品牌的特色——时尚、积极、充满活力,这与当今人们追求和渴望的生活方式十分一致。而这些特质都非常符合麦当劳"我就喜欢"的体育品牌形象。

(一)体育明星代言推广方式

1. 明星代言

由知名度高、形象良好的体育运动员出任企业、产品代言人,明星的形象出现在各种广告、宣传资料、促销品上,利用名人效应扩大企业、产品的影响力。品牌评估潜在签约运动员的维度基本锁定在运动成绩和运动能力、该运动项目的历史地位、生活品质和兴趣爱好、个人外貌形象这四个方面。

2. 聘请运动团队

请求运动团队做形象代言拍摄现身说法的广告,也可让他们参加和球迷的见面会、签名会,或试用产品,亦可代表企业参加公益性活动以及高层次的接待、宴请等交际活动。2023年7月普拉达(PRADA)签约中国女足,虽然她们是运动员群体,但是传递着自律健康、积极向上的形象。特别是新时代女性是消费市场上的支柱,在购物时,更习惯于购买一些自我满足、情绪传递的商品,而女足作为优秀的女性形象,显然更容易打动她们,拉进品牌与顾客之间的距离。品牌选择与大众眼中正能量满满好感度爆棚的体育群体合作,可谓双赢。

3. 以明星名字命名产品

聘请形象代言人后可用形象代言人的名字来命名产品,以这种方式创造销售奇迹的企业数不胜数。如耐克赞助乔丹的十年中,以乔丹命名的运动鞋、印有乔丹号码的篮球球衣等生产线的产值就高达52亿美元,"飞人乔丹"运动鞋销量在世界上也居同类运动鞋之首。耐克公司认为乔丹可以使消费者相信,公司生产的运动鞋是全世界最好的。1984年乔丹与耐克签约,为新推出的运动鞋命名为"空中飞人乔丹鞋"。从1984年到1986年,耐克公司共投入了500万美元宣传"空中飞人乔丹鞋"。1985年"空中飞人乔丹鞋"的销售额就达到了1.3亿美元;到1986年9月,这种鞋已售出230万双。"乔丹系列"已经成为耐克的经典。乔丹之后,伍兹又成为耐克广告主推的新主角。在伍兹的光环下,耐克变得更加耀眼。1996年,伍兹被ABC评为"世界新闻人物"和1996年度"体育人物"。许多杂志使用伍兹的照片,而伍兹的衣着全部都是耐克。不仅如此,耐克为了进一步加强伍兹在消费者心目中的地位,开展了一系列的广告宣传活动,把耐克与伍兹的形象及个人吸引力紧紧联系在一起。无论是"乔丹系列"还是"伍兹系列"都赋予了耐克体育品牌更加深刻与鲜明的内涵,使耐克的体育品牌更加充实和有价值。

(二)体育明星推广的优势

体育产品大都是面向广大青少年,而当代的青少年又是深受"明星效应"的影响,

因此，利用"明星效应"来创造体育品牌，无疑也是一种可行的途径。体育明星代言体育品牌，可以有效地建立体育品牌与体育之间的内在固有的联系，体现体育品牌的专业性和运动性。再加上独特的广告创意和强力的体育品牌推广和传播，能在目标消费者心目中产生强大的冲击力和感召力，达到凸显体育品牌的个性，并有效地与目标群体进行沟通，达到体育品牌营销推广的目标。

1. 形象优质，不易翻车

近几年演艺行业不断"翻车"的流量明星，导致娱乐圈的群众公信力显著下降，大众对于精心包装出来的明星人设已经不再买单。而体育明星所展现的活力、爱国主义形象，以及代表的体育精神对民众更有信服力，更加符合当下的主流价值观。瑞士人费德勒是网球史上最伟大的运动员之一，2003年首夺温网冠军到2022年问鼎澳网共拿下20个大满贯。2020年，费德勒成为福布斯运动员收入排行榜上首位排名第一的网球运动员，他靠的是极具观赏性的场上表现和个人魅力。费德勒官网上列出的代言品牌中瑞士系品牌比较多，他是唯一一个活着就被印在瑞士货币上的人，是体育竞技场上的英雄，是瑞士的骄傲。

2. 借助赛事热度，借势发力

当下国民对体育赛事的关注度越来越高，像奥运会、世界杯这类顶流体育赛事，更是带有巨大的流量热度，那些取得优秀成绩的运动员们，自然拥有极高的关注度。而在中国市场，这一风潮才刚刚开始。近年来较为集中的体现就是东京奥运会和北京冬奥会期间，谷爱凌、苏翊鸣、苏炳添等一众人气选手成为各大品牌的"宠儿"，各自拥有数十家代言。此外，马龙、朱婷、武大靖、杨倩等众多奥运冠军迅速走入大众视野，各大品牌纷纷将他们视为宝贵资源，竞相与其合作。有数据显示，2021年全国一共有161起运动员代言签约，这是自2015年以来最多的一年，几乎是前三年运动员代言数量的总和。品牌选择体育明星代言是民心所向，大势所趋。

3. 性价比高，自带流量

娱乐圈的流量明星往往并不缺少奢侈品品牌合作，他们可以向品牌索要一个相对高昂的代言费。相比娱乐明星，体育明星的代言费会低很多。虽然流量价值上很难与顶级流量明星相媲美，但在某些特定的阶段，比如大赛期间，流量价值同样不容小觑。郑钦文拥有积极阳光的个性，凭借其更为积极健康的形象，成为品牌营销的新热点。早在2022年8月，郑钦文就成为蚂蚁集团"追光大使"，彼时蚂蚁集团方面表示，希望借助优质青年运动员的偶像力量，激励更多年轻人不断挑战自己、突破自己。

（三）体育明星推广的策略

多年来，耐克所代表的绝不仅仅是一个运动的体育品牌，简直就是成功者的标志，并深受世界体育爱好者的喜爱。成功地利用体育明星为其体育品牌代言是成就耐克体育品牌的重要因素之一，耐克借助体育明星来传播耐克的不同产品，倡导不同时期的耐克精神。耐克通过成功的专业运动员打造体育品牌影响市场，其最让人心动的莫过于"飞腾乔丹"的广告，乔丹在空中飞行，配上广告语"谁说男人不会飞"，很快就成了耐克产品的精彩写照。乔丹身上凝聚的活力、希望及高超的球技无不流露出令人振奋的体育精神，他成了全世界青少年心目中的英雄。于是，耐克在商店设立乔丹专柜，大屏幕上播放着他在NBA的经典比赛，店里悬挂着乔丹在空中飞跃的巨幅海报，以充分展示"飞腾乔丹"的形象。"飞腾乔丹"上市第一年即创下1亿美元的销售佳绩。"飞腾乔丹"在市场上飞腾起来，并很快成了篮球类商品的主导，成为篮球运动鞋的第一体育品牌。耐克总是让商标出现在获胜者的队伍里和场景中，不但提高耐克品牌的声望，还创造情感性或自我表达型的利益。深刻挖掘体育运动所蕴含的情感，展示体育品牌自身的"运动"内涵，从一开始就是耐克奇迹的秘诀之一，因此形成了"勾"到哪里、哪里亮的体育品牌联想，缔造了耐克在全球体育品牌中的霸主地位。阿迪达斯，同样也是几乎在所有的广告中充分运用创意策略将体育品牌与最激动人心的赛事和体育明星的出色表现联系起来，向人们传达着直面挑战、时尚、强劲有力的体育品牌精神。这不仅使阿迪达斯体育品牌的广告深入人心，更重要的是在其受众中间成功地塑造了体育品牌。签约体育明星增加品牌曝光度的同时，可提升运动品牌在全球范围的影响力，例如耐克签约乔丹、詹姆斯、杜兰特等NBA巨星，在足球领域赞助曼联、尤文图斯等欧洲足球俱乐部，签约C罗、姆巴佩等足球明星；李宁、安踏品牌分别在2012年和2015年签下NBA知名球星德维恩·韦德和全明星后卫克莱·汤普森，并推出个人系列篮球鞋。

1. 拥有高曝光度和流量

在商言商，虽然世界冠军有很多，但并非人人都有商业价值。同样是冬奥冠军，谷爱凌、苏翊鸣就能拿数十家代言，而有的冠军只有寥寥一两家甚至没有。核心原因就在于是否拥有足够的曝光度。一方面，要看自身项目是否有热度。如果项目过于冷门，哪怕是冠军，商业价值也会大打折扣。比如我国男足成绩一般，但其流量价值和关注度远远高于其他冠军，总会有品牌找他们代言。另一方面，要看自身是否有流量。可以从社交话题度、知名度等角度综合判断，例如，谷爱凌在2019年宣布放弃美国国籍为中国而战，充满着极大的话题度。中国女足的流量，或许并不逊色于流量明星。在过去，三大球除了排球（女排）以外，女子运动的关注度远不及男子。但是近年来，随着女性运动员不断在大赛中获得好成绩（女篮世界杯亚军，亚洲杯夺冠；女足亚洲杯夺冠），而男篮和男足则是战绩平平。在此背景下，女足渐渐像女排一样，成了深受百姓喜爱的运动团体。随着"她经济"的崛起，女性形象正越来越受到大众的认可。根据埃森哲数据，中国拥有近4亿年龄在20~60岁的女性消费者，其每年掌控着高达10万亿的消费支出。并且，超过60%的中国家庭消费由女性主导，尤其服装鞋帽、母婴、化妆和美容产品等，女性都拥有更高的决策权。2022年亚洲杯，中国女足3比2惊天逆转韩国的决赛引发全民关注。数据显示，当晚中央电视台收视率创下了2019年以来球类运动所有比赛之最，超过8500万用户通过电视观看了这场决赛。除了冠军，女足姑娘们还收获了热搜，当晚微博排名前50的热搜中，有30个都与女足相关。所以，PRADA签约中国女足，是做了充分的市场调研。

2. 要符合品牌调性

选代言人也不是谁冠军、谁热度高就选谁，还需要看运动员本身的项目和特性能否与品牌匹配。能与品牌调性相契合的运动员，往往能起到事半功倍的效果。例如，第一位闯入奥运男子百米决赛的中国选手苏炳添，他的形象和特征就是"快""稳"，因此苏炳添代言快递、汽车、手机等品牌，都能为品牌加分。相反，选择错误代言人，很可能反而会影响用户对品牌的信赖度，导致受众的流失。如果一个美妆品牌去请一个男篮明星代言，效果绝对是1+1＜2。2024F1中国大奖赛也是上海国际赛车场投入使用20周年，作为中国首位F1正式车手，周冠宇在赛道上展示了出色的驾驶技能，他的成功不仅赢得了无数车迷的热爱，也吸引了众多知名品牌的目光，他的赛车服和车身上的每一个图标，都代表着赞助商的真金白银。周冠宇作为lululemon全球代言体系中为数不多的男运动员，品牌将全亚洲最大门店打造成周冠宇赛车展览，并将共同推出联名产品。品牌方面除了看中周冠宇的中国首位F1车手身份之外，更在意F1赛事运动拥有的诸多男性拥趸，符合品牌深耕男性市场的计划。

3. 选择潜力"新星"

运动员想要提升商业价值，核心在于能否一直保持高水平的竞技状态。相对而言，国内运动员更新换代较快，很多运动员拿到冠军就面临退役的局面，其商业价值是要大打折扣的。从市场反应来看，品牌明显是更青睐年轻的冠军小将，年轻就意味着有很大概率可以一直活跃在赛场上，保持高热度。所以，很多品牌都会提前预判，选择潜力新星。中国中长跑运动员贾俄仁加在越野和路跑赛场上屡创佳绩，中乔体育签约贾俄仁加为品牌全球代言人，引发了广大体育迷的热烈关注与期待。彪马签约CBA球员王岚嵚、邹阳和姜伟泽，看重的是中国篮坛新人的市场潜力。

随着体育产业的不断发展，未来将涌现更多体育明星成为企业的首选代言人。品牌方在选择与运动员合作时，需要进行各方面的考量，谨慎预判选择代言人。

三、公共关系推广

相对于广告付费促销信息的本质，公共关系更易强化产品信息的可信赖性，美国哈佛大学的列宾教授称之为"信赖性的源泉"，他认为"信息经由记者或播音员这类第三者传播的时候，显得更有说服力"，他认为公共关系宣传对消费者的影响约是广告的5倍左右。这一特性使得公共关系已成为建立、发展体育品牌最有效的途径。公共关系是组织的一项重要管理职能，也是一种重要的促销工具。公共关系在信息的可信度方面具有不可比拟的优势。公关促销的重点是形象促销，通过塑造、维持良好的组织形象，建立顾客的信任和偏爱，从而为组织发展提供更有利的条件。信息时代，媒体费用的提高、干扰因素的增多、观众越来越少等导致了媒体广告的威力被削弱，公共关系不论是对新产品还是老产品在形成知名度及体育品牌认知方面都特别有效。

在体育领域中，公共关系是体育组织用来推广、保护公司形象或产品的各种计划的有关活动。体育组织不仅要与它的消费者、供应商和经销商建立良好的关系，而且也要与公众建立良好的关系。

（一）善用社会化媒体

宣传是在广播或印刷媒体中发布关于运动产品的新闻，通过新闻发布会或记者招待会向不同的体育公众宣传。尽管公共关系是由组织进行的，但宣传有时也可能来自外部的信息。在传统媒体上，球迷也许不会记得世界杯电视节目是由谁冠名的，也可能不太留意中场休息时插播的广告，随着互联网的迅速普及，各类社交网站、视频网站、门户网站都成了球迷们享受世界杯的新平台，如 2010 年新浪成为央视网南非世界杯的网络传播伙伴，同时签下央视两档原创节目，还在世界杯期间为球迷奉献由黄健翔和李承鹏演绎的独家视频节目《黄加李泡世界杯》；无独有偶，优酷联合中国网络电视台和安徽卫视，推出了声势浩大的"斗牛世界杯——牛人总决选"活动，该活动吸引线上线下网民参加，旨在提高优酷用户的使用黏性；同样地，优酷、腾讯网都投入了巨大资金用于整合世界杯资源。互联网媒体如此热衷于体育公共关系活动营销，这说明在网络信息时代，有很多的营销引爆点会在社会化媒体上被催生，它被视为可信度很高的信息源。

（二）制造新闻效应

做体育营销的企业一定要清晰自己的定位，把握营销引爆点，充分利用互联网资源，有效地与体育赛事捆绑在一起，和目标消费者尽可能多地形成互动，而不是投放冷冰冰的广告。需要通过公共关系来和消费者进行更多的互动，只有这样才能收到事半功倍的营销效果。报纸上的一篇正面报道也是背书的一种形式，而且是极有力的介绍。知名极限体育品牌凯乐石（KAILAS）赞助西藏登山队，登山队于 2005 年 7 月攀登迦舒布鲁姆 I 峰。本次赞助主要是 KAILAS 最新推出的超强排汗内衣，在纤维丝制作工艺上区别于传统工艺，犹如在皮肤表面形成保护网，不但吸湿排汗效果极强，随时保持身体的干爽，能完全解决运动后汗臭的困扰。众所周知，在环境、气候等恶劣的高海拔登山活动中一件排汗性能优良的内衣，对于登山队员的保护是至关重要的。大量使用公关手法壮大声势，使 KAILAS 出现于所有新闻报道中。从活动效果来看，金钱无法买到 KAILAS 由这次公关所获得的利益。有时候在商业杂志或网站上，编辑、记者们的一句话，往往举足轻重。直接由媒体的评论版面得到曝光机会也具有很好的营销效果。

（三）链接公众事件创造话题

链接公众事件是一个公关技巧，如果运用得当，就算是一个简单的突发事件，也能成功地吸引大量公众的目光。实践表明，和一个现成的事件联系起来，比为推销产品而专门人为制造一个事件要好得多。制造话题，吸引公众与媒体参与讨论，这是传播体育品牌以及与消费者建立情感联系的便利途径。对企业而言，利用媒体制造话题，体育品牌与销售能够同时实现增值。2008 年，刘翔因伤提前走下了北京奥运会 110 米栏赛场，有雅典奥运会上英勇夺冠在先，这次退赛使刘翔招致了强烈的舆论攻击，也造成了巨大的经济损失——有专家估计，刘翔个人的损失超过 1 亿元，而赞助商的损失则超过了

30亿元。但在退赛发生后，耐克第一时间推出了充满温情的广告文案——"爱比赛，爱拼上所有的尊严，爱把它再赢回来，爱付出一切，爱荣耀，爱挫折，爱运动，即使它伤了你的心。"这让刘翔个人的赛场表现就此被淡化，其英雄形象再次得到了突出。这一幕在2012年伦敦奥运会刘翔意外摔倒时也再次上演。不得不说，在刘翔的公关之路上，耐克也是功不可没。耐克的这一应变方法，也延续到了莎拉波娃的禁药风波。在被检测出服用了违禁药物，并遭遇为期两年的禁赛之后，莎拉波娃相继失去了泰格豪雅、保时捷等赞助商。而与之合作了17年的耐克选择留下，并发表声明，表达了耐克对莎拉波娃重返赛场的期待，以及继续与莎拉波娃合作的意愿。不得不说，在整个公关过程中，除了莎拉波娃召开的那场堪称危机公关的新闻发布会，耐克的行动也起到了锦上添花的作用。

（四）为顾客创造体验活动

具有不同的公共关系技巧可以帮助实现公共关系和促销的目标。通过公共关系活动让消费者参与到更多的体验中去，对体育品牌创建有很大的推动作用。因此，让消费者参与到体育活动中，使用特定的体育品牌产品，只要消费者对某些刺激（体育产品的使用体验、体育品牌形象）能够产生积极的内在反应，特定体育品牌产品及其体育品牌形象就会在满足消费者需求的同时得到强化。因此，体育品牌的创新同样也可以利用体验营销这一最简单直接的方式实现体育品牌和体育运动者的有效双向沟通和良性互动。在目标顾客群体体验体育运动的快意和激情的同时，不失时机地推广体育品牌，让目标消费者在体育品牌体验中感知体育品牌的理念和个性，并在人们心目中树立体育品牌的形象，进而在反复的体育品牌体验活动中逐渐接受企业所树立的体育品牌，把他们培植成企业忠实的拥护者。近年来，通过一系列体育营销举措，迪卡侬不断彰显了自己在产品和专业技术方面的能力，同时也在寻求本土化与全球化之间的投资平衡，以及深化品牌内涵和精神价值。巴黎奥运会无疑是一个绝佳平台，它兼顾了迪卡侬的本土化与全球化，还让品牌价值观向社区沉淀，让更多人能够体验奥运会带来的复杂情感。以中国市场为例，在巴黎奥运会开幕式倒计时500天之际，迪卡侬中国联合法国驻华使馆及领事馆共同举办"运动向巴黎"七城市接力赛活动，在深圳、北京、上海、广州、成都、武汉和大连通过桨板、跑步、平衡车、滑板、骑行、徒步等多元运动体验，倡导健康可持续的乐活生活方式，践行全民健身与全民健康深度融合、协同发展。

公共关系作为体育品牌创建、发展、维护的重要手段，不仅担负着传统的"宣传"工作，还要为体育品牌确定更广泛的背景联系，引导普通公众或者目标消费者形成自己的观点或做出购买决策。在成熟市场，为争夺市场占有率而进行的斗争是一场规模宏大的战争，这场持久战永远是围绕市场份额而进行的，同时也是输赢取决于消费者忠诚度的消耗战。在这种市场环境下，公关就像一枚具有巨大爆发潜力的重磅炸弹，通过传媒公关、资源整合、事件链接、公益赞助等有效方式，公关活动积极促进体育品牌与市场的良性互动，不仅为企业提供反馈信息以预测公众舆论，同时还能影响和引导舆论。

（五）公共关系维护的方式

1. 现场赠送样品活动

赠送一些样品给消费者免费使用，可以使其通过亲身体验该产品的用途来认识和注意该产品和品牌，并且让企业了解自己的产品是否能较好地满足消费者的需求。譬如在赛场生产商派送印有 logo 的纪念品或者介绍商品的印刷册。

2. 公关促销活动

企业利用打折、附送纪念品等刺激性手段进行促销，吸引新的尝试者，或促使一些原有的消费者重复消费，这已成为一种常用方式。但这种方法不宜频繁使用，否则会损害品牌形象。许多行销专家认为，促销活动不像广告那样能建立消费者的品牌忠诚，它是一种短期行为。

3. 业务会议和贸易展览

在体育用品博览会、体育文化博览会上，企业可以通过这样的活动向中间商合理宣传自己的产品和品牌，介绍新产品或新品牌，以招揽新老顾客。

4. 寻求权威支持

企业为产品寻求官方或民间有关组织或权威个人的认可和支持有利于增强品牌的可信度，以增强消费者购买产品的安全感。获得了消费大众的信任，品牌形象自然可获得广泛支持。

作为一种非常规的传播沟通工具，体育公共关系以公益的形式开展，淡化了企业的商业动机，从而使品牌信息的传播更加自然、含蓄。借助这种"软性"的传播方式，可有效提升企业形象、培养品牌感情。

四、体育广告

体育广告是指以体育活动、体育场馆、体育报纸杂志、运动员及其他与体育有关的形式为媒介，将商品、劳务等信息传递给经营者和消费者的手段和方式。以广告为代表的媒介传播活动，是体育营销中的重要一环。广告是一种"硬性"的传播工具，尽管其显性的诉求方式和浓厚的商业色彩在一定程度上制约了传播效果，但在企业的营销实践中，"硬性"的传播手段同样不可缺少。而广告的功能则是通过创意与表现，将这些内涵与品牌发生联系，从而生动地诠释品牌的不同气质，最终改变品牌认知。体育广告是以目前国际间体育的发展为基础而产生的一种新兴事物，与普通广告有着本质的区别，它是以动态或者静态为表象意在表现一种体育器材及装备的性能及其应用范围，以广泛的体育形式展现出品牌的效应。这种表现在北京奥运会上被知名厂家广泛应用在电视网络等宣传媒体，以知名体育明星为代言或者以各种广为人知的表现形式来突出表现某种商品的使用价值，这在很大程度上促进了体育的发展以及人们对体育精神的追求和对体育用品的欣赏。

体育广告业经过近百年的发展，已成为体育产业中的支柱产业。随着现代体育运动的不断发展，公众对体育的兴趣不断提高，大众体育意识不断强化，体育运动不仅成为强身健体的需要,更是培养拼搏精神、应付各种激烈竞争的需要。体育比赛的胜利,显示着一个国家的综合国力,可以振奋民族精神,其影响力远远超过体育本身。

1988年汉城奥运会的赞助企业近100家,2008年北京奥运会广告费用达上千亿元。广告与体育结下了不解之缘,广告支撑着现代体育运动。体育同经济的密切结合,已经成为引人注目的社会发展趋势。这是由于体育具有较强的交往功能,经济有着旺盛的拓展需求,这种功能与需求都是客观的、内在的、不以人的意志为转移的。例如北京奥运会的举办,给我国经济带来前所未有的大发展,全面推动我国经济和体育产业化的高速发展。所以体育竞技已经成了一个特殊的广告媒介形式,有着巨大的经济效益。佳得乐是知名的运动饮料品牌。在NBA等篮球赛事中,佳得乐作为官方指定饮料频繁亮相。通过场边广告、球员饮用等场景的展示,佳得乐成为了众多篮球爱好者在运动时的首选饮料。随着改革开放和我国体育部门体制改革的不断深化,体育广告业在我国正处在方兴未艾的阶段。无论是全国综合性运动会,还是地区综合性运动会;无论是单项运动会,还是部门举办的邀请赛、杯赛,甚至是群众性体育竞赛,都为体育广告经营单位提供了极好的经营机会,体育广告已成为我国体育产业的重要组成部分。尤其是近几年,随着我国竞技体育的社会化和职业化的推进,体育广告资源日渐丰富,众多的体育明星活跃在广告界,越来越多的企业也开始注意借助体育来扩大知名度,体育广告得到了很大的发展。

广告带给消费者的是经验性和主观性的。体育产品的核心利益是身体健康、社交互动、消遣娱乐、家庭和睦、追求知识、审美和消除生活乏味等,因此体育品牌广告是宣传体育产品或服务的重要手段,在广告的创新过程中利用体验营销的方式来刺激受众的潜在需求。体育品牌的广告就是企业以体育服务为舞台,以体育品牌产品为道具,环绕着消费者,创造出值得消费者回忆的情景。

(一) 体育广告的优势

1. 具有很强号召力

体育广告充满商业气息和功利性,它是一种非常自然而又挥之不去、带有强制性的广告,没有选择的余地,不管你愿意不愿意,在欣赏精彩比赛的同时,也被动地但又自然而然地接受了广告的宣传。2000年农夫山泉确定的营销主题是"紧贴奥运会,推出奥运装"。总体营销策略是:以中国代表团唯一指定用水为主线进行事件营销,将农夫山泉天然水的水源、运动、健康的内在差异性充分展现出来,并借此将广告诉求对象之相比小学生更为成熟也更趋向时尚的青壮年消费群体,来巩固和提升农夫山泉运动型产品的市场占有率,更进一步扩大农夫山泉普通型产品的市场占有率。

由于体育具有很强的号召力,赞助体育对于那些忠实的体育迷来说是一种富有亲和力的感情投资,它可以迅速地将体育迷对体育的忠诚转换成对赞助企业产品的购买力量。从2001年起,农夫山泉用上了《三十六计》中"树上开花"的计谋——把自己和中国体育事业、阳光工程等捆在一起,借这些"大树"开自己的"花"。围绕体育事业、阳光工程进行了一系列的赞助活动。提到这些事业,消费者马上就会想到农夫山泉的"一分钱"广告。"买一瓶农夫山泉,你就为申奥捐出了一分钱",从这里可以很清晰地看出农夫山泉不同于以往的运作策略——化整为零，企业以消费者的名义向奥申委捐款。此活动巧妙地将奥申委、企业、消费者三者联系起来，使消费者成为其中的参与者。最终，该活动达到了三方共赢的局面，奥申委得到实际的捐助，到活动结束时捐款超过500万元；农夫山泉的销量大大增长，并且成为中国奥委会的合作伙伴、荣誉赞助商；消费者也得到了以实际行动支持申奥的心理满足。鉴于此活动的成功，2002年农夫山泉又推出"为孩子们的渴望捐一分钱"的"阳光工程"广告。

2. 有效地提高知名度

广告是一种高度公开的信息沟通方式，在信息传递速度和到达范围两方面具有独特优势，也有助于建立一个体育品牌的长期形象。现代生活中存在着一个普遍现象便是广告在社会生活中的影响越来越大，人们犹如生活在广告的海洋中。在市场经济条件下，通过广告传递有关体育健身娱乐产品、设施和服务的信息，由于体育健身娱乐产品与人们的精神文化追求相关，因而从价值认同的角度来诉求，把产品与一定的生活观念和生活方式联系起来，对于广告是十分有利的。此外，发掘、唤醒消费者未得到满足的需要与欲望，通过广告信息对消费者进行提示，外来信息造成的心理压力能够形成亟待满足的需求，譬如体育健身娱乐组织常常利用广告传播体育健身娱乐消费的观念，制造流行时尚，营造一个良好的体育健身娱乐营销环境。在体育健身娱乐服务方面，为克服无形性和风险性，体育健身娱乐服务需要提供一些有形线索，比如广告中使用代言人、展示服务设施等手法提升服务质量。在广告表现中对可能的事情做出承诺，并在现实运作中兑现承诺，会使顾客满意度提升，也即提升广告效应，俗语"顾客的满意是最好的广告"。麦当劳邀请姚明作为其全球形象代言人非常合适，定位十分清晰。姚明球艺精湛，在全球范围内拥有大批的追随者，其富有运动精神和时代感的形象很符合麦当劳年轻、有魄力的体育品牌精神。同时，姚明也为麦当劳产品巨无霸担任宣传大使，以他高大的个子和比赛时的气势，充分诠释了产品的独特魅力，跨越了文化、地理和语言的阻隔，使广告感染力更强。对于一个企业来说，邀请明星作为其代言人旨在利用其形象和社会影响力来提升体育品牌和产品的知名度。麦当劳与姚明的配搭，互相借助彼此的知名度，相得益彰，加上具有理念构思的点子，其影响力远远高于单是一个超级巨星在银幕上一闪而过。广告能够带出产品形象诉求和产品的功能诉求的不同范畴，是广告创作人和企业本身最希望达到的理想效果，使广告受众在赞赏广告具有趣味性的同时，还有适时想试一试这个产品的冲动。而这对麦当劳旨在2008年北京奥运，抢攻华人与中国庞大的市场发挥了积极的效应。

3. 沟通的对象面广

体育是全世界瞩目的话题，当今最容易使人找到共同语言的就是体育运动，全世界的体育迷难以计数。现代高度发达的传媒更是把体育运动带入寻常百姓家，人们不同程度地关注、参与着自己喜爱的运动。体育作为一种特殊的社会活动，几乎贯穿每一个人的生活，造就了体育运动的全球性，这就使得体育广告的受众面之广，沟通对象数量之大是任何广告宣传方式所无法比拟的。通过体育广告打造出超级体育品牌的另外一个经典就是全球最有价值的顶级体育品牌——可口可乐。有人甚至笑言，哪里有体育运动，

哪里就有可口可乐，可口可乐已然当仁不让地成为体育运动的代言人。运动者喜爱不含酒精的软饮料，作为软饮料的可口可乐和体育之间有着一种天然的亲和关系。所以，无论是运动项目，还是体育赛事或活动，都有可口可乐长期稳定的赞助。例如，可口可乐从 1928 年赞助奥运会开始，一直延续至今，从未间断过。再以可口可乐第一次赞助的运动项目足球为例，可口可乐从 1930 年举办第 1 届世界杯足球赛开始就是从不间断的热心赞助者，它还长期赞助各种足球赛。通过始终不渝的体育赞助，可口可乐成功地把活力、生活愉快、青春和力量等体育形象特征转移到可口可乐的形象上来，极大地促进了可口可乐的体育品牌形象建设，在全世界范围内营造了可口可乐的体育品牌优势，缔造了可口可乐在体育品牌中的传奇。

（二）体育广告的表达方式

营造体育广告可以将运动与诉求需求、诉求情感和诉求引导作为基本的方向，形成创新体育品牌的一般模式，但与此同时又要结合体育市场发展的特殊性和品牌建设的独特之处，只有这样才能在竞争日益激烈的市场中打造具有竞争力的强势品牌。

1. 表达需求

现代广告在企业形象塑造、企业知名度提升、独特形象建立和传播、品牌的推广和维护等方面起着不可低估的作用。在很多企业的发展过程中。广告是翅膀，它能在较短的时间内将品牌信息传给消费者。著名广告学家大卫·奥格威说："每个广告都是对品牌印象的长期投资。"用合理的费用开支、选择有效的媒体进行发布，不断重复品牌在消费者心目中的形象，引导消费者在品牌选择中建立品牌偏好，逐步形成品牌忠诚。消费者的某种需求受到越多的刺激，他就越迫切地想满足这一需要，这当然是促销商品所希望的最佳状态。在体育品牌的营造过程中，就是要不断刺激体育品牌特殊的消费群体——体育运动者和体育爱好者。在人们享受体育运动带来的快感和乐趣的时候，针对与体育相关的体育用品、器材和场地的需求，通过有效的广告策略告诉消费者，只有这一品牌的体育用品才能最大限度地满足他们的迫切要求，才能尽情挥洒体育豪情，感受体育的魅力，最终达到塑造体育品牌竞争优势的根本目的。要结合打造体育品牌的特点，就是要有效地利用体育品牌与体育运动的天然联系，借体育精神的感染来传递。李宁体育品牌观念"一切皆有可能"暗示了正确的社会观念，体育运动精神就是永无止境地挑战极限，强中自有强中手，不能轻视别人，通过体育精神的彰显向消费者传递不要自以为是地小看周围的任何一个人，无论是对自己还是对其他人都要有准确的定位，否则失去的是作为一个社会人的个人社会价值。

2. 表达情感

向消费者说明，直接使用体育广告推出的产品能产生积极的情感作用。具体到营造体育品牌上，就是要切实地从消费者对于体育的情感出发，通过广告运动积极地调动消费者对于体育运动之美、体育运动的快乐、体育运动融为我们生活的一部分所带来的无尽的乐趣的情感。李宁体育品牌的成长离不开其价值观的巨大推动作用，但更重要的是李宁公司在打造体育品牌的运营模式上成功地运用了诉诸情感的策略，从而紧紧地抓住了体育消费者。一直活跃在赛道上，拥有坚实赛车基因的彪马，是 F1 的官方供应商，和法拉利、梅赛斯-奔驰等多支车队达成官方合作，也是中国首位 F1 正式车手周冠宇所在索伯车队的官方合作伙伴。2024 年彪马为顶级合作车队设计的专业赛车服在上海彪马快闪体验店内展出，从各赛季经典纪念款到周冠宇的签名战袍，每一款都是对车队与车手辉煌成就的致敬，同时也铭刻着彪马在赛车运动历史中的显著足迹。活动特邀周冠宇参加，与其他竞品相比，无形中提升了与中国消费者的感情价值，也提升了品牌影响力并创造良好的价值。

3. 引导互动

广告可在体育赛事过程中同步插播，能够直接借助赛场的气氛和受众的观赛情绪，实现体育赛事对企业品牌的形象提升和感情迁移，实现赛事进行与企业传播互动互促。企业传播了企业形象、企业品牌的同时，也传播了赛事，扩大了赛事的影响，把赛事推广为社会活动；赛事提升了企业品牌与企业形象，扩大了企业的知名度与美誉度，实现了体育迷与一般消费者的情感迁移。企业赞助体育赛事后，获取与赛事的联系，通过一段时间对这种联系的传播，所赞助的体育赛事的形象（也包括意义、情感）迁移到赞助品牌上，这就是形象迁移效应。广告是形象迁移效应发生作用的重要渠道：广告是一种具象化的传播手段，其制作精美、表现力强。在广告中，受赞助的实体或个人具有了某种符号化的意义，承载起赞助主体的传播诉求。体育运动场景或人物形象的直接出现，生动直观地展示了体育运动的魅力，给受众带来了力与美的视觉体验。通过赞助，赛事、项目和体育明星等具有审美价值的形象与企业形象有机结合起来，从而为企业建立良好的品牌联想。每一个企业都需要通过与目标消费者有效的沟通，并致力于与消费者建立建设性的长期的情感联系，以此来积累体育品牌价值的潜力，缔造强有力的体育品牌，并持久地促进体育品牌的成长。耐克体育品牌的成功说明了与消费者之间流畅沟通在体育品牌的创新过程中的重要性，耐克广告在传播层面继承了耐克前期发展起来的体育品牌文化，通过与其目标消费者的有效沟通，发展了耐克曾经培养起来的与消费者之间建立的情感联系，从而积累与丰富了耐克体育品牌的内涵，促进了耐克体育品牌的成长。同时，耐克广告的信息沟通坚持并扩展了耐克精神，始终保持与第一线的体育爱好者之间良好的双向沟通。耐克广告所具备的特点都是以耐克与消费者良好的建设性的交流关系为前提和目的的。正是在这种关系的不断积累中，耐克体育品牌才能不断成长，不断前进。

（三）体育广告的原则

1. 关注广告效果

公众舆论的集体效力、专家学者的权威效力对品牌声誉的树立和强化都很有作用。在体育品牌广告执行之后，应当随时对效果进行追踪，并将体育品牌的理念和个性流畅地注入营造体育品牌的广告活动中。一方面使体育品牌的广告活动成为体育品牌传播的媒介；另一方面体育品牌的理念和个性使广告创意更富有张力，并有广阔的创作空间，每一次广告创作，都加强了一脉相承的体育品牌理念，前后相继地对体育品牌创新做出有效的贡献。从体育品牌营造模式的通用诉求出发，尽情发挥广告创意，创新鲜明的体育品牌认同,将会使体育品牌发出耀眼的光芒。比如,耐克的广告活动很多都是围绕其挑战极限和永远追求进步的信念为依托的,并以服务者的低姿态来面对其体育品牌受众。

2. 延长广告宣传时间

通过广告促进产品销售,通过产品销售提升品牌市场地位。广告宣传出来的品牌只是知名度较高的准品牌,其市场地位仍然非常薄弱,要巩固其品牌地位还需从产品质量上、管理上下功夫,并辅以持续的广告宣传。广告做的只是体育品牌的一个方面、一个局部,在体育品牌化发展过程中急功近利,过分注重迎合时尚的一面,在沟通和诉求方面变幻不定,朝令夕改体育品牌形象,不断翻新诉求点,将会使体育品牌和企业失去稳定的个性定位,难以接受时间的考验。更严重的是给市场和消费者传递不合实际的信息,使消费者不知道企业的体育品牌到底是什么,无所适从,从而不相信这一体育品牌,这无疑大大降低了消费者对体育品牌的忠诚度。同时,由于体育品牌没有个性,消费者就没有必要认准这个体育品牌,也难以形成消费者对该体育品牌的忠诚感。耐克广告中几乎没有以产品本身进行诉求的,而是向消费者传达耐克想与消费者沟通的体育精神。这种体育精神可以渗透到生活的各个层面,可以用不同的方式来表达。这些不同的层面,被表现成不同的广告,不断充实和显现耐克的体育品牌文化特质。

3. 诠释产品的科技功能

同类产品太多,不同产品可能具有同种功能或类似功能,好的广告既要重视产品又要重视产品形象,同时还要呈现产品的科技力。一个体育品牌的建立要经过产品和品牌相互作用与统一的过程,核心是生产让消费者满意并超越其期待的产品,所以质量是产品的生命,是竞争力的保证,它直接影响企业的形象及产品形象。任何一个品牌都离不开其商品或服务这个物质的载体,企业要塑造强势体育品牌,就必须踏踏实实地在商品质量和服务品质上花工夫,而优质商品和服务离不开产品的科技力。拥有独一无二的科技力,企业就能比竞争对手更快、更好地开发出高技术含量的商品,降低商品的单位成本,提高商品的性价比,更好地满足消费者的欲望和需求。任何忽视持续的技术创新的企业,都会落伍。因为固定的产品属性只能产生短期的产品优势,且竞争对手易于仿效其产品,而持续创新的产品及独有的核心技术才是竞争优势建立的"法宝"。只有随着时代的发展不断创新,才能使体育品牌的生命力得以延续。

第七章
体育品牌的管理

第一节 体育品牌资产

一、体育品牌资产定义

品牌资产，也被称为品牌权益，是与品牌、产品名称和标志相联系，能够增加或减少企业所销售产品或服务的价值的一系列资产与负债。通俗地说，品牌资产是指因为导入品牌战略才能产生的市场效益，或者说，产品在有品牌时与无品牌时的市场效益之差。

品牌资产意味着企业未来的获利能力，是构成企业核心竞争优势的基本要素，是企业最为宝贵的一种无形资产。体育品牌资产是在目标消费群体逐步认知体育产品并且建立足够忠诚度的过程中产生和形成的。因此，必须在恰当的时机进行评估，过早评估几乎没有价值，因为这时体育品牌资产在客观上可能还没有产生；而延误体育品牌资产的评估则有可能失去无形资产向有形资产转化的大好时机，从而影响企业效益的实现。目前，全球范围内已经形成以 Interbrand、World Brand Lab 等 5 家为代表的品牌价值评估机构，这些机构的评估结果具有权威性，在某些西方国家，这些评估结果已经可以从法律意义上出现在财务体系之中。

二、体育品牌资产运营

体育品牌资产评估的目的和意义在于体育品牌资产运营，也就是确保体育品牌资产的保值和增值。很多专家认为，品牌资产运营是体育企业发展的最高境界。在体育品牌资产运营过程中，特别是在并购、拓展和联合等策略的应用决策过程中，除了考虑法律和财务方面的因素之外，还必须慎重考察合作企业之间组织文化的兼容性。

(一) 利用体育品牌资产投资和融资

利用体育品牌资产投资是指对某个公司或项目以经过权威机构的评估且得到认可的体育品牌资产进行投入进而取得股权。通常，相关法规政策基于体育品牌资产所取得股权所占的比例会有一定限制，例如规定不能超过35%等。以体育品牌资产进行股权投资，可以减少对货币资本的依赖和压力，最大限度地抓住投资机会。利用体育品牌资产融资主要是指企业以体育品牌资产做抵押通过信贷等方式取得所需要的流动资金，这种资金既可以是短期流动资金，也可以是作为战略投资者的股权投资。

利用体育品牌资产融资较为高级的形式是企业上市。在这一过程中，拥有强大体育品牌资产的企业更容易得到资本市场的追捧，因此上市后表现非常出色，很多服装企业的上市过程都能充分说明这个问题。例如，上市之前，美特斯邦威已经拥有强大的体育品牌资产，2008年，上海美特斯邦威服饰股份有限公司A股（002269）在深圳证券交易所中小板上市成功。美邦服饰最终报收在26.90元，与其代码后3位数恰好相同。股价上摸31.50元，探底25.60元，上涨幅度36.13%，换手率78.35%，成交金额名列深市第一名。上市所融得的资金使企业实力大增，为后续推出体育品牌战略的重大举措提供了重要经济保证。董事长周成建表示："15%用于投资IT平台，构建B2C网络渠道；85%用于店铺开设。"不难看出，利用体育品牌资产融资所产生的影响是积极而重大的。

(二) 通过特许经营来运营体育品牌资产

特许经营是指一家企业有期限地或永久地授予另一家企业使用其体育品牌（商标、商号、专利权、专有技术等专有权利）并且按照相关合同规定，在特许者统一的业务模式下从事经营活动，并向特许人支付相应费用的过程，其本质是对企业体育品牌资产的一种租赁行为。在服装领域，特许经营是一种普遍采用的体育品牌资产运营策略，是体育品牌资产保值增值最为有效的策略之一。特许经营策略的导入依赖以下三大基本要素。

1. 商标影响力

体育品牌商标既可能是基于特定产品或服务的，也可能是基于整个企业的，最重要的是可以明确描述体育品牌所代表的独特价值。无论是何种类型的特许经营，体育品牌的商标都是构成特许经营的基本要素，是其体系的基石。特许经营协议达成之后，特许商便把体育品牌商标提供给加盟商使用，加盟商负有严格维护体育品牌形象和声誉的义务。

2. 特殊技能

这是现代特许经营的重要组成部分。欧共体曾给特殊技能下过定义，即必须是秘密的、实质的和可鉴别的。所谓秘密，即特殊技能具有独创性；实质性指特殊技能对加盟商必须是有用的，能帮助其带来利益；可鉴别性指特殊技能可以用一种确切的方式描述下来，以证明它能满足保密和实质性的条件。

3. 经营模式

特许商不仅提供给加盟商体育品牌、特殊技能，而且还提供一整套成熟的运营管理系统，包括培训、店址选择、行为规范、财务制度等，这些是确保加盟企业取得预期经营管理业绩的基本前提。

（三）通过并购来运营体育品牌资产

并购的内涵比较广泛，一般是指兼并（merger）和收购（acquisition）。兼并，又称吸收合并，指两家或者更多的独立企业，通常由一家占优势的企业吸收一家或者多家企业。收购，指一家企业用现金或者有价证券购买另一家企业的股票或者资产，以获得对该企业的全部资产或者某项资产的所有权，或对该企业的控制权。与并购意义相关的另一个概念是合并（consolidation），是指两个或两个以上的企业融合成为一个新的企业，合并完成后，多个法人变成一个法人。

并购的实质是在企业控制权转移过程中，各权利主体依据企业产权做出的制度安排而进行的一种权利让渡行为。并购活动是在一定的财产权利制度和企业制度条件下进行的，在并购过程中，某一或某一部分权利主体通过出让所拥有的对企业的控制权而获得相应的受益，另一个部分权利主体则通过付出一定代价而获取这部分控制权。企业并购的过程实质上是企业权利主体不断变换的过程。

就并购过程中所出售或购买的资产而言，有一部分实际上就是体育品牌资产，而且从目前的发展趋势来看，体育品牌资产所占的比例有日益加大的倾向。在有些并购案例中，体育品牌资产的比例远远大于厂房、设备、原料等有形资产。由于体育品牌资产对并购双方来说都会产生重大影响，所以，在并购过程中体育品牌的估值以及体育品牌是否延用等问题都是具有战略意义的。

（四）通过体育品牌拓展运营品牌资产

体育品牌拓展策略是将现有成功的体育品牌，用于新产品或改良过的产品的一种策略。体育品牌拓展的好处主要有：可以加快新产品的定位，保证新产品投资决策的快捷准确；有助于减少新产品的市场风险；有助于强化体育品牌效应，增加体育品牌这一无形资产的经济价值；能够增强核心体育品牌的形象，提高整体体育品牌组合的投资效益。

体育品牌拓展战略相对于其他的体育品牌决策来说有它的特点，它不但关系到新产品能否尽快为市场所接受并获得竞争优势，同时，由于新产品上市后其形象又会对主体育品牌起到强化或削弱的作用，从而反过来影响企业原有产品的市场地位。可见体育品牌拓展的影响是巨大的、长期的，牵涉面广，关系到企业长期的市场地位和整体盈利。因此，企业在采取体育品牌拓展这个战略性策略的时候，需要进行详尽的分析，避免损失，使收益最大化。

1. 确保拓展的新产品与原有品牌保持核心价值相一致

体育品牌的文化价值是体育品牌的精髓，一个成功的体育品牌有其独特的核心价值。一般来说，若该体育品牌的核心文化价值能包容拓展产品且产品属性不相冲突，就可以大胆地进行体育品牌拓展。也就是说，体育品牌拓展不能与体育品牌核心价值相抵触。贝克汉姆在退役后经营服装、饰品、眼镜、酒店等价格跨度很大、产品关联度较低的产品，却仍能共用一个品牌，其原因在于这些产品虽然物理属性、原始用途相差甚远，但都能代表同一种文化价值。

2. 以市场定位确定体育品牌拓展的适应范围

要考虑拓展体育品牌产品与原产品的一致性和兼容性。企业家在最初选择、设计和推出新体育品牌时，可尽量将体育品牌经营领域界定得宽一些，以便为以后的体育品牌拓展做好准备，减少体育品牌拓展过程中的阻力；同时，为了避免陷入体育品牌拓展的陷阱，确保体育品牌资产运营达到预期效果、成功，对个性强的体育品牌更要注意形象的统一，使新拓展的品牌与原品牌具有一致的形象。

3. 根据体育品牌的已有实力确定体育品牌拓展的最佳时机

体育品牌拓展的目的是借助于已有体育品牌的声誉和影响向市场推出新产品，以便能够迅速打开市场。因此，体育品牌拓展的前提就是这一体育品牌具有较高的知名度，在消费者心目中拥有较高的地位。企业在进行体育品牌拓展前，必须对自身体育品牌做出适当的实力评估，等待体育品牌的主导产品成熟并获得良好声誉后才能进行之后的体育品牌拓展。研究表明，过早进行体育品牌拓展是非常危险的。

（五）通过体育品牌联合运营体育品牌资产

体育品牌联合是指分属不同公司的两个或更多体育品牌的短期或长期的联系或组合。从直观上看，体育品牌联合主要表现为在单一的产品或服务中使用多个体育品牌名称或标识等，如由索尼公司和爱立信公司联合生产的手机使用"Sony Ericsson"作为体育品牌名称，联想公司的个人电脑上印有"intel inside"的标识等。体育品牌联合是一种重要的体育品牌资产运营方式，对于体育品牌联合的发起方来说，实施体育品牌联合的主要动机是希望借助其他体育品牌所拥有的体育品牌资产来影响消费者对新产品的态度，进而增加购买意愿，并借以改善本产品品牌形象或强化某种体育品牌特征。体育品牌联合策略的成功主要取决于以下因素。

1. 联合体育品牌所拥有的品牌资产

联合体育品牌的资产包括品牌的知名度、知晓度、美誉度等。研究表明，当产品质量不容易被观察时，消费者需要借助一些质量信号来做出判断，体育品牌声誉就是一种重要的质量信号，也是品牌资产。体育品牌在联合之前越受欢迎，消费者对体育品牌联合的评价就越高。也就是说，消费者对合作体育品牌的态度与对体育品牌联合的态度之间存在着因果关系。

2. 体育品牌的影响力和匹配性

一个拥有强大体育品牌资产的合作体育品牌对于体育品牌联合成功意义重大。在有些情况下，只要体育品牌联合中的一个合作体育品牌拥有较高信誉，体育品牌联合都有可能取得成功。与此同时，匹配性，也就是联合体育品牌在价值定位，特别是体育品牌文化价值定位方面的互补状态,也是影响消费者对体育品牌联合评价进而影响其消费行为的一个重要因素。只有具备良好的匹配性,体育品牌联合策略才能收到最佳的预期效果。

3. 联合体育品牌的数量

大部分体育品牌联合的数量限定在两个以内,但在企业具体实践中,也有两个以上的情形。有人认为,联合的体育品牌越多,所达到的效果就越好,但大量的研究表明,体育品牌联合能否有效促进体育品牌资产的保值和增值,与体育品牌联合的数量没有直接关系。但从运营管理的角度来看,联合体育品牌不宜过多,否则会增加各方相互协调的难度和合作的风险。

第二节 体育品牌维护

体育品牌维护是指企业针对外部环境的变化给品牌带来的影响所进行的维护品牌形象、保持品牌的市场地位和品牌价值的一系列活动的统称。

一、体育品牌维护的必要性

体育品牌作为企业的重要资产,其市场竞争力和品牌的价值来之不易。但市场和消费者的需求都是在快速变化的,很多品牌由于缺乏必要的品牌维护,在市场竞争中被淘汰,因此需要企业不断地对品牌进行维护。林天福开创了贵人鸟这个品牌,并推动它不断发展壮大。林天福之前一直从事国际体育品牌的代加工,主要以阿迪达斯和耐克为主。随着布料和人工费用不断上涨,代加工行业的利润不断被压缩。在这个行业挣钱越来越难了,林天福开始转变发展思路,在1997年开始转型,推出了贵人鸟这个品牌。当时体育品牌的竞争并不算大,市场比较广阔,由此贵人鸟发展得还不错,虽然没有名声大噪,也还算小有名气。2008年北京举办了奥运会,贵人鸟抓住这个机会也迎来了很大发展,成为家喻户晓的品牌。2010年,多个体育品牌的发展都受到了限制,走上了下坡路。贵人鸟独树一帜,抓住我国政府推广全民健身计划,由体育大国向体育强国转变,体育运动回归大众生活的历史机遇,深入挖掘体育运动的生活化本质,将"运动休闲"作为产品开发的重心,塑造了品牌"运动快乐"的内涵,避免了与专业运动品牌的直接竞争。到了2014年贵人鸟成功上市,当时公司的市值高达400亿元,已经能和李宁、安踏齐头并进了。贵人鸟是我国首家登陆A股的体育品牌,可谓是一枝独秀。成功后的贵人鸟已经不满足于体育行业了,于是开始投资其他行业,寻求多元化发展。贵人鸟疯狂投资,投入了数十亿美元的资金,这部分投入的资金一时间很难回本,由此贵人鸟的利润也在不断下降。收入减少,投资又不断增加,贵人鸟在财政上面临着巨大的压力,2018年营收报表显示,贵人鸟净利润亏损6.85亿元。贵人鸟的资金链出现问题，只能通过降低经营成本的方法维持企业的发展，因此关闭了部分店铺，2020年底，贵人鸟全国门面不足1700家。贵人鸟的受挫与它没有及时维护其原有品牌，忽略公司主营业务，盲目扩大投资是有关系的。

（一）品牌维护有利于避免品牌老化

企业品牌在竞争市场中的品牌知名度、品牌美誉度下降以及销售额、市场占有率降低等品牌失落现象被称为品牌老化。任何品牌都存在品牌老化的可能，尤其是在当今市场竞争如此激烈的情况下。因此，不断对品牌进行维护，是避免品牌老化的重要手段。

（二）品牌维护有助于保持和增强品牌生命力

品牌的生命力取决于消费者的需求。如果品牌能够满足消费者不断变化的需求，那么，这个品牌就在竞争市场上具有旺盛的生命力。因此，不断对品牌进行维护以满足市场和消费者的需求是很有必要的。

（三）品牌维护有利于预防和化解危机

一旦企业没有预测到危机的来临，或者没有应对危机的策略，品牌就会面临极大的危险。品牌维护要求品牌产品或服务的质量不断提升，可以有效地防止内部原因造成的品牌危机，同时加强品牌的核心价值，进行理性的品牌拓展和品牌扩张，有利于降低危机发生后的波及风险。

（四）品牌维护有利于抵御竞争品牌

在竞争市场中，竞争品牌的市场表现将直接影响企业品牌的价值。不断对品牌进行维护，能够在竞争市场中不断保持竞争力。同时，品牌维护对于假冒品牌也会起到一定的抵御作用。

二、体育品牌维护的基本内容

体育品牌维护是指对品牌资产进行维护管理，可以分为两种形式：保守性维护和积极性维护。保守性维护指在企业经营战略中，采用非进攻性的、用于加强稳固品牌地位和声誉的传播经营手段，包括品牌危机处理和一些常规品牌维护，如保证产品和服务的质量。积极性维护指企业采用提升企业形象、品牌产品形象的传播经营手段以及内部产品创新、质量管理等方式，是一种积极地开拓市场、加强品牌形象的进攻性战略，其核心是根据消费者心理和市场变化，不断创新，包括管理创新、形象更新、定位的修正和科技革命等。

品牌维护主要是企业的职责，而政府和消费者也是进行品牌维护的重要力量。体育品牌维护主要包括产品保证、质量管理和整体营销三个方面。

（一）产品保证

产品具体包括核心产品、形式产品和附加产品。其中核心产品是功能的需求满足；形式产品是指产品的实物状态，包括愉悦人心的包装设计、安全性能及操作方法设计；附加产品是指消费者在购得产品时所获得的附加利益，如完善的售后服务、免费安装及培训等。满足市场需求的产品在维护其市场地位时，必须坚持产品的高质量、良好的外部设计和优质的服务。

任何产品质量的设计都要从满足消费者的需求出发，并考虑产品的安全性、耐用性、实用性、新颖性。

1. 安全性

安全可靠是消费者对于产品质量最起码的要求。安全性能是否良好，直接关系到产品的市场发展前景和品牌形象，尤其是对于那些可能造成重大安全问题的体育器材产品。

2. 耐用性

结实耐用是产品质量的基本要求，能够长期无故障使用的产品当然更容易得到消费者的认可，特别是一些户外体育设施，接触的受众比较多，如果产品不耐用、不结实，就会使品牌形象大打折扣。

3. 实用性

实用性指完全从目标市场的消费者需求出发，调整产品的局部性能，以增加产品对消费者的有用性。有些产品本身融入了许多高科技成分，功能齐全，不可谓不新颖，不可谓不方便，但多数消费者恐怕只需要其基本功能就足够了，而永远不可能尽其功能而用。

4. 新颖性

产品具有新颖的功能往往能使产品质量提高。随着人们生活水平的提高，对美的追求越来越丰富，企业应积极考虑对产品的设计、包装加以改进，以适应甚至引导消费者不断改变的审美观，使产品在消费者心目中始终保持美好、新颖的形象，也使品牌在消费者心目中固化。

（二）质量管理

产品是品牌的基础，保证产品质量和服务的行为是维护品牌的必要条件。"质量第一"是品牌维护的根基，"以质取胜"是永不过时的真理。企业要制定切实可行的质量发展目标，积极采用国际国内的先进标准，形成一批高质量、高档次的名优产品，提高名牌产品的市场占有率，突出品牌形象。

企业的质量管理是指为满足消费者的需要，运用系统的理论和方法来研究质量问题，组织全体职工参与并综合运用各种科学手段和方法，对产品的设计、制造、销售和使用等全过程进行的质量管理活动。

（三）整体营销

体育品牌在进行整体营销过程中，要通过进行包括顾客分析、竞争者分析和自我产品分析在内的策略性的体育品牌分析，从体育产品本身、体育企业、体育品牌个性和体育品牌符号四个方面建立一套由基本认同和拓展认同两个部分组成的完整的品牌认同系统。值得注意的是，体育品牌分析和市场分析是有所不同的。体育品牌分析涉及体育品牌形象、体育品牌策略、体育品牌遗产、体育企业组织价值、体育品牌力等关于体育品牌方面的内容，相对市场分析的巨大范畴，它只是一个具体化、专业化的细分市场。另外，体育品牌认同系统的四个切入点虽然是四个完全不同的概念，但是它们却有一个共同的目的，就是利用这些不同的层面，建立更清晰、更丰富、更与众不同的体育品牌认同。最后，根据认同中能提供比较利益的诉求点进行体育品牌的定位，并针对某个目标群体进行积极又有效的传播。在这一过程中，作为最终传播表现的整体营销地位是举足轻重的。

对于企业而言，品牌的常规维护是一个长期的过程，需要从每一件具体的业务和业务相关的细节做起，日积月累，才能在人们心中树立起牢固的品牌形象，稍有不慎则可能全盘皆输，所以企业的常规维护必须从小事情认真做起。由于现代消费者在选择商品时，更注重产品之外的附加利益，所以要注意加强竞争性配套服务，以增强品牌竞争力，维护品牌地位。

三、体育品牌维护策略

要想快速创建强势体育品牌就要在品牌的发展中对品牌进行细致维护，对品牌关注和保护常常被称为品牌维护、品牌看护，或者品牌保育。它对品牌的成功以及维持强势品牌的地位起着至关重要的作用。

（一）监测品牌知名度与美誉度

在品牌发展过程中，时刻保持警惕是必要的。品牌维护的基础是确保品牌平台不受损害。这要求确保在开展与品牌个性和核心价值相关的每一项活动时，都要做到前后一致，合适得体，而且在维持品牌的定位上不能有任何妥协。整个工作的目的是尽可能向顾客提供最好的品牌体验。品牌能够与其正常生命周期抗争，在于宣传战略，也在于了解自己的知名度及维护品牌的美誉度。

（二）建设强大的企业品牌文化

品牌维护，就是要对组成强势品牌的各个方面进行完善，需不断累积品牌资产，提升品牌价值，丰富品牌识别特征，不断诠释品牌个性。品牌的拥有者应有能力建立一种独特的品牌文化，来真正体现整体营销所宣传的品牌个性和品牌定位。为了创建实力强大、具有相应形象的企业品牌，必须对企业的行为进行控制和修正，使人们对它始终产生良性认识。要形成强大的企业品牌形象，使企业成为公众注意力的焦点，企业必须围绕品牌个性建立一个完整的品牌文化。文化无孔不入，因此它不可避免地对组织的内部和外部都产生影响。顾客在同员工接触时，能够从员工的态度和表情中感受到企业文化。可以在员工的谈吐和服务水平中看到企业文化，这也是建立良好顾客关系的需要。因此，企业文化能够极大地影响企业的形象，这种影响可以是正面的，也可以是负面的。

在建立新的企业文化或者改变现有文化时，企业往往从建立若干企业价值并把它们作为员工应遵循的行为准则着手。如果从事企业品牌建设时，企业已经有了一整套企业价值，那么，必须决定是保持原有的企业价值，还是用新的个性来替代它们。如果企业价值在一定程度上跟品牌价值相似，那么可以保留企业价值，同时借助个性来巩固和加强对这些价值的贯彻。例如，如果质量过硬是企业的一项价值，那么稳定可靠这样的个性特点就会表达基本相同的信息。另一方面，如果企业价值与品牌个性相距甚远，那么必须做出选择，放弃部分或全部原有价值，并围绕一个全新的品牌核心价值建立一种全新的企业文化。

（三）寻求重新定位的时机

品牌维护的一个重要方面是品牌在发展过程中由于受到社会环境、市场环境、消费形态等多方面变化的影响而必须进行品牌定位的调整，对于品牌维护过程中的品牌定位而言，大多数的定位活动其实是重新定位。除非企业或产品是全新的，因为人们早已形成了对它的判断。换言之，这个企业或产品早已有了一个形象，或好，或坏，或介于两者之间。许多企业对于它们的确切形象没有多少认识，但是对这一形象加以确定是至关重要的。如果企业对自己目前的状况毫不了解，那么它就不可能达到自己所追求的目标。

1. 企业或产品的现有形象不佳

造成企业或产品的现有形象不佳的情况很常见，其原因有多个方面，如代言人翻车、产品设计有问题等。对这种情况开展公关通常是消除不利影响的解决办法，但是，高瞻远瞩的企业会战略性地运用广告和公关，未雨绸缪地事先考虑到潜在的问题，这称为焦点问题管理，即企业提前一段时期进行预测。对于流通量大的消费品，可以提前几个月；对于实行全球策略的集团公司，可能提前好几十年，并且设想出乐观、悲观和最可能出现的情景。根据这些对未来的预测，对每一种可以想象到的情况，制订详细的相关计划。

2. 品牌形象模糊，不鲜明

在这种情况下，人们对于品牌形象没有特别强烈的感觉，或者对它的认识杂乱不一。说明前期的品牌定位不恰当，进行品牌审查之后这或许是因为在吸引顾客喜好方面，它过于接近其他品牌，因此就缺乏与众不同的东西。那么，企业对品牌就要进行重新定位，使其跟其他品牌保持一定距离；也会通过对产品、包装或理念等的改变，对品牌定位进行清晰界定并进行传播。

3. 竞争逼近或抢占了品牌地位

凡是现今已经成功的品牌，都始终面临竞争对手的威胁，因为每个人都想获得成功。有时候竞争对手的冲击，让企业处在危险之中，企业必须不断地对现有的产品进行创新，以推出新产品来保住自己的产品在市场中的地位。

4. 转向新的战略方向

对于已经具有实力形象的品牌而言，如果企业转向新的战略方向，或者进入新的行业，就必须对自己重新定位，从而提高自己在目标顾客中的可信度。登喜路曾经做了重新定位，跳出香烟行业，进入时装服饰业；可口可乐对于推出自己品牌的服装也充满信心。品牌拓展是有极限的，如果品牌名称的可塑性较小，那么就必须用全新的品牌名称来取而代之。

5. 推出新的品牌个性

当一家企业推出新的品牌价值或个性特点或自我复兴时，就需要实施重新定位，重新定位必须有一种完全不同的品牌文化和顾客体验做后盾。同样，重新包装一个品牌也要求重新定位。企业只是为改进人们对品牌的现有认识才对品牌进行重新定位。不论出于何种原因，采取何种措施，重新定位必须使顾客获得更好的品牌体验。

第三节 体育品牌危机管理

品牌危机管理成为品牌管理中不可回避的问题。品牌危机管理，即企业在发生危机时对企业的品牌进行有效管理，让品牌资产保值增值。

一、品牌危机的特征

品牌危机是指由于组织内部、外部突发原因造成的始料不及的对品牌形象的损害和品牌价值的降低，以及由此导致的使组织陷入困难和危险的状态。

（一）品牌危机产生的必然性

俗话说"天有不测风云，人有旦夕祸福"，任何品牌都可能出现危机，成功与失败、顺境与逆境并存是一切事物存在的规则。品牌自从诞生之日起，各种各样的危机就像病魔一样时时刻刻潜伏在其周围，只要有疏忽，危机就有可能爆发，只是根据来源的不同、品牌的不同，危机呈现出不同的形态而已。尽管信息技术的突飞猛进使人们能够掌握更多、更全面、更准确的资料，但同时所面临的信息也更加庞杂、社会环境更加复杂、竞争也更加激烈。在这个品牌多如繁星的社会，在这个强者生存弱者亡的巨大竞技场，时空中各种各样的因素交织在一起，潜在的风险同样也就越来越大，危机的发生是不可避免的。

（二）品牌危机的特征

品牌危机，是指面对突发事件，特别是重大负面舆情等临时性突发事件，民众对突发事件或现象表达自己的信念、态度、意见和情绪等，当这些信念、态度、意见和情绪汇聚爆发时，其舆论影响范围空前扩大，可能对企业品牌和声誉造成重大损害。危机公关是品牌营销中的一项特殊职能，是指企业为避免或者减轻危机所带来的严重损害和威胁，而有组织、有计划地制定和实施一系列管理措施和应对策略。品牌危机的特征包括突发性、蔓延性、危害性和被动性四个方面。

1. 突发性

突发性是品牌危机的首要特征。这些危机事件事出突然、时间急、影响大，往往置企业于仓促应战的尴尬境地。北京奥运会上勇夺八金的菲尔普斯，也曾因吸食大麻的照片流出而遭遇危机。而"挽救"菲尔普斯的，除了菲尔普斯本人在24小时之内的及时回应，还有菲尔普斯母亲的眼泪。在这次危机公关中，菲尔普斯团队着重突出了菲尔普斯向母亲认错这一细节——连将菲尔普斯一力抚养成人的母亲都流下了眼泪，这一画面的动人程度，足以让大多数人愿意再给菲尔普斯这个"迷途的孩子"一次机会。

2. 蔓延性

俗话说"好事不出门，坏事传千里"，高度发达的信息技术为人们的信息交流提供了多种多样的途径。除了传统的电视、电台、报纸外，移动电话、网络等新兴通信方式在生活中发挥着越来越重要的作用，而负面消息则更利于传播、影响也更大，这一切使得危机的信息以极快的速度蔓延和传播。2019年火箭队总经理莫雷发表涉港言论事件，中国篮球协会率先宣布暂停与休斯敦火箭队的交流合作事宜。紧接着，李宁、浦发银行等赞助商，纷纷发表声明中止与休斯敦火箭队合作。央视、腾讯体育等媒体也宣布暂停或终止赛事转播。天猫、京东等电商平台已悄然下架火箭队产品。

3. 危害性

品牌危机带有巨大的危害性。2022年2月22日，据美国媒体 Business Insider 报道，由于锡安穿着耐克的 PG 2.5 遭遇了右膝一级扭伤，耐克在当地时间周四的股价下跌了1.05%，损失超过11亿美元。比经济损失更可怕的是，耐克就此被推上了舆论的风口浪尖，甚至遭遇了信任危机。耐克其实在锡安受伤之后不久就做出了回应："我们非常关注这件事情，希望锡安能够早日康复！我们产品的质量和性能是至关重要的，虽然这是一起孤立的事件，但我们正在努力查明这个问题。"随后，耐克也做出了一系列处罚和调整。据美国媒体 ESPN 报道，耐克开除了一位任职8年的球鞋制造师，并且随即调整了这双 PG 2.5 在市场上的售价，不同配色的降幅在4%到16%之间。

4. 被动性

由于品牌危机事发突然，企业往往仓促应战，带有较强的被动性。譬如，1992年的巴塞罗那奥运会，锐步花费400万美元，独家提供美国奥运代表团全部热身服和领奖服。美国男子篮球队这支梦之队没有一位运动员和锐步签约，但梦之队阵容中的6位巨星，包括乔丹、魔术师约翰逊、巴克利等，都长期和耐克保持着合作关系。1992年8月8日，梦之队获得了奥运金牌，当乔丹和他的伙伴们走上领奖台时，乔丹、巴克利和魔术师约翰逊在他们的右肩上披挂美国国旗来掩盖领奖服上锐步的标志。

二、品牌危机出现的原因

品牌危机的表现形态各异,原因也来自多个方面,但归结起来共有三种:企业自身的原因、企业外部的损害和自然灾害。

(一)企业自身的原因

企业自身的原因所导致的品牌危机是指由于企业内部成员的错误造成的对品牌形象、品牌价值的损害,包括企业高层的错误决策、管理人员的低水平管理、企业的生产性错误、错误的广告和公关策划等。

1. 企业高层的错误决策

错误决策是最可怕的一种错误,它是企业的决策层,即由最高层做出的,权威性很强,并且常常是有关整个企业的生存和发展的全局性问题,因而影响范围大、程度深,纠正时往往要伤筋动骨。投资决策错误、不适当地开发新产品、品牌定位错误、漠视市场变化而故步自封、盲目扩大规模等都属于决策性失误。

2. 管理人员的低水平管理

低水平管理包括机构设置上的不合理、组织文化的败坏、规章制度的不严格等。比如企业内部矛盾导致的成员对本企业的肆意报复(如纵火、设置计算机病毒、制造流言等);企业内部人员贪污腐化而挪用公款、制造假账,泄露组织机密、产品秘方、特殊工艺等;生产设备长期不检修,高级人才的突然离职。如果企业在平时管理中没有注意到这些情况,等到危机发生,就会造成无法挽回的巨大恶果。

3. 企业的生产性错误

企业内部的由产品质量、数量、技术或服务等生产性原因造成的错误,被称为生产性错误,如以次充好、以假乱真的弄虚作假行为,故意减少产品数量,不履行服务承诺等。这种原因造成的危机是罪有应得。但有时生产性错误并不是故意而为的,而是由于忽视或轻视生产过程的某些方面而造成的。

4. 错误的广告和公关策划

广告和公关都是很好的打造品牌、美化品牌的手段,但广告宣传活动策划不当、失败的公关活动策略都会给企业品牌带来危机,它们需要新的公关活动进行纠正和弥补。

(二)企业外部的伤害

企业外部的伤害分为恶意伤害和非恶意伤害两种情况。伤害来源有竞争对手的陷害、媒体的错误报道以及其他来自企业外部和企业直接或间接相关的组织或个人。

1. 恶意伤害

恶意伤害是指做这些伤害活动的目的就是使该组织受到破坏和损失。这种情况多来自竞争对手,也有公众或其他对组织出于报复心理或嫉妒心理进行的诬蔑、陷害等,这是每一个企业都应该警惕的。

2. 非恶意伤害

非恶意伤害是无心的过失造成的，如媒体由于时间的紧迫和知识的局限或不负责导致的错误报道。非恶意伤害也可能是由与品牌有关的个人自身的错误、谣言或灾祸引发的。如果品牌的形象代言人行为不妥，必然使该品牌形象受到负面影响。非恶意伤害也有可能是由于社会上与组织生存发展本无直接关系的原因通过某种巧合的相似性，祸及组织造成品牌危机的灾难。还有一种组织外部的伤害是由宏观的原因引起的，如国家方针政策的变化、新法律条文的颁布、战争、恐怖活动等，这些改变与发生不是针对某个品牌的，也不是只对某个品牌或某些品牌造成伤害的，而是会造成全社会性变动或伤害的，属于社会背景的变化。

（三）自然灾害

这里所说的自然灾害是一个广义的概念，是指非人为原因造成的品牌危机的总称，既包括地震、台风、火灾、洪水、瘟疫等自然现象带来的狭义的自然灾害，也指迫于其他自然规律的非人力所能控制的原因造成的灾害，如企业关键人物的突然死亡、经济规律导致的国际经济形势的变化、流行趋势的变化、社会的不断发展进步等。

三、品牌危机管理

品牌危机管理是从品牌危机预警防范到危机后重振的全部管理过程。

（一）品牌危机预警

企业如何进行品牌危机的防范，是品牌危机管理的首要任务，也是其第一要旨。它不在于如何处理已出现的危机，而在于如何辨别企业品牌运营过程中存在的哪些不利因素。企业要有"忧患意识"，时刻警惕破坏性因素，密切关注有关未来品牌危机的信息并尽量为潜在的品牌危机做好应对准备。该阶段包含以下过程。

1. 识别品牌危机成因要素

对品牌危机要素的识别是品牌危机管理的起点。我们需要进一步对识别出的品牌危机成因要素进行排序。该排序一般从以下三个方面考虑：由某一品牌危机成因要素导致品牌危机的可能性、影响后果的严重性，以及对该成因要素进行防范与处理所需付出资源的多少。

当企业认为必须对识别并评估出的若干重要品牌危机成因要素进行管理时，就需针对每一特定品牌危机成因要素制定出科学、合理的品牌危机管理预案，以便为将来的品牌危机防范、准备、应对过程提供指引。

2. 树立良好品牌形象，提高消费者的品牌忠诚度

树立良好的品牌形象，培育与提高消费者的品牌忠诚度是构成企业安度品牌危机的一个重要的先决条件。企业能否安然度过其面临的品牌危机的最重要因素之一，就是看其在发生品牌危机时已经建立和积存起来的信誉。例如，1999年6月的可口可乐公司在欧洲事件（比利时和法国发生了可口可乐中毒事件）爆发后的处理行动有些迟缓，但这次品牌危机仍能在短短的两周内获得平息，在很大程度上应归功于其自 1885 年以来逐步形成的良好品牌形象，以及可口可乐公司引领消费者而形成的无可比拟的品牌忠诚度。换言之，如果企业能在"风和日丽"的日子里，为其品牌建立良好的信誉，那么当品牌危机来临的时候，企业至少多了一张挡箭牌。作为国内的专业运动品牌，乔丹体育一直在为振兴我国体育事业助力。在赞助各种类型的体育赛事的同时，乔丹体育也为各运动场景提供了多元化且专业的运动装备和技术支持。为促进农民体育的高质量发展，2023 年 7 月乔丹体育在广西来宾市象州水晶乡举办了一场引人注目的篮球比赛——"根深蒂固"广西村 BA 交流赛，吸引了当地不少村民的关注。通过举办精彩赛事推动乡村体育与外界高水平交流，以及通过体育带动乡村经济的发展，实现宜居宜业和美乡村的建设。乔丹体育举办交流赛活动的同时也组织了公益活动，为乡村留守儿童捐赠了篮球装备，点燃体育热情。希望通过这样的举措，将篮球带到乡村，为乡村留守儿童的体育发展添一把火，让更多孩子享受到篮球带来的快乐和成长。

3. 注重品牌创新与品牌开发

当品牌缺乏创新而逐步老化时，企业也会因不能很好地满足消费者变化的需求而引发品牌危机。试想，当厂家本身对自己的品牌失去兴趣，不再创新、缺乏广告创意时，消费者对品牌兴味索然也就是很自然的事了。由于品牌生命周期与产品生命周期相关联，许多品牌可能伴随产品的消长而消长。但品牌与产品毕竟是两个不同的概念，企业可以通过创新来延长品牌的寿命，重振品牌，使品牌价值得到保值和增值，更好地回避品牌老化带来的品牌危机。另一方面，企业也可以通过采用正确的品牌策略来弱化品牌危机的影响。如通过开发多个独立的品牌，从而避免将"鸡蛋放在同一个篮子里"，在很大程度上可以减小某一特定品牌危机对企业整体品牌运营及品牌价值带来的负面影响。

4. 唤起"全员危机意识"

加强全员危机训练、强化危机意识（包括品牌危机意识）的对象不应该仅仅是企业中的某个人、某个部门，而应是企业内部所有的员工与部门。企业管理者的一项重要任务就是使企业中的每一个员工都真正关心品牌的运营发展。此外，企业在灌输危机意识之余也不应该忽视对员工的相关培训和预案的演练。企业要组建一个品牌危机管理小组，由具有危机处理经验的专业人员负责，并通过规章制度的制定、灌输和执行，以及短期培训、专题讲座、知识竞赛等活动，加强对企业员工的危机培训，增强企业员工的应变能力和心理承受能力。

5. 建立有效的品牌危机预警系统及预警指标体系

唤起全员危机意识，可以提高企业上下的警惕性，但是，仅有这种忧患意识是不足以防范危机的。为了有效防范危机，还必须建立完善的危机预警系统，疏通信息沟通渠道。信息是品牌危机防范的生命，以科学化、规范化和制度化为标准，建立完整的监测系统，及时、准确地收集相关信息，做到上情下达，下情上达，内通外达，信息交流畅通无阻。此外，建立品牌自检自诊制度，定期或不定期地从不同层面、不同角度进行检查、剖析和评价，第一时间发现薄弱环节，及时采取措施，减少乃至消除发生品牌危机的诱因。

（二）体育品牌危机公关的应对

危机公关的本质是对大众情绪管理，核心是阻断传播。互联网时代，人人都是媒体源，阻断传播的根本就是阻断大众心中的传播欲念。阻断这个欲念的手段，不是解释，更不是诡辩，而是真诚道歉，获得原谅甚至同情。

1. 建立舆情监控体系，防患于未然

危机处理的高手，应是防患于未然，在危机还处于萌芽状态时，就已悄然解决。应建立舆情信息监控预警体系，对主流搜索引擎、新闻媒体、门户网站、垂直媒体、重要论坛、自媒体矩阵（如官网、微信、微博等）、各类社群（如客户群、粉丝群、招聘群、代理商群等）等线上渠道，以及市场活动、运营活动、运维活动、业务拓展、商务交流等线下场景，进行日常舆情信息监控。针对线上、线下各渠道中出现的不良负面舆情信息，发现人员应做到"及时记录、及时上报、有效沟通、正确引导"。

2. 成立危机公关小组，统一指挥作战

1）成立危机公关领导小组

成立品牌危机公关领导小组，当发现负面舆情、出现品牌危机事件后，应立即组织专门会议商讨品牌负面舆情应急处置事宜，必要时可邀请专业的品牌公关公司、公司法务顾问参加，共同拟定接下来的行动计划，综合运用公关措施和法律手段，进行品牌公关与危机处理。

2）危机公关处理的一般原则

（1）领导人原则：危机发生后，企业高层管理人员作为责任人，统筹协调，调动内、外部各种资源具体处理危机事件。

（2）主动性原则：危机发生后，不应逃避、推诿、糊弄，而是应该积极面对，有效控制局势，引导事态向好的方向发展。

（3）统一性原则：危机处理必须冷静、有序、果断，指挥协调统一、宣传解释统一、行动步骤统一，避免局势进一步恶化。

（4）全员性原则：危机处理不是某一个人、某一个部门的事情，而是整个企业的头等大事，需要企业内部全体员工积极参与、各司其职，并需要整合品牌公关公司、外部合作资源等，群策群力、形成合力，尽可能把品牌危机的损害降低到最小。

3）获得公众谅解

通常的做法就是召开新闻发布会，需要把公众安抚好，提供超过公众预期的诚恳道歉，获得公众的同情和谅解。切记别耍花样，错把勉强道歉当成捍卫尊严的开场白。不能撒硬慌、道软歉，而是应该往死里认错，超过大众心理的预期，影响大众的情绪，获得大众的谅解。

4）借助媒体发声

通过第三方、权威人士，提供权威的结论，把不是自己的责任，要明白无误地传递给公众，避免"背黑锅"。

5）提出解决方案

在公众原谅的基础上，找出问题的根源，并提出切实的解决方案。

尽管预警防范在先，但再周详的防范也可能会出现遗漏，品牌危机还是可能会爆发。品牌危机一旦爆发，便会迅速破坏品牌形象，并且使企业出现人心散乱的危险局面。因此，企业必须及时、果断地做出科学而有效的决策，圆满地解决危机，使企业及其品牌尽快从危机中恢复过来，重塑品牌及企业的良好形象。

第四节　体育品牌的保护

体育品牌保护，就是对体育品牌的所有人、合法使用人的体育品牌实行资格保护措施，以防范来自各方面的侵害和侵权行为。体育品牌是企业产品质量、形象、服务和价值的体现，是企业的信誉保证和无形资产，也是消费者选择体育产品的重要依据，因此体育品牌的保护是相当重要的。企业应重视提高体育品牌知名度，杜绝假冒伪劣产品出现。

品牌特别是知名品牌，很容易被侵权或者受到不正当竞争行为损害，使品牌的无形资产流失，品牌价值降低。因此，每个品牌所有者都应树立品牌保护意识。体育品牌的保护包括品牌的经营保护、品牌的自我保护和品牌的法律保护三个组成部分。

一、体育品牌的经营保护

品牌的经营保护是指企业经营者在具体的营销活动中所采取的一系列维护品牌形象、保持品牌市场地位的活动。不同的品牌，其所面临的内部和外部环境是不同的，自然经营者所采取的保护活动也各不相同，但是不论采取何种经营活动对品牌进行保护，都必须以下列几点为基础。

（一）全面满足消费者需求

消费者是企业品牌经营者的上帝，以市场为中心，也就是以消费者需求为中心。要知道品牌的经营保护是与消费者的兴趣、偏好密切相关的。市场是无情的，它不管你是中国品牌还是世界品牌，只要你违反了市场变化的规律，就必会导致企业经营的失败。

以市场为中心，完全满足消费者需求，就是要求品牌经营者建立完善的市场监察系统，随时了解市场上消费者的需求变化状况，及时地调整自己的品牌，以便使品牌在市场竞争当中获胜，顺利完成品牌保护的工作。

（二）维持高质量的品牌形象

质量是品牌的灵魂，高质量的品牌往往拥有较高的市场份额；反之，一个品牌的知名度很高，但它的产品质量出了问题，也会大大降低品牌形象，使品牌受损。消费者往往具有某种品牌忠诚心理，正是这种忠诚心理为该品牌产品提供了相对稳定的消费群体,从而保护了该品牌的基础市场占有率,保持品牌质量,才能保持品牌形象,使品牌不断地得以发展壮大。

(三) 打造强势品牌

企业品牌的经营保护最强势要素就是企业对企业品牌进行全方位的严格管理,以便保持和提升品牌竞争力,使品牌更具活力和生命力。树立"质量是企业的生命"的观念,并把它贯彻到企业的一切活动和全部过程之中。企业要制定切实可行的质量发展目标,坚持成本控制和成本管理,提高产品品牌的市场占有率。优势品牌必须实施成本最低领先战略,采用先进技术,提高劳动生产率。在市场上已有良好信誉度和知名度的品牌,对产品进一步占领市场,提高市场占有率起到重要的作用。

(四) 实施差异化策略

品牌在市场上的定位到后来往往由于消费趋势的变化、消费者的兴趣变化、消费偏好转移以及市场占有率的变化不得不对它进行重新定位或者实行差异化策略。创新是一个系统工程,包括许多方面的内容,主要有观念创新、技术创新、质量创新、管理创新、服务创新、市场创新、组织创新、制度创新等。创新是企业品牌的灵魂,是企业活力之源。品牌不仅涵盖了产品概念,它更是一种人格化的东西,是消费者心中认可的一种印象。品牌要寻求更大发展,就要展现它与众不同的地方。

二、品牌的自我保护

品牌经营者都想创造高知名度品牌,然而品牌的知名度越高,假冒者就越多,技术失窃的可能性也就越大,品牌之间互相斗争、两败俱伤的现象也就越普遍,因此品牌经营者为使品牌健康成长,必须注意进行自我保护。体育就是一种消费、一种时尚,当代人对体育消费品(如服装、鞋、帽等)品位要求较高,都喜欢设计精美、优质名牌,且蕴含文化价值的体育用品。我国体育用品企业品牌意识欠缺,即使有少数企业有体育品牌意识,打造出某一体育品牌产品后,其他体育用品生产企业纷纷模仿,最终导致名牌产品成为"水货"产品,扰乱了市场秩序,加剧了市场资源的流失。2001年4月下旬,世界体育用品联合会主席罗宾先生率世界体育用品联合会副主席、秘书长一行,对刚刚加入世界体育用品联合会大家庭的中国体育用品联合会进行了首次来访。虽然来访只有短短的3天时间,但是他们还是在百忙之中抽出两个半天分别拜会了中国消费者协会和中国知识产权局的有关领导,就体育用品知识产权保护方面的问题进行了深入的了解。他们认为:在国际上比较知名的商品体育品牌(包括运动体育品牌),大都非常重视自身的知识产权。如果一个国家对"知识产权"保护不力,那么,这些优秀的体育品牌就会对是否应该进军该国市场持怀疑态度。我国是世界上最大的体育用品加工基地,也是发展中国家纺织品、运动鞋最大的出口方。我国有很多民族体育品牌进入国际市场,成为该行业贸易自由化最大的受益者。企业除加强产品科技投入和重视产品质量外,还必须设立专门机构专攻相关知识产权保护和反不正当竞争。体育用品的民族体育品牌，不少在海外知名度很高，但企业对品牌保护意识欠缺，如乒乓球、羽毛球、运动服、运动鞋的"红双喜""回力""航空""大维"等体育品牌被抢注现象十分严重，其中"红双喜"商标已在德国、美国、新加坡、马来西亚等20多个国家和我国的香港、台湾地区被抢注。

（一）体育企业自我保护策略

依靠企业自身的力量保护体育品牌，这是实施体育品牌保护策略的重点，具体表现在以下几个方面。

1. 及时注册商标

企业经营者应有强烈的商标意识，对所生产产品的商标应及时向政府工商行政管理部门进行注册；对产品外销或提供境外服务，应及时向东道国政府有关部门进行商标注册，以防被"抢注"。

2. 加大品牌商标的管理

防止随意扩大本企业体育品牌商标的使用范围，导致体育品牌信誉度下降而遭受严重损失。企业创出的体育品牌商标，尤其是名牌商标，是一笔可观的无形资产，在进行企业兼并、收购、资产重组的过程中，转让商标使用权是经常发生的。但在这一过程中，一定要严格把关，防止体育品牌商标转让的过度化和泛滥化。企业不要轻易转让注册商标使用权，尤其是对那些被兼并的后进企业，当它们质量达不到规定的标准要求时，绝对不能让它们使用本企业知名的注册商标。否则，这些未达到质量标准的被兼并企业，用了知名商标却生产出低质产品，就会损害体育品牌声誉，甚至毁掉这个体育品牌商标。在实际的经济活动中，的确有一些知名体育品牌的企业，为了图一时蝇头小利，随意转让注册商标使用权，造成信誉下降而倒了牌子的事例，这是应该牢记的教训，千万不能重犯。

3. 以新取胜

"质量第一"是体育品牌自我保护的根基，"以质取胜"是永不过时的真理。要牢固树立"质量是企业的生命"的观念，并把它贯彻到企业的一切活动和全部过程之中。以优取胜的战略，就是坚持产品质量和服务质量达到顾客满意的标准，并不断创出高于竞争对手的质量标准，从而提高企业和产品的美誉度，并有效地保护自己的体育品牌。创新是企业的灵魂，是企业活力之源，不断创新是企业生存和发展又一重大的永恒课题。以新取胜的策略，就是要企业在观念、技术、质量、管理和服务等方面创新。此外，还要进行市场创新、组织创新、制度创新等，全方位、全面地进行创新，企业就会有无穷的生命力和永不枯竭的内在动力，推动企业不断发展壮大。创新也是企业对自己体育品牌最好的自我保护。

4. 建立合理的营销网络

营销网络是一个庞大的体系，从地区分，可以包括国内营销网络和国际营销网络。从经营方式分，可以包括普通商店经营、超市经营、多品牌店经营、代理商经营、总经销商经营、专卖店经营等多种形式。代理商经营和总经销商经营，是产品经营中最常用的方法，即某一体育品牌的商品在某一地区、某一城市通过协议或合同的形式，确定由某一代理商或经销商进行代理销售或总经销。体育品牌专卖店经营是体育用品经营的特殊形式，它是经营规模大的商品、价值较高的耐用品，或技术含量较高的高科技产品，或售后服务要求较高的产品等，例如，李宁运动服装专卖店、耐克体育用品专卖店等。企业一旦建立了合理的营销网络，品牌产品就会通过正规渠道被消费者购买，从而达到保护体育品牌质量和信誉的作用。

5. 积极应用防伪技术

近年来，产品的假冒伪造激增，已成为严重的社会问题之一。要有效地保护一个产品品牌或企业品牌，必须综合运用明显可见的和隐蔽的技术去防止假冒。新的防伪技术能快速、便宜、准确地揭示一个产品的真假，是品牌保护和防止假冒的重要手段。但防伪不是万能的，企业还应积极打假，把防伪和打假结合起来。企业要主动出击，在打假中要有专人负责、专项资金，以积极行动警戒并打击假冒产品，保护自己品牌形象；一旦发现自己的品牌被假冒，应立即诉诸法律保护，追究相关人员的法律责任。

对体育品牌的保护，国外大公司提供了一些通行的办法。

首先，他们会为自己的商标进行注册，不仅在自己的国家，也不仅在那些已经开始销售他们的产品的国家，即使是自己的产品还没有打入市场的国家，他们都会到该国相关部门去注册自己商品的商标。这样，他们首先用法律武器保护了自身的利益，无论是在已经存在的市场上，还是潜在的、未来的市场。

其次，他们的公司会成立相关的保护部门，专门在市场上对那些假冒自己体育品牌的产品做调查，一旦发现，及时通报。这个保护部门的领导、高级主管全部由专业的调查人员组成。另外，为了有力地保护自己的知识产权，他们还会不惜重金聘请和雇佣私家侦探，配合公司保护部门的工作。私家侦探的工作主要是核实工厂订货和出售数量等情况。根据订单的记录，公司可以了解订货的数量；通过产品的标号以及全国甚至全世界的分销商的网络联系，可以精确地知道该商品的销售情况、消费者信息、销售网络。通过分析，如果商店中销售的数量大于工厂订货的数量，则必定有假冒产品充斥在市场中。那么私家侦探就要将假冒产品找出来，并追查它的源头。其余的事情就要通过法律部门来解决。国外公司的这种做法，正是要告诉国内的企业：珍视自己的体育品牌，保护自己的体育品牌。

一个优秀的体育品牌之所以优秀，在于它总是在不断地进取和开拓，要耗费相当多的人力、物力和财力。但是如果保护不当，投入市场后，这些成果很容易被那些不太懂得尊重别人劳动成果的同业学习，毕竟模仿比创新容易很多。因此，企业自身应当建立保护自己权益的意识，这同时也是在树立一种体育品牌形象。

（二）企业外部保护体育品牌战略

在一个体育品牌创建和运营过程中，除了自身的保护外，企业还需利用外部方方面面的力量来保护此体育品牌，主要表现于以下几个方面。

1. 国家政策、法律保护策略

品牌是实施名牌战略的基础，要有效地保护品牌，必须引入法制机制。市场经济从某种意义上说也是法制经济，对品牌的保护，首要的就是法律的保护，它包括从法律上和从商标注册上保护两个方面内容。

保护体育品牌不受内外侵权，这就要求政府在体育品牌战略中制定和采取相应的措施，运用法律、行政、经济等各种手段进行综合治理，为体育品牌的创建、成长、发展保驾护航。中国有专门的机构对知识产权进行保护——国家知识产权局。特别是近年来，在海关总署加大打击假冒伪劣产品的力度下，在体育用品知识产权保护方面取得了突出成绩。我国政府部门坚决严厉打击假冒伪劣产品的态度，以及取得的切实成绩为体育品牌的发展创造了条件。

2. 舆论保护策略

新闻界是企业的坚强后盾，是体育品牌事业的忠诚捍卫者。企业要经常通过新闻媒介宣传报道和介绍本企业创建体育品牌的事迹，介绍企业名牌产品或优质服务的特色，在广大顾客中确立名牌产品、优质服务的良好形象，增强对广大顾客的吸引力；通过新闻媒体，及时报道和揭露那些生产假冒、伪劣产品的企业和经营者，对他们的违法行为及时曝光。

3. 社团保护策略

各种社会团体及其所拥有的专家队伍对各种产品和服务的评审具有很大的影响力和权威性。实施社团保护策略，首先要通过各级行业协会、高等院校、科研院所等机构，组织各类专家进行深入的市场调查，在广泛征求消费者和用户意见的基础上，对企业名牌做出公正的评审。其次，通过多方面专家参与的打假活动，把专家们调查和揭露假冒者的违法犯罪事实公布于众，让广大顾客分清真假，避免上当受骗。中国体育用品业联合会一直致力于推动体育用品行业的健康发展，加强知识产权保护。一些体育用品企业也开始了保护知识产权的行动，纷纷表示：企业将在原材料采购、设计、制作、经销过程中重视知识产权和环境保护问题，保证做到不制假、不贩假；严格按照国家工商行政管理局的有关规定规范企业行为和加强企业的商标注册和专利申请工作；主动协助自身加工或代理经销商的境外产品的商标、专利权利人，保护其在华合法利益；对于涉嫌侵犯知识产权和危害环境的产品及原材料，采取坚决不生产和不使用的做法；成立专门打假部门，配备专职员工，投入资金开展打假工作，等等。

4. 消费者保护策略

要实施消费者保护体育品牌的策略，首先要努力宣传和增强消费者的自我保护意识，使消费者认识到假冒者不仅损害厂家的利益、损害国家的利益，最终也会损害消费者自身的利益。其次要提高消费者识别体育品牌产品和假冒产品的本领，增强自我保护意识，使其自觉地抵制假冒商品。只有这样，假冒商品才会失去市场，坚实的体育品牌保护的群众基础才会形成。假"耐克"、假"阿迪达斯"之所以会屡禁不止，在一定程度上，也缘于一部分"知假买假"的消费者为这些"知假造假""知假卖假"的人们提供了市场。所以我们呼吁消费者建立这样的消费观念：支持正品，杜绝假货，维护自身的权益，尊重体育品牌的知识产权，为体育品牌的保护尽一份力量。

企业必须加强对知名品牌商标的管理，制定专门的商标管理制度，把商标管理纳入全面质量管理之中。对商标的使用、标志的印刷及出入库、废次标志的销毁等，都要进行严格管理。为了加强企业内部的商标管理，企业应设立科学的、完善的商标档案，设立专门的商标管理机构，配备熟悉商标知识和商标法规的管理人员，使他们成为品牌的捍卫者。此外，还可以向消费者普及品牌的商品知识，以便让消费者了解正宗品牌的产品；与消费者结成联盟，协助有关部门打假，从而组成强大的社会监督和防护体系。

三、体育品牌的法律保护

（一）体育品牌法律保护的内容

体育产品的生产者和经营者应当了解并遵守相关的法律法规，通过合法途径维护自身的知识产权和商业利益，同时保障消费者的合法权益。体育产品的法律保护涉及以下六个方面。

1. 知识产权保护

知识产权保护包括了对商标、专利和著作权等的保护。体育产品的品牌名称、标识可以通过商标注册获得保护，防止他人未经授权使用相同或相似的商标，导致消费者混淆；对于具有新颖性、创造性和实用性的体育产品设计、技术或工艺，可以申请专利保护，如新型运动器材的结构、制造方法等；体育产品的设计图纸、宣传材料、软件等具有独创性的表达也可以受到著作权法的保护。

2. 反不正当竞争法

反不正当竞争法可以防止其他竞争者通过不正当手段，如仿冒、虚假宣传等，损害体育产品生产者的合法权益。

3. 消费者权益保护法

消费者权益保护法确保体育产品的质量、安全符合相关标准，保障消费者的人身和财产安全。如果产品存在缺陷导致消费者受损，消费者有权依法获得赔偿。

4. 合同法

合同法保证合同的正常运行以及给合同划定范围，让合同保持在一个权利义务对等，并且不危害到社会其他利益。在体育产品的生产、销售、授权等商业活动中，通过合同明确各方的权利和义务，保障交易的顺利进行和各方的合法权益。

5. 国际贸易相关法律

对于进出口的体育产品，要遵守国际贸易规则和相关国家的法律法规，如关税、进出口管制等。

6. 数据保护和隐私法规

如果体育产品涉及收集和处理用户数据，如运动监测设备，需要遵守数据保护和隐私法规，保障用户信息的安全。

(二) 体育品牌法律保护的策略

1. 商标注册

向相关的商标管理机构提交商标注册申请,明确品牌标识和名称的专用权。这有助于区分企业的产品与其他竞争者的产品,防止他人冒用或混淆。

2. 专利申请

对于创新的体育产品设计、技术或工艺,可以向专利局申请发明专利、实用新型专利或外观设计专利。发明专利保护新的技术方案和方法;实用新型专利保护具有一定形状和结构的产品;外观设计专利保护产品的外观形状、图案和色彩等。

3. 版权登记

对体育产品相关的原创设计图纸、宣传资料、软件程序等进行版权登记,可以确立作品的归属和权利。

4. 商业秘密保护

对于一些未公开的技术、工艺或经营信息,可以作为商业秘密进行保护。企业应采取保密措施,如与员工签订保密协议、限制访问等。

5. 域名保护

企业可以注册与品牌相关的域名,防止他人恶意抢注或利用相似域名误导消费者。

6. 海关备案

如果体育产品涉及进出口贸易,企业可以在海关进行知识产权备案,便于海关查处侵权货物。

7. 监测与维权

企业应定期监测市场,发现侵权行为及时采取法律行动,包括发送警告函、提起诉讼等,维护自身合法权益。

8. 合同约定

在合作协议、授权协议等合同中,企业应明确知识产权的归属和使用范围,防止知识产权纠纷。

9. 行业协会支持

企业可以加入相关的行业协会,借助协会的力量共同维护行业的知识产权秩序,获取信息和支持。

— 第八章 —
体育品牌策划文案的撰写

策划书是将谋划的内容以应用文的形式表现出来，充分利用品牌组织的内、外部资源和全新的思维理念对品牌进行设计和创新规划，帮助企业以较少的投入获得巨大的效益。企业形象设计手册是品牌策划书最重要的表现形式，不仅仅决定体育企业的对外形象，同时也是体育企业实际操作的依据标准，并作为体育企业的高品质、系统性的知识财富和无形资产作永久性收录。

在实际操作过程中，品牌策划就是整合各种有利因素，对品牌的未来发展进行塑造的过程。对于各行各业的品牌来说，因为不同品牌策划的目标重点各不相同，其体育品牌策划书的制作方法也不尽相同。体育品牌活动策划是提高市场占有率的有效行为，如果是一份创意突出，而且具有良好的可执行性和可操作性的活动策划案，无论对于企业的知名度，还是对于品牌的美誉度，都将起到积极的作用。品牌策划是一系列的活动，本章对体育品牌策划书、品牌活动策划书、品牌广告策划书、品牌营销策划书的内涵进行介绍，描述构思流程的过程，总结其写作原则和技巧，以实例的形式演绎体育品牌策划书的写作方法。

第一节　体育品牌策划书

体育品牌策划书从属于体育企业的整体市场营销思想和模式，只有在此前提下做出的活动策划才是具有整体性和延续性的广告行为。也只有这样，才能够使受众群体接受品牌的文化内涵。而活动策划案也只有遵从整体市场策划案的思路，才能够使企业保持稳定的市场销售额。体育品牌策划书是品牌策划管理的书面形式。在品牌策划的系统工程中，没有固定的方案程式。不同的企业、不同的产品、不同的调查结果、不同的事件等，都有不同的表达方式，或者策划方式。

一、品牌策划目的

要明确品牌营销策划所要达到的目标、宗旨,并将此目标、宗旨作为执行本策划的动力或强调其执行的意义所在,以要求全员统一思想,协调行动,共同努力保证策划高质量完成。

二、分析当前的品牌营销环境

对同类产品市场状况、竞争状况及宏观环境要有一个清醒的认识。

(一) 当前市场状况及市场前景分析

(1) 品牌在现实市场中的表现如何。
(2) 市场成长状况,品牌目前的知名度、影响力有多大。
(3) 消费者的接受度,这一内容需要策划者凭借已掌握的资料分析品牌的市场发展前景。

(二) 品牌的影响因素分析

品牌的影响因素分析主要是对影响品牌的不可控因素进行分析,如宏观环境、政治环境、居民经济条件(消费者收入水平、消费结构的变化、消费心理等),还需要考虑技术发展趋势的影响。

三、市场机会与问题分析

(一) 针对产品品牌目前营销现状进行问题分析

一般品牌营销中存在的具体问题,表现为多个方面:
(1) 品牌知名度不高、形象不佳影响产品销售;
(2) 产品质量不过关,功能不全,致使品牌被消费者冷落;
(3) 产品包装太差,品牌档次提不起消费者的购买兴趣;
(4) 品牌名称设计不当,对目标消费者没有吸引力;
(5) 品牌定位不当;
(6) 品牌渠道选择有误,使销售受阻;
(7) 品牌个性与形象不符;
(8) 品牌传播方式不对,导致消费者不了解企业产品;
(9) 品牌形象老化等。

(二) 针对品牌特点分析优、劣势

从问题中找劣势予以克服,从优势中找机会,发掘其市场潜力。分析各目标市场或

消费群体的特点并进行市场细分，对不同的消费需求尽量予以满足，抓住主要消费群作为营销重点，找出与竞争对手的差距，把握利用好市场机会。

四、品牌营销目标

品牌营销目标是在前面目的任务基础上企业所要实现的具体目标，即品牌策划方案执行后，对品牌影响力、知名度有否提升，对品牌资产的积累有何好处等。

五、品牌营销战略（具体行销方案）

（一）品牌定位

品牌定位的关键主要在顾客心目中寻找一个空位，给品牌找准一个基点。

（二）品牌设计

在前面品牌定位的基础上，进行品牌设计：
(1) 名称设计；
(2) 标志设计。

（三）品牌个性

根据品牌定位，给品牌设计一个符合目标消费者的个性，清晰地描述品牌个性塑造的关键因素。

（四）品牌形象

给品牌塑造一个形象，注意品牌形象和品牌个性之间的关系，主要内容包括：
(1) 品牌形象的概述；
(2) 品牌形象的构成；
(3) 品牌形象的塑造。

（五）品牌传播

1. 原则

1) 服从性
以企业整体营销宣传策略为中心，树立产品形象，注重树立企业形象。

2) 长期性
广告宣传商品个性不宜变来变去，否则消费者难以获得确切印象，即使老顾客也会觉得陌生，所以企业在一定时段上应推出一致的广告宣传。

3) 广泛性
选择多样化的广告宣传媒体，注重媒体的宣传效果。

4）协同性

不定期地配合阶段性的促销活动，掌握适当时机，如重大节假日、企业有纪念意义的活动等，及时、灵活地推出促销广告。

2. 实施步骤

实施步骤可按以下方式进行：

（1）策划期内前期推出品牌形象广告；

（2）稍后适时推出诚征代理商广告；

（3）节假日、重大活动前推出促销广告；

（4）把握时机进行公关活动，接触消费者；

（5）积极利用新闻媒介，善于利用新闻事件提高企业产品的知名度。

（六）具体行动方案

根据策划期内各时间段特点，推出各项具体行动方案。行动方案要细致、周密，操作性强又不乏灵活性。此外，还要考虑费用支出，一切量力而行，尽量以较低费用取得良好效果为原则。

六、品牌资产

根据前面的品牌策划，分析塑造的品牌资产的价值，根据品牌资产的构成要素进行评估。

七、方案调整

方案调整是作为策划方案的补充部分。在方案执行中可能出现与现实情况不相适应的地方，因此必须随时根据市场的反馈及时对方案进行调整。

品牌策划书的编制一般由以上几项内容构成。企业产品不同，营销目标不同，则品牌策划书所侧重的各项内容在编制上也有详略取舍。

第二节　体育品牌活动策划书

进行品牌营销，离不开公共关系活动，而体育品牌活动策划书是公共关系活动文书的一种。公共关系所研究的是人与人之间、群体与群体之间和谐有益的关系形态。因此，活动策划书的写作首先要强调人际关系的道德准则，不论是策划理念还是文本形式，都要体现以人为本的观念。活动策划的重点在于构思、设计、营造一种和谐、有益的人际关系，所以活动策划书写作最直接的目的在于将自己所主张的人际关系理念传递给大众并促使大众接受，唤起大众对活动的参与意识和奉献精神，使所有参与者在参与活动的同时，情感和心理能得到感染与影响。

一、体育品牌活动策划书的基本格式

（一）策划书名称

尽可能具体地写出策划书名称，如"×年×月×日×活动策划书"，置于页面中央。

（二）背景介绍

这部分内容应根据策划书的特点在以下项目中选取内容重点阐述：基本情况简介、主要执行对象、近期状况、组织部门、活动开展原因、社会影响以及相关目的动机。

（三）策划方案的目的及意义

应用简洁明了的语言将品牌活动策划的目的、要点表述清楚；在陈述目的要点时，该活动的核心构成或策划的独到之处及由此产生的意义都应该明确写出。

（四）策划活动名称

根据活动的具体内容、影响及意义拟定能够全面概括活动的名称。

（五）策划目标

此部分需明示活动要实现的目标及重点（目标选择应满足重要性、可行性、时效性）。

（六）策划方案的开展

作为活动策划的主题部分，表述方面要力求详尽，不仅仅局限于用文字表述，也可适当加入统计图表、数据等，便于理解。

（七）经费预算

活动策划方案的各项费用根据实际情况进行具体、周密的计算后，用清晰明了的形式列出。

（八）应注意的问题及细节

内外环境的变化，不可避免地会给活动方案的执行带来一些不确定性因素，当环境变化时是否有应变措施、损失的概率是多少、造成的损失有多大等应在策划中加以说明。

（九）活动负责人及主要参与者

注明活动组织者姓名、参与者姓名、嘉宾、单位（如果是小组策划，应注明小组名称、负责人）。

二、体育品牌活动策划书的构思流程

(一) 做好调查，准确定位

对所策划的对象进行调查研究，是体育品牌策划书的创作程序之一。只有进行调研，才能把准市场的脉搏，为体育品牌活动策划书进行准确定位。

在制作体育品牌活动策划书之前，制作者首先要了解决策者的意图，要清晰地知道他们的目的以及所要解决的问题是什么。这个问题如果弄不清楚，就会事倍功半，甚至事与愿违。比如，某公司委托你进行区域性的某品牌活动策划，其目的是增加该品牌在此区域的受众认知度。如果你没弄清楚这一点，没有在增加该区域的受众认知度上下功夫，而是按照品牌活动策划的常规套路去进行品牌活动策划，既浪费精力、时间，又浪费资源，最后形成的策划书还不会得到决策者的认可。所以，掌握委托人的真正意图，是成功制作体育品牌活动策划书的前提。

在明确品牌策划的真正目的之后，就要进行有针对性的策划调研。策划调研是品牌策划的基础，科学有效的调研能够明确品牌策划的主题，最终解决现实问题。在品牌调研活动中，市场调查很重要。进行市场调查前，应该有某种程度的预想，然后在此想法基础上进行调查。

(二) 深入分析，设计战略

品牌活动的策划离不开市场调查，也离不开相应的市场环境分析。只有在有效的调查和准确的分析基础之上，才会产生实用的品牌活动策划书。

我们在进行市场环境分析时，必须有相关的可供参考的资料。收集资料有多种渠道，可以通过问卷调查、实地调查，了解顾客的反应；也可以从报刊书籍中收集资料，加以分析；还可以上网收集国内、国外各行各业的相关信息。这些对活动策划都是非常有帮助的。

在制作体育品牌活动策划书时，还应看到政治、经济和社会等因素直接或间接的影响。如果不能洞察到这些变化，相应的分析就无法深入、具体、准确，策划书也难以达到最佳效果。品牌策划分析一般包括行业市场环境分析、目标市场分析、竞争对手分析、消费者分析、品牌分析等，各类分析中还有更加详尽的细目分析。但对品牌活动策划而言，并非每一项分析都要面面俱到，只需针对与策划活动有关的项目进行分析即可。

(三) 精心创意，合理布局

一切策划都离不开创意，品牌策划也不例外。新颖的创意是活动策划书的核心内容，在活动中创意、内容及形式具有新意，才会给人以全新的感受并留下深刻的印象。策划者只有对所策划的产品及所涉及的市场和相关环境非常了解，才会构思出精彩的创意。有了好的创意，就会有与众不同的新颖的品牌活动策略。

有了充分的材料和好的创意，还要选择恰当的方式表达出来，形成书面材料，作为行动的参考和指南，这就是体育品牌活动策划书的制作。怎样写出一份完美的体育品牌策划书呢？第一，撰写大纲，精心布局，合理安排结构；第二，精选材料，制作正文内容。正文是体育品牌活动策划书中最重要的部分。虽然因目标不同，各体育品牌活动有所不同，但最基本的原则是主题明确，数据真实可靠，分析准确严密，条理清晰，活动富有创意。

精彩的体育品牌活动源自良好的策划，而一个操作性强的策划又离不开一份可执行性很强的策划书。随着市场竞争日益激烈，好的体育品牌活动策划书定能成为企业发展的良方妙药。

第三节　体育品牌广告策划书

一、体育品牌广告策划书的概念

广告策划是集谋略与科学决策于一体的艺术。策划是否全面、周到，直接关系到广告活动的成败，关系到整个品牌的形象。广告策划人员只有在科学的策划和品牌价值的指导下，严格遵循广告策划的基本程序，踏实而又富有创造性地做好各环节的工作，才能赢得市场。广告策划书是在广告开始的最初阶段进行的，必要时贯穿于广告活动，是一种优先、提前的，带有策略指导意义的活动，它为提出、实施、检验广告决策的全过程作优先的考虑与设想。

体育品牌广告策划书的写作要点在于始终紧扣"创意"与"创新"。"创意"就是找出一种具体的形式用以表现广告定位所确定的内容要点。"创新"则是对广告内容和传播方法所采取的新颖的处理方式。广告策划书在内容上的创新，并不仅仅指宣传对象的新，更是指广告内容与设计的新意。广告的宣传内容是客观存在的，广告策划却具备较强的主观性特征。

二、体育品牌广告策划书的内容

（一）封面

一份完整的广告策划书文本应该包括一个版面精美、要素齐备的封面，给阅读者以良好的第一印象。

（二）广告策划小组名单

在策划文本中提供广告策划小组名单，可以向广告主显示广告策划运作的正规化程度，也可以表示一种对策划结果负责任的态度。

(三) 目录

在广告策划书目录中,应该列举广告策划书各个部分的标题,必要时还应该将各个部分的联系以简明的图表体现出来,一方面可以使策划文本显得正式、规范,另一方面也可以使阅读者能够根据目录方便地找到想要阅读的内容。

(四) 前言

在前言中,应该概述广告策划的目的、进行过程、使用的主要方法、策划书的主要内容,以使广告客户可以对广告策划有大致的了解。

(五) 摘要

摘要可以出现在前言中。摘要一般用来反映策划书中所策划的广告目的、方法及主要结果与结论,在有限的字数内向读者提供尽可能多的定性或定量的信息,充分反映该策划的创新之处。策划书中如果没有创新内容,如果没有经得起检验的与众不同的方法或结论,是不会引起广告主阅读兴趣的。以"摘录要点"的形式说出策划者的主要策划成果和比较完整的定量及定性的信息,篇幅以 300~500 字为宜。

摘要的写作注意事项如下:

(1) 摘要中应排除常识性的内容,一般不要对策划书内容做诠释和评论,尤其是自我评价;

(2) 不得简单重复题名中已有的信息;

(3) 结构严谨,表达简明,语义确切,内容不分段;

(4) 用第三人称,且采用"报告了……现状""进行了……调查""对……进行了策划"等记述方法;

(5) 要使用规范化的名词术语,不使用非公知公用的符号和术语;

(6) 除了实在无法变通以外,一般不用数学公式,不出现插图、表格;

(7) 不用引文;

(8) 尽量不使用缩略语、略称、代号。

(六) 正文

1. 市场营销环境分析

市场营销环境分析是进行广告策划的依据与基础,广告策划要以环境分析为出发点,只有对市场、产品、消费者、竞品等相关信息和数据分析透彻,掌握充分,基于严密观察与科学思考的基础上所做的策划才有章可循、有据可依。

(1) 市场分析要进行清晰深刻的市场环境研究,需要从宏观、中观、微观三方面做全面综合的洞察。首先,利用 PEST 分析法对广告传播推广做宏观方向上的市场环境研究,从政治环境、经济环境、社会环境、技术环境四个方面入手,综合分析其所处的发展环境;其次,中观层面上,有必要深入研究行业的发展现状,进行数据挖掘与现状分析;最后,微观层面上,从发展现状以及地位与发展趋势进行分析。基于以上各方面综合的分析，对产品的综合审查才是全面和深刻的，其所推导的结论才是科学合理的。

（2）产品分析对同市场竞品进行多维度、多层面的对比分析时，首先需对产品本身进行细致全面的综合剖析，产品分析将从产品自身情况、产品特点挖掘两个方面重点阐述。在实际运营的过程中，认真观察研究用户的实际反馈，对产品做充分的了解，有助于明晰其产品功能利益点，明确传播推广的方向，制订科学合理的传播推广规划。产品特点的深度挖掘对于产品分析是非常重要的，是定位考虑的主要因素之一，往往是依据产品特点，诠释带给用户的独特功能利益点，确定独特销售主张。

（3）消费者分析是整个广告策划的核心，策略的制订，包括广告创意表现策略、广告投放策略与传播推广活动都必须建立在对消费者用户属性及心理需求的洞察之上，对目标消费者的深入分析、准确定位是进行广告策划的前提。具体来说，只有准确地把握住消费者用户属性、行为特征、心理需求等方面，才可以量身定制高水平的广告创意，才能在媒介选择、媒介投放环节做出正确策略，精准向目标人群进行定向投放。了解用户画像对制订科学的广告策略至关重要，广告创意的表现、营销传播活动的制订、媒体的组合与选择皆要以用户画像为基本准则，符合目标用户属性。用户的心理需求分析是必须的，只要建立在准确的用户心理分析上，广告投放才能发挥最优效果，创意广告内容才能更容易同用户产生情感共鸣，给用户留下比较深刻的印象。其相关结论，要基于专业的行业报告的基础上进行分析。准确的目标消费者定位是用户分析的结论与核心所在。根据现有市场消费者人群画像分析与消费心理需求分析，确定科学合理的人群定位。目标人群的定位作用在于：第一，广告创意表现要符合目标人群的属性，以便实现更好的反馈效果；第二，广告投放要精准定位目标人群，以实现广告的有效触达和传播效果的最大化；第三，营销传播活动形式要符合目标人群的偏好，以促进更多的用户主动参与，辐射更大范围的人群。

（4）竞品分析的意义在于通过与市场上竞品进行分析比较，以此确定产品的优势，从而确定独特的传播主张。

2. 传播主题设计

传播主题是广告策划案的核心所在，传播主题的提炼，要经过逻辑推导分析。一个成功的传播主题要在社会文化的大环境之下进行快速传播，要契合社会环境的方向，也要同用户有一定的互动性，能满足目标用户的需求，从内心深处打动消费者，同时准确地表达出产品特点与功能诉求。

3. 广告表现

广告表现要体现创意思路，并将广告创意运用到营销传播的整个过程，其形式主要以平面广告和视频广告两种为主，在不同的媒体进行投放时，需要融合媒体特点。使用平面广告时，要用创意海报打动用户，需要对用户的消费痛点进行挖掘。创意海报的创意提炼是结合产品功能诉求与用户情感诉求，因此需要分析用户在进行消费场景中不同心理层面的需要，满足不断升级的用户消费需求。视频广告的创意不同于平面广告，视频广告的设计包括两种类型：第一，情感共鸣型，这种类型广告更容易走进消费者的内

心，在购物体验时引发消费者的兴趣；第二，直观表现型，其最大的特点是将一个对于消费者而言完全陌生的产品全方位地进行展示，使用户产生身临其境的体验感，提高用户对产品的认知。

4. 传播推广活动策略

首先设定传播推广目标，每个传播活动的设计与执行需要紧密围绕该活动目标，并在活动执行的过程中，检查活动实施环节是否有助于活动目标实现。传播推广目标要围绕产品曝光度、用户对产品的认知度、辐射目标用户人群等维度来制订，基于传播推广目标，拟设定传播推广活动将分四个阶段来进行，即预热、引流、引爆、全面推广阶段。每个环节既要实现该阶段的目标，又要为下一环节做充足的铺垫，以便实现良好的传播效果。

第一阶段：预热阶段，主要的方式是广告投放。投放广告内容包括平面广告、视频广告，投放渠道主要以移动互联网下的社交平台为主。

第二阶段：引流阶段，采用互动营销的方式。通过游戏中植入品牌，利用奖励吸引客户参与并分享活动，在朋友圈传播，促进曝光与转化。

第三阶段：引爆阶段，本阶段采用事件营销的方式。事件营销是企业通过策划、组织和利用具有名人效应、新闻价值以及社会影响的人物或事件，引起媒体、社会团体和消费者的兴趣与关注，以求提高企业或产品的知名度、美誉度，树立良好品牌形象，并最终促成产品销售。

第四阶段：推广阶段，体验营销。体验营销是指从视觉、听觉、嗅觉、味觉、触觉的感官刺激让消费者通过实体的感官感受产品和服务，是一种更为直观的方式让消费者直接接触产品或服务。

5. 媒介策略

媒介是创意广告的渗透以及活动推广的宣传载体。科学地制订媒介策略，不仅可以实现对目标用户的全方位覆盖，而且可以实现费用投入与效果产出比的最优化。媒介策略首先需要制订媒介投放目标，媒介选择、媒介组合、媒介投放都需要围绕此目标进行，使得媒介策略成为一个有中心、有依据的科学性策略。

(1) 媒介的选择要以节约广告费用成本为基础，实现最优广告触达效果与目标用户的全方位覆盖。由此，媒介选择的主要参考依据如下。

第一，可实现程序化购买。根据人群属性，精准定位目标用户，定向投放广告内容，实现广告有效投放。

第二，融合线上线下多种形态媒体。线上导流线下，线下联动线上，使得广告呈现形式多样，形成传播闭环。

第三，契合目标用户媒介属性。以精准目标用户为核心，覆盖更多潜在用户，构建全方位、多象限的传播网络。

结合媒体的用户属性，选择目标人群与活动目标人群最相近的媒体。

(2) 科学的媒介组合可实现传播效果的最大化。媒介组合的主要依据是目标用户的媒介使用偏好，根据目标人群属性分析确定合理的媒介组合。根据活动实际需要，组合方式要以社交传播推广为主，结合线下户外媒体。

（3）在媒介投放过程中，线上媒体主要采用程序化购买方式。程序化购买是指通过广告技术平台，自动地执行广告资源购买的流程。程序化购买的实现通常依赖于 DSP（需求方平台）和 Ad Exchange（广告交易平台），并通过 RTB（实时竞价模式）和 Non-RTB（非实时竞价模式）两种交易方式完成购买。使用程序化购买方式可以降低广告投放成本，提高转化率，并且在实际操作中运用人群属性定向等方式，包括性别、地域、APP 属性等方面，向特定细分受众群投放广告，形成有效触达。

6. 费用预算

体育企业有一系列的方法决定广告预算额度，如销售额百分比法、销售单位法、利润百分比法、目标达成法、任意法、竞争对抗法、资本投资法等。综合以上方法的优缺点，一般采用目标达成法的方式进行费用预算评估。其显著优点是广告预算与广告目标相吻合，广告目标与广告发布时长、投放媒体都比较明确，相对容易推算出广告预算总额。其中各社交平台的广告投放采用程序化购买策略，其优点是人群定向，可以根据点击量、曝光量进行收费，能够实现广告费用投入与目标人群覆盖的定向的正比转化。

7. 效果预测

效果预测即是对整体的策划案做综合的效果评估，更多意义上是为后期的活动执行设定参考目标，以便在实际执行过程中进行效果对比，机动调整策略。策划案的效果预测主要包括三个层面，第一，创意广告投放应实现哪些预计效果，预测维度包括覆盖人群与转化率两个维度。第二，预测营销传播活动阶段的效果，根据参考类似或相关活动的实际效果，从活动参与人数、媒体曝光量、辐射人群三个维度进行预估。第三，还将微观方面的企业效果层面以及宏观方面的社会效果层面两方面来分析、预测。因为，一个良好的传播策略，不仅会为企业带来经济效益、品牌曝光、粘性用户等实际效果，也会因传播活动直接渗透用户的生活，在文化、生活形态、生活方式等方面形成实际影响，还会形成一定的社会效果。

（七）附录

在策划文本附录中，应该包括为广告策划而进行的市场调查的应用性文本和其他需要提供给广告主的资料，包括市场调查问卷、市场调查访谈提纲和市场调查报告等。

三、体育品牌广告策划书正文写作技巧

这部分应该包括广告策划过程中所进行的市场分析的全部结果，为后续的广告策略部分提供有说服力的依据。

（一）营销环境分析

1. 企业市场营销环境中宏观的制约因素

1）企业目标市场所处区域的宏观经济形势

企业目标市场所处区域的宏观经济形势包括总体的经济形势、总体的消费态势、产业的发展政策。

2）市场的政治、法律背景

应分析市场的政治、法律背景，是否有有利或者不利的政治因素可能影响产品的市场？是否有有利或者不利的法律因素可能影响产品的销售和广告？

3）市场的文化背景

市场的文化背景，也是需要了解的，企业的产品与目标市场的文化背景有无冲突之处？这一市场的消费者是否会因为产品不符合其文化而拒绝产品？

2. 市场营销环境微观制约因素

市场营销环境微观制约因素有企业供应商与企业的关系、产品的营销中间商与企业的关系。

3. 市场概况

1）市场的规模

关于市场的规模，应考虑整个市场的销售额、市场可能容纳的最大销售额、消费者总量、消费者总的购买量以及以上几个要素在过去一个时期中的变化、未来市场规模的趋势。

2）市场的构成

关于市场的构成，应考虑构成这一市场的主要产品的品牌、各品牌所占据的市场份额、市场上居于主要地位的品牌、与本品牌构成竞争的品牌、未来市场构成的变化趋势。

3）市场构成的特性

关于市场构成的特性，应考虑市场有无季节性、市场有无暂时性、市场有无其他特别的特点。

4. 营销环境分析总结

营销环境分析总结包括机会与威胁、优势与劣势、重点问题等内容。

（一）消费者分析

1. 消费者的总体消费态势

消费者的总体消费态势包括现有的消费时尚、各种消费者消费本类产品的特性。

2. 现有消费者分析

1）现有消费群体的构成

现有消费群体的构成包括现有消费者的总量、现有消费者的年龄、现有消费者的职业、现有消费者的收入、现有消费者的受教育程度、现有消费者的分布。

2）现有消费者的消费行为

现有消费者的消费行为包括购买的动机、购买的时间、购买的频率、购买的数量、购买的地点。

3）现有消费者的态度

现有消费者的态度包括对产品的喜爱程度、对本品牌的偏好程度、对本品牌的认知程度、对本品牌的指名购买程度、使用后的满足程度、未满足的需求。

3. 潜在消费者分析

1）潜在消费者的特征

潜在消费者的特征包括总量、年龄、职业、收入、受教育程度等。

2）潜在消费者现在的购买行为

潜在消费者现在购买哪些品牌的产品？对这些产品的态度如何？有无新的购买计划？有无可能改变计划购买的品牌？

3）潜在消费者被本品牌吸引的可能性

潜在消费者对本品牌的态度如何？潜在消费者需求的满足程度如何？

4. 消费者分析的总结

1）现有消费者

现有消费者分析的总结包括机会与威胁、优势与劣势、重要问题。

2）潜在消费者

潜在消费者分析的总结包括机会与威胁、优势与劣势、主要问题点。

3）目标消费者

目标消费者分析的总结包括目标消费群体的特性、目标消费群体的共同需求、如何满足他们的需求。

（三）产品分析

1. 产品特征分析

1）产品的性能

产品的性能有哪些？产品最突出的性能是什么？产品最适合消费者需求的性能是什么？产品的哪些性能还不能满足消费者需求？

2）产品的质量

产品是否属于高质量的产品？消费者对产品质量的满意程度如何？产品的质量能继续保持吗？产品的质量有无继续提高的可能？

3）产品的价格

产品的价格在同类产品中居于什么档次？产品的价格与产品质量的配合程度如何？消费者对产品价格的认识如何？

4）产品的材质

产品的主要原料是什么？产品在材质上有无特别之处？消费者对产品材质的认识如何？

5）生产工艺

产品通过什么样的工艺生产？在生产工艺上有无特别之处？消费者是否喜欢通过这种工艺生产的产品？

6）产品的外观与包装

产品的外观和包装是否与产品的质量、价格和形象相符？产品在外观和包装上有没有欠缺？外观和包装在货架上的同类产品中是否醒目？外观和包装对消费者是否具有吸引力？消费者对产品外观和包装的评价如何？

7）与同类产品的比较

与同类产品比较，产品在性能上有何优势、有何不足？在质量上有何优势、有何不足？在价格上有何优势、有何不足？在材质上有何优势、有何不足？在工艺上有何优势、有何不足？在消费者的认知和购买上有何优势、有何不足？

2. 产品生命周期分析

产品生命周期分析主要包括产品生命周期的主要标志、产品处于什么样的生命周期、企业对产品生命周期的认知。

3. 产品的品牌形象分析

1）企业赋予产品的形象

企业对产品形象有无考虑？企业为产品设计的形象如何？企业为产品设计的形象有无不合理之处？企业是否将产品形象向消费者传达？

2）消费者对产品形象的认知

消费者认为产品形象如何？消费者认知的形象与企业设定的形象符合吗？消费者对产品形象的预期如何？产品形象在消费者认知方面有无问题？

4. 产品定位分析

1）产品的预期定位

企业对产品定位有无设想？企业对产品定位的设想如何？企业对产品的定位有无不合理之处？企业是否将产品定位向消费者传达？

2）消费者对产品定位的认知

消费者认知的产品定位如何？消费者认知的定位与企业设定的定位符合吗？消费者对产品定位的预期如何？产品定位在消费者认知方面有无问题？

3）产品定位的效果

产品的定位是否达到了预期的效果？产品定位在营销中是否有困难？

5. 产品分析的总结

（1）产品特性：机会与威胁、优势与劣势、主要问题点。

（2）产品生命周期：机会与威胁、优势与劣势、主要问题点。

（3）产品形象：机会与威胁、优势与劣势、主要问题点。

（4）产品定位：机会与威胁、优势与劣势、主要问题点。

（四）企业和竞争对手的竞争状况分析

（1）企业在竞争中的地位：市场占有率、消费者认知、企业自身的资源和目标。

（2）企业的竞争对手：主要的竞争对手、竞争对手的基本情况、竞争对手的优势与劣势、竞争对手的策略。

（3）企业与竞争对手的比较：机会与威胁、优势与劣势、主要问题点。

（五）企业和竞争对手的广告分析

（1）企业和竞争对手以往的广告活动的概况：开展的时间、开展的目的、投入的费用、主要内容。

（2）企业和竞争对手以往广告的目标市场策略：广告活动针对什么样的目标市场进行？目标市场的特性如何？有何合理及不合理之处？

（3）企业和竞争对手以往的产品定位策略：产品的独特性是什么？产品在用户中树立的形象是什么？

（4）企业和竞争对手以往的广告诉求策略：诉求对象是谁？诉求重点如何？诉求方法如何？

（5）企业和竞争对手以往的广告表现策略：广告主题如何？有何合理及不合理之处？广告创意如何？有何优势和不足？

（6）企业和竞争对手以往的广告媒介策略：媒介组合如何？有何合理及不合理之处？广告发布的频率如何？有何优势和不足？

（7）广告效果：广告在消费者认知方面有何效果？广告在改变消费者态度方面有何效果？广告在消费者行为方面有何效果？广告在直接促销方面有何效果？广告在其他方面有何效果？广告投入的效益如何？

（8）总结：竞争对手在广告方面的优势；企业自身在广告方面的优势；企业以往广告中应该继续保持的内容；企业以往广告突出的劣势。

（六）广告策略

1. 广告的目标

（1）企业提出的目标。

（2）根据市场情况可以达到的目标。

（3）对广告目标的表述。

2. 目标市场策略

1）企业原来市场观点的分析与评价

（1）企业原来所面对的市场：市场的特性、市场的规模。

（2）企业原有市场观点的评价：机会与威胁、优势与劣势、主要问题点。

2）市场细分

（1）市场细分的标准。

（2）各个细分市场的特性。

（3）各个细分市场的评估。

（4）对企业最有价值的细分市场。

3）企业的目标市场策略

（1）目标市场选择的依据。

（2）目标市场选择的策略。

（七）产品定位策略

（1）对企业以往的定位策略的分析与评价：企业以往的产品定位、定位的效果、对以往定位的评价。

（2）进行新的产品定位策略的必要性：从消费者需求的角度、从产品竞争的角度、从营销效果的角度。

（3）对产品定位的表述：产品提供的服务、目标用户的特性、产品定位的独特性。

（4）新的定位的依据与优势：产品创造的特色、产品适应目标消费者的需求和偏好。

（八）广告诉求策略

1. 广告的诉求对象

（1）诉求对象的表述。

（2）诉求对象的特性与需求。

2. 广告的诉求重点

（1）对诉求对象需求的分析。

（2）对所有广告信息的分析。

（3）广告诉求重点的表述。

3. 诉求方法策略

（1）诉求方法的表述。

（2）诉求方法的依据。

（九）广告表现策略

1. 广告主题策略

（1）对广告主题的表述。

（2）广告主题的依据。

2. 广告创意策略

（1）广告创意的核心内容。

（2）广告创意的说明。

3. 广告表现的其他内容

（1）广告表现的风格。

（2）各种媒介的广告表现。

（3）广告表现的材质。

（十）广告媒介策略

（1）对媒介策略的总体表述。

（2）媒介的地域。

（3）媒介的类型。

(4) 媒介的选择。

(5) 媒介组合策略。

(6) 广告发布时机策略。

(7) 广告发布频率策略。

(十一) 广告实施计划

(1) 广告活动的目标：提高产品知名度、加强公众对产品的印象、扩大市场占有率、加强产品的宣传。

(2) 广告活动的时间：在各目标市场的开始时间、广告活动的结束时间、广告活动的持续时间。

(3) 广告的目标市场：无差异市场、集中市场、差异市场。

(4) 广告的诉求对象：产品的实际购买决策者、产品的目标消费者。

(5) 广告的诉求重点：产品的性能、产品的质量、产品的包装、产品的附加价值。

(6) 广告活动的表现：广告的主题、广告的创意、各媒介的广告表现（平面设计、广告文案、电视广告分镜头脚本）、各媒介广告的规格、各媒介广告的制作要求。

(7) 广告媒介计划：广告发布的媒介、各媒介的广告规格、广告媒介发布排期表。

(8) 其他活动计划：促销活动计划、公共关系活动计划、其他活动计划。

(十二) 广告费用预算

(1) 广告的策划创意费用。

(2) 广告设计费用。

(3) 广告制作费用。

(4) 广告媒介费用。

(5) 其他活动所需要的费用。

(6) 机动费用。

(7) 费用总额。

(十三) 广告效果的预测和广告媒介的监控

1. 广告效果的预测

(1) 广告主题测试。

(2) 广告创意测试。

(3) 广告文案测试。

(4) 广告作品测试。

2. 广告媒介的监控

(1) 广告媒介发布的监控。

(2) 广告效果的测定。

参考文献 REFERENCE

[1] 苏勇，史健勇，何智. 品牌管理［M］. 北京：机械工业出版社，2017.
[2] 张瑞林，高岩. 体育品牌管理［M］. 北京：高等教育出版社，2016.
[3] 钟伟. 品牌营销策划与管理［M］. 北京：科学出版社，2009.
[4] 朱立. 品牌管理［M］. 2版. 北京：高等教育出版社，2015.
[5] 程宇宁. 品牌策划与管理［M］. 3版. 北京：中国人民大学出版社，2018.
[6] 王海忠. 品牌管理［M］. 2版. 北京：清华大学出版社，2021.
[7] 生奇志. 品牌策划管理［M］. 北京：清华大学出版社，2014.
[8] 刘世忠. 品牌策划实务［M］. 上海：复旦大学出版社，2012.
[9] 李逾男，杨学艳. 品牌管理［M］. 北京：北京理工大学出版社，2017.
[10] 王伟芳. 品牌管理：路径与方法［M］. 2版. 大连：大连理工出版社，2018.
[11] 余可发. 品牌塑造与管理［M］. 杭州：浙江大学出版社，2012.
[12] 郭洪. 品牌营销学［M］. 2版. 成都：西南财经大学出版社，2015.
[13] 张明立，任淑霞. 品牌管理［M］. 2版. 北京：北京交通大学出版社，2014.
[14] 刘光明. 品牌文化［M］. 北京：经济管理出版社，2017.
[15] 刘兵. 体育服务营销［M］. 北京：高等教育出版社，2015.
[16] 杨海军，袁建. 品牌学案例教程［M］. 上海：复旦大学出版社，2009.
[17] 周志民. 品牌管理［M］. 2版. 天津：南开大学出版社，2015.
[18] 吕瑛. 品牌管理［M］. 北京：北京邮电大学出版社，2011.
[19] 韦明，李杨. 品牌管理［M］. 大连：东北财经大学出版社，2017.
[20] 国际奥林匹克委员会. 奥林匹克宪章［M］. 北京：奥林匹克出版社，2000.
[21] 刘常宝. 品牌管理［M］. 4版. 北京：机械工业出版社，2022.
[22] 钟秉枢，邱招义，于静，等. 奥林匹克品牌——中、美、澳三国奥林匹克品牌的比较研究［M］. 北京体育大学出版社，2006.
[23] 余明阳，朱纪达，肖俊崧. 品牌传播学［M］. 3版. 上海：上海交通大学出版社，2022.
[24] 张荣. 品牌管理实务［M］. 苏州：苏州大学出版社，2016.
[25] 郑佳. 品牌管理：案例与应用［M］. 2版. 西安：西安电子科技大学出版社，2022.
[26] 易剑东. 体育公关案例评析［M］. 杭州：浙江大学出版社，2010.

[27] 黄静．品牌营销［M］．2版．北京：北京大学出版社，2014．

[28] 林采霖．品牌形象与CIS设计［M］．上海：上海交通大学出版社，2011．

[29] 白云华．广告策划［M］．2版．北京：清华大学出版社，2015．

[30] 陈培爱．广告策划与策划书撰写［M］．厦门：厦门大学出版社，2007．

[31] 任晓军．品牌策划与设计［M］．武汉：华中科技大学出版社，2022．

[32] 刘学哲．讲故事，做品牌［M］．北京：中国纺织出版社，2022．

[33] 徐玲，安萌．品牌管理［M］．北京：北京理工大学出版社，2022．

[34] 王新刚．品牌管理［M］．北京：机械工业出版社，2020．